T0207751

Der totalitäre Kapitalismus

Wolfgang Plasa

Der totalitäre Kapitalismus

Vom Missbrauch der Freiheit, nach Gewinn zu streben

Wolfgang Plasa
Berlin, Deutschland

ISBN 978-3-658-41760-4   ISBN 978-3-658-41761-1 (eBook)
https://doi.org/10.1007/978-3-658-41761-1

Die Deutsche Nationalbibliothek verzeichnet diese Publikation in der DeutschenNationalbibliografie; detaillierte bibliografische Daten sind im Internet über https://portal.dnb.de abrufbar.

Planung/Lektorat: Claudia Rosenbaum
Springer ist ein Imprint der eingetragenen Gesellschaft Springer Fachmedien Wiesbaden GmbH und ist ein Teil von Springer Nature.
Die Anschrift der Gesellschaft ist: Abraham-Lincoln-Str. 46, 65189 Wiesbaden, Germany

Für Wajma

Vorwort

Wir leben in einer Welt der Absurditäten. Es geht uns besser als je zuvor, doch wollen wir immer mehr haben, obwohl wir wissen, dass unsere Ressourcen in absehbarer Zeit erschöpft sein werden. Wir produzieren und konsumieren in einem Umfang, der eine Klimakatastrophe heraufbeschwört. Und wir richten Umweltschäden an, deren Ausmaß uns die Lebensgrundlage nehmen wird. Wir sind dabei, den Ast abzusägen, auf dem wir sitzen.

Auf diesem Planeten leben Menschen, die unsäglich arm sind, zusammen mit Menschen, deren Reichtum ein Vielfaches von dem beträgt, was ein einzelner Mensch genießen kann. Im Jahre 2022 gab es auf der Welt 2668 Milliardäre.[1] Während die Vermögen der reichsten Menschen unablässig steigen, wächst in armen Ländern unaufhaltsam die Bevölkerung und mit ihr der Hunger. 3,4 Mrd. Menschen leben in Armut.[2] Alles deutet darauf hin, dass es sich dabei

---

[1] https://de.statista.com/themen/567/millionaere-milliardaere/#:~:text=174%20der%20Milliard%C3%A4re%20hatten%20ihren,einem%20Milliar-den%2DVerm%C3%B6gen. Zugegriffen: 16.04.2023.

[2] https://www.migazin.de/2018/10/18/weltbank-bericht-milliarden-menschen-armutsgrenze. Zugegriffen: 16.04.2023.

um eine Zeitbombe handelt, die sich in Gewalttätigkeiten und Umsturzversuchen zu entladen droht.

Diese Probleme sind Gegenstand zahlreicher wissenschaftlicher Arbeiten. Seit Jahrzehnten fordern Protestbewegungen, Parteien, Nichtregierungsorganisationen und internationale Organisationen mehr Umweltschutz, mehr Klimaschutz und mehr soziale Gerechtigkeit. Doch sind wir diesen Zielen bislang kaum näher gekommen. Offenbar fällt es Regierungen und Parlamenten schwer, sie zu verwirklichen.

Das ist in der Tat nicht einfach. Denn wenig zu ändern, löst die Probleme nicht, und viel ändern zu wollen, hat wenig Aussicht auf Erfolg. Eine Korrektur kann weder durch eine Revolution noch durch den Ersatz der bestehenden Wirtschaftsordnung erfolgen. Sie ist nur innerhalb der bestehenden Ordnung möglich. Sie muss an die Erfordernisse von mehr Nachhaltigkeit und sozialer Gerechtigkeit angepasst werden. Dafür reichen die bislang eingesetzten Mittel nicht aus. Es müssen deutlich wirksamere Maßnahmen getroffen werden. Dem stehen vor allem zwei Hindernisse im Wege.

Das eine ist der Wohlstand, den uns unsere Wirtschaft beschert, den wir nicht missen möchten und der uns verführt, nur ihre Vorteile zu sehen. Das andere ist eine positive Voreingenommenheit, zu der wir erzogen werden und die uns ihre Nachteile übersehen lässt. Sie hindert uns, die Gründe der Probleme zu erkennen und damit auch die Möglichkeiten einer Lösung. Diese Voreingenommenheit zu hinterfragen, ist das Anliegen dieses Buches.

Zusammenfassung

Seit dem Beginn der Neuzeit hat in Europa eine in der Geschichte der Menschheit einzigartige gesellschaftliche und wirtschaftliche Entwicklung stattgefunden. Sie kam zunächst nur einer Minderheit, dem Adel und Klerus, zugute. Die dadurch entstandenen sozialen Gegensätze und wirtschaftlichen Ungleichheiten waren zu Anfang des 16. Jahrhunderts Anlass zu Aufständen der Bauern in Deutschland und im 18. Jahrhundert zu einer Revolution in Frankreich.

Gegen Ende des 18. Jahrhunderts wurde deutlich, dass die Fortschritte in den Naturwissenschaften und Erfindungen ungeahnte Möglichkeiten wirtschaftlicher Nutzung bieten würden. Um sie wahrnehmen zu können, forderte der Wirtschaftsliberalismus die Freiheit wirtschaftlicher Betätigung. Diese Idee ebnete den Weg für das Entstehen der Marktwirtschaft im Europa des 19. Jahrhunderts. Die Besitzverhältnisse der feudalen Wirtschaftsordnung blieben jedoch bestehen. An die Stelle von Adel und Klerus trat das Bürgertum, in dessen Händen sich das für die Industrialisierung notwendige Kapital befand. Es entstand die heute geltende Wirtschaftsordnung, die kapitalistische Marktwirtschaft.

Sie ermöglichte ein bis dahin unerreichtes wirtschaftliches Wachstum. Gleichzeitig führte sie zu einer unsäglichen Verelendung der Massen. Diese Missstände fanden erst im 20. Jahrhundert ein Ende, nachdem sozialpolitische Korrekturmaßnahmen ergriffen worden waren. In Deutschland entstand nach dem Zweiten Weltkrieg die soziale Marktwirtschaft, dank derer die Früchte des Wirtschaftswachstums gerechter verteilt wurden.

Auch in den USA hatte es eine ähnliche Entwicklung gegeben. Doch schien es dort angesichts wachsenden Wohlstandes überflüssig, für mehr Verteilungsgerechtigkeit zu sorgen. Seit Anfang der 1980er-Jahre verfolgte die Regierung der USA eine von den Ideen des Neoliberalismus inspirierte angebotsorientierte Wirtschaftspolitik sowie eine Politik der Deregulierung und Privatisierung. Wenig später ergriffen die USA die Initiative zu einer weltweiten Kampagne mit dem Ziel einer Liberalisierung des Welthandels und der Annahme einer Wirtschaftsordnung nach dem Muster der kapitalistischen Marktwirtschaft in allen Ländern der Welt. Das Ergebnis dieser Initiative wird als Globalisierung bezeichnet.

Infolge der Globalisierung verschärfte sich der Wettbewerb, und zwar nicht nur zwischen Unternehmen, sondern auch zwischen Wirtschafts- und Gesellschaftsordnungen. Weil mit der sozialen Marktwirtschaft höhere Kosten verbunden sind, zog sie den Kürzeren. Um die Wirtschaft zu retten, wurde die Agenda 2010 beschlossen. Sie war der Beginn des Abbaus des Sozialstaates. Auch in Deutschland ließ man sich zu einer angebotsorientierten Wirtschaftspolitik bekehren. Es kam zu Deregulierungen und Privatisierungen. Infolgedessen konnte sich die Eigendynamik der kapitalistischen Marktwirtschaft immer freier entfalten.

So konnte sich die Wirtschaft in den vergangenen Jahrzehnten immer neue Lebensbereiche erobern und immer tiefer in das Privatleben jedes Einzelnen eindringen. Eine fortschreitende Beeinflussung, Verführung und Überwachung haben eine Gleichschaltung der Gesellschaft bewirkt, wie sie zuvor nur totalitäre Regime erreicht hatten. Ein wesentlicher Teil dieser Anpassung ist Kritiklosigkeit und der Verlust einer klaren Vorstellung vom Ziel unserer weiteren Entwicklung. Wir lassen es zu, dass sie durch die Eigendynamik der kapitalistischen Marktwirtschaft bestimmt wird. Das beschert einer Minderheit Vorteile. Ihr gelingt es, dafür zu sorgen, dass sich die Eigendynamik – zu ihrem Vorteil – weiterhin frei entfalten kann.

Teil der Gleichschaltung ist die Erziehung zu einer positiven Voreingenommenheit gegenüber unserer Wirtschaft. Sie wird von einer Wirtschaftswissenschaft unterstützt, die behauptet, dass Wirtschaftswachstum allen zugutekommt, dass eine Marktwirtschaft sich selbst regulieren kann, dass sie das Privateigentum und die Freiheit schützt und Leistung belohnt. Bei näherer Betrachtung wird klar, dass unsere Wirtschaft diesen Ansprüchen nicht gerecht wird.

Vielmehr hat unsere Art des Wirtschaftens inzwischen Probleme geschaffen, die sowohl das Zusammenleben der Menschen wie auch das Überleben der Menschheit in Frage stellen. Doch hindern uns unsere Voreingenommenheit und Kritiklosigkeit daran, die eigentlichen Gründe der Probleme zu erkennen. Daher haben unsere Bemühungen um ihre Lösung bisher kaum Erfolg.

Ein wesentlicher Grund unserer Probleme ist der Umstand, dass die Grenzen der Freiheit wirtschaftlicher Betätigung zu weit gezogen sind. Wir betrachten diese Freiheit als einen Grundwert und übersehen, dass sie missbraucht werden kann. Wir lassen es zu, dass eine Minderheit die Freiheit, nach Gewinn zu streben, in einer Weise in Anspruch nimmt, die dem Gemeinwohl schadet. Die Grenzen dieser Freiheit müssen durch gesetzliche Verbote enger gezogen werden.

Ein weiterer Grund unserer Probleme ist der Umstand, dass die Regelung der Verteilung des Unternehmensgewinnes zwangsläufig zu wirtschaftlichen und sozialen Ungleichheiten führt. Um sie zu korrigieren, ist es nicht erforderlich, unsere Wirtschaftsordnung durch eine andere zu ersetzen. Möglichkeiten der Lösung bestehen vielmehr innerhalb des Systems durch entsprechende Anpassungen.

Sie werden jedoch erst möglich sein, wenn wir bereit sind, uns von unserer Voreingenommenheit zu befreien. Wir müssen uns darüber im Klaren werden, dass die Forderungen des Wirtschaftsliberalismus nach freier wirtschaftlicher Betätigung und dem Verzicht des Staates auf Eingriffe in das Wirtschaftsleben zu weit gehen. Wir brauchen einen Staat, der – ohne autoritär zu sein – die Autorität hat, die bei einer freien Entfaltung der Eigendynamik der kapitalistischen Marktwirtschaft entstehenden Exzesse zu korrigieren.

Aufbau

Dieses Buch hat sechs Teile. Es beginnt mit einem kurzen Abriss der Entwicklung unserer Gesellschaft seit dem Beginn der Neuzeit. Dabei wird insbesondere auf die Zustände und Ideen eingegangen, die den Kapitalismus und die Marktwirtschaft vorbereitet haben.

Teil II nennt Zahlen und Fakten. Wenn Sie Zahlen langweilen, können Sie diesen Teil überspringen. Seine Lektüre ist nicht Voraussetzung für das Verständnis dessen, was folgt. Allerdings lassen erst Zahlen das Ausmaß der Probleme erkennen, mit denen wir leben.

Teil III beginnt mit einer Betrachtung des Wesens des Kapitalismus und der Marktwirtschaft. Anschließend wird die Wirtschaftswissenschaft untersucht. Danach wird das Verhältnis zwischen Staat und Wirtschaft angesprochen.

Teil IV befasst sich mit der Entwicklung der kapitalistischen Marktwirtschaft. Dabei zeigen sich Parallelen zur absoluten Monarchie, zum Autoritarismus und zum Totalitarismus. Anschließend wird der Einfluss der Wirtschaft auf die Entwicklung der Gesellschaft betrachtet.

Teil V beschäftigt sich mit den Erfolgen und Folgen der kapitalistischen Marktwirtschaft. Dabei wird auch die Frage ihrer Legitimität gestellt. Schließlich wird auf die Entwicklung der Geschäftsmethoden eingegangen.

Teil VI schlägt Lösungen der hier angesprochenen Probleme vor.

Naples, Italien   Wolfgang Plasa
April 2023

Inhaltsverzeichnis

Teil IV   Absolut, Autoritär und Totalität

Über den Autor

Wolfgang Plasa hat Jura in Deutschland und Politologie in Frankreich studiert und in beiden Ländern promoviert. Nach dem Studium war er als Beamter der EU-Kommission in Brüssel in den Bereichen auswärtige Beziehungen, Entwicklungshilfe und Welthandel tätig. Als Mitglied der Delegation der EU-Kommission in Genf war er an Verhandlungen im GATT und der WTO beteiligt und vertrat die EU in verschiedenen Organisationen der UNO. Danach leitete er das Hilfswerk der Vereinten Nationen für Palästinensische Flüchtlinge (UNWRA) im Libanon. Anschließend war Wolfgang Plasa als Botschafter der EU in Chile und in Algerien tätig. Darauf folgte eine Lehrtätigkeit an der Universität Yale. Zuletzt arbeitete er als Chefberater des Präsidenten Afghanistans in Kabul.

Teil I

Kleine Geschichte des Kapitalismus

1

Der Frühkapitalismus
(1450–1750)

1.1 Der Aufbruch

Deutschland ist ein hoch entwickeltes Land. Das war nicht immer so. Bis vor 1000 Jahren haben die meisten Menschen in unseren Breitengraden unter erbärmlichen Bedingungen gelebt. Daran hatte sich seit Jahrhunderten wenig geändert. Denn die mittelalterliche Gesellschaft war – wie die meisten anderen Gesellschaften in der Geschichte der Menschheit auch – Änderungen gegenüber abgeneigt. Ihre Regeln machten eine Entwicklung so gut wie unmöglich. Das Ergebnis war eine nahezu statische Gesellschaft.

Erst im 12. Jahrhundert gelang es, mehr zu erwirtschaften, als notwendig war, um zu überleben. Zeugen dieser Entwicklung sind die mächtigen Kathedralen, die zu jener Zeit in vielen Städten Europas gebaut wurden. Die wachsende Wirtschaftskraft ermöglichte nicht nur Prunk-

© Der/die Autor(en), exklusiv lizenziert an Springer Fachmedien
Wiesbaden GmbH, ein Teil von Springer Nature 2023
W. Plasa, *Der totalitäre Kapitalismus*,
https://doi.org/10.1007/978-3-658-41761-1_1

bauten, sondern bot auch Möglichkeiten einer gesellschaftlichen Entwicklung.

Zu jener Zeit entdeckten Gelehrte in den norditalienischen Stadtrepubliken, dass ihr Entwicklungsstand offenbar hinter dem der Antike zurückgeblieben war. Sie schickten sich an, diesen Rückstand in Rückbesinnung auf römische und griechische Philosophen aufzuholen. Dieser Aufbruch war der Beginn einer Epoche, die heute Renaissance genannt wird. Er läutete den Übergang vom Mittelalter zur Neuzeit ein. Mit ihm begann eine Entwicklung, die sich bis heute fortsetzt.

Etwa gleichzeitig mit der Renaissance entstand ein Vorläufer des modernen Kapitalismus, der sogenannte Frühkapitalismus. Mit diesem Begriff wird sowohl die damals geltende Wirtschaftsordnung wie auch die Epoche von der Mitte des 15. bis zur Mitte des 18. Jahrhunderts bezeichnet. Gewisse Wesenszüge der frühkapitalistischen Wirtschaftsordnung haben sich bis heute erhalten.

1.1.1 Die Renaissance (1400–1550)

Die Renaissance zeichnet sich durch eine Vielzahl herausragender kultureller Leistungen auf den Gebieten der Malerei, der Literatur, der Bildhauerei und der Architektur aus. Diese Leistungen waren möglich, weil es Leute gab, die in der Lage und bereit waren, sie zu finanzieren. Sie engagierten sich als Mäzene von Kunst und Bildung. Davon profitierten nicht nur die Künste, sondern auch die Wissenschaft und Technik. Gleichzeitig erwachte auch die Philosophie zu neuem Leben. Es entstand eine Bildungsbewegung, die sich an den Denkern der Antike orientierte. Wie sie stellten die Gelehrten der Renaissance den Menschen ins Zentrum ihrer Betrachtungen, weshalb sie auch Humanisten genannt werden.

Humanismus beruht auf dem Glauben an die Fähigkeit des Menschen, seine Persönlichkeit zu entfalten und eine ideale Gesellschaftsform zu finden. Mit diesem Ziel entwarfen die Humanisten der Renaissance ein Bildungsprogramm, das Wissen, Tugend und praktisches Können verbindet und durch Neuerungen und Erfindungen zum Fortschritt der Menschheit beiträgt. Das führte zur Entdeckung – bzw. Wiederentdeckung – der menschlichen Würde und Freiheit. Nach Ansicht der Humanisten drückt sich menschliche Würde in schöpferischer Tätigkeit aus. Schöpferische Tätigkeit setzt Freiheit voraus. Wo beide zusammenkommen, bestehen Möglichkeiten individueller Entwicklung.

In der zweiten Hälfte des 15. Jahrhunderts entstand in Norditalien ein Glauben an die Fähigkeit des Menschen, sich selbst zu vervollkommnen. Die Folge war ein umfassender kultureller, wissenschaftlicher und sozialer Wandel. Es begann eine Entwicklung im eigentlichen Sinne des Wortes.

1.1.2 Die Reformation (1500–1600)

Ihr stand jedoch zunächst noch ein Hindernis im Wege, nämlich die katholische Kirche. Aus Angst, wissenschaftliche Erkenntnisse könnten die Autorität von Kirche und Papst in Frage stellen, unterdrückte sie alle von ihrem Dogma abweichenden Forschungsergebnisse. Immer wieder wurden Gelehrte und Wissenschaftler als Ketzer hingerichtet.

Dennoch sollte die Autorität der katholischen Kirche eine erhebliche Einbuße erfahren. Sie hatte sich im Mittelalter zu einer maßlos korrupten und machtbesessenen Institution entwickelt. Als sie schließlich mit dem sogenannten Ablasshandel die Vergabe von Sünden gegen Entgelt anbot, wandte sich Martin Luther mit 95 Thesen gegen dieses Geschäftsmodell. Anschließend wandte sich Luther in mehreren publizistisch höchst wirksamen Schriften gegen den Anspruch der Kirche, dass allein der Papst zur verbindlichen Auslegung des Evangeliums befugt sei. Vermutlich unbeabsichtigt löste er damit die Reformation aus, die zur Schaffung einer vom Papst unabhängigen christlichen Konfession, dem Protestantismus, und der Gründung evangelischer Kirchen führte. Infolgedessen waren zumindest dort, wo sich die Reformation durchsetzen konnte, Forschung und Wissenschaft von den Hindernissen befreit, die die katholische Kirche ihnen bislang in den Weg gelegt hatte.

In anderer Hinsicht trat Luther jedoch auf die Bremse der gesellschaftlichen Entwicklung. Nach seiner Auffassung lebt jeder Mensch in zwei Bereichen, dem weltlichen, in dem das „Gesetz des Schwertes" gilt, und dem geistlichen, in dem das göttliche Wort gilt. Aufgrund dieser Vorstellung betrachtete er Gewaltanwendung durch die Obrigkeit zur Wahrung des Friedens und der Ordnung als legitim. Diese Auffassung bestimmte auch seine Haltung zu den Aufständen der Bauern, zu denen es seit dem Ende des 15. Jahrhunderts in Mitteleuropa kam.

1.1.3 Der Feudalismus

Diese Aufstände hatten ihren Ursprung in den mittelalterlichen Besitzverhältnissen. Ursprünglich gehörte Grund und Boden den Bauern, die Wald gerodet hatten, um ihn zu Ackerland zu machen, das sie bestellten und von dessen Erträgen sie lebten. Gleichzeitig betrachteten auch die damaligen Kaiser und Könige ihr jeweiliges Staatsgebiet als ihr Eigentum. Doch verzichteten sie zunächst darauf, diese

Eigentumsrechte auszuüben. Daher konnten beide Besitzansprüche nebeneinander bestehen.[1]

Das änderte sich, als Könige begannen, Teile ihres Staatsgebietes an Vasallen als Lehen zu übertragen. Deren Aufgabe war es, den König bei seinen Kriegszügen zu unterstützen und die auf den jeweiligen Ländereien wohnenden Bauern zu schützen. Dafür ließen sie sich von letzteren bezahlen, indem sie ihren Anspruch auf das Eigentum an Grund und Boden geltend machten, und zwar mit den gleichen Mitteln, die sie bei ihren Kriegszügen einsetzten. Sie nahmen das Land gewaltsam in Besitz und nicht selten auch deren Eigentümer, indem sie sie zu Leibeigenen machten. Der Klerus machte es ähnlich. Es entstand eine Gesellschaft, in der es eine scharfe Trennung zwischen Reichen – Adligen und Kirchenmännern – und Armen – Bauern und Leibeigenen – gab. Diese Trennung ist eines der Wesensmerkmale des Feudalismus.

Bauern litten unter Abgaben und Frondiensten. Ihre prekäre Lage führte zu Aufständen gegen Adel und Klerus, die 1525 im Deutschen Bauernkrieg gipfelten. Luther stellte sich auf die Seite der Herrschenden. Dennoch setzte die durch ihn bewirkte Reformation eine umfassende gesellschaftspolitische Entwicklung in Gang. Vorbereitet durch seine Vorstellung der Trennung von Geistlichem und Weltlichem löste sich auch der Staat aus der Bevormundung durch die Kirche. Damit war ein weiterer Stein aus dem Weg der gesellschaftlichen Entwicklung geräumt.

Einem anderen Reformator, Jean Calvin, gebührt das Verdienst, die *wirtschaftliche* Entwicklung beflügelt zu haben. Ein wesentlicher Bestandteil von Calvins Lehre ist die Prädestination: Gott habe bereits bei der Erschaffung

---

[1] Babenkova, Natalya, *Geschichtliche Grundlagen der Modernisierung des Bodenrechts in Deutschland und Russland*, https://opus.bibliothek.uni-wuerzburg.de/opus4-wuerzburg/frontdoor/deliver/index/docId/1805/file/DissII.pdf. Zugegriffen: 16.04.2023.

der Welt bestimmt, welcher Mensch erwählt wäre oder verworfen würde. Zwar bleibe diese Entscheidung dem Einzelnen verborgen. Doch könne man versuchen, sich durch Fleiß und Tugendhaftigkeit Gewissheit über sie zu verschaffen. Denn hat man mit Fleiß und Sparsamkeit Erfolg – *wirtschaftlichen Erfolg* –, sei dies ein Zeichen der Erwählung.

Diese Vorstellungen haben dort, wo sie sich durchsetzen konnten, maßgeblich die Arbeitsethik beeinflusst.[2] Wenn der wirtschaftliche Erfolg Maßstab aller Dinge ist, ist Zeitvergeudung eine Sünde. Vielmehr sei Arbeit der von Gott vorgeschriebene Zweck des Lebens. Andererseits haben die Tugenden der Genügsamkeit und der Verzicht auf Luxus gewiss auch Geld für Investitionen freigemacht, von denen die Entwicklung der Wirtschaft profitiert hat. Die Ideen des Protestantismus, insbesondere seiner calvinistischen Variante, haben mittelbar zum Entstehen des modernen Kapitalismus beigetragen. Unmittelbar bereitete die Reformation das Zeitalter der Aufklärung vor, die den Faden dort wiederaufnahm, wo er der Renaissance entglitten war.

1.1.4 Die Aufklärung (1650–1800)

Auch nach der Reformation behinderten Religion und kirchliche Autorität die gesellschaftliche Entwicklung. Bis zur Mitte des 17. Jahrhunderts standen religiöse Themen im Vordergrund, diesmal allerdings als Gegenstand heftiger Auseinandersetzungen zwischen Katholiken und Protestanten. Erst der Westfälische Friede von 1648 zog diesbezüglich – zumindest teilweise – einen Schlussstrich.

---

[2] Pfister, Ulrich und Barbara Stollberg-Rilinger, Stadt und Land, in: Stollberg-Rilinger u. a., Einführung in die frühe Neuzeit, Münster 2001–2003. https://www.uni-muenster.de/FNZ-Online/wirtschaft/grundstrukturen/unterpunkte/stadt_land.htm. Zugegriffen: 16.04.2023.

Zu jener Zeit war deutlich geworden, dass Staat und Gesellschaft einen Stand der Entwicklung erreicht hatten, der sowohl das Mittelalter wie auch die Antike hinter sich gelassen hatte. Man erkannte, dass Renaissance und Reformation einen Prozess der Entwicklung in Gang gesetzt hatten. Es war der Beginn einer neuen Epoche, die als Aufklärung bezeichnet wird.

Für die Gelehrten der Aufklärung war Vernunft der Maßstab aller Dinge. Sie gingen davon aus, dass mit rationalem Denken alle Hindernisse des Fortschritts beseitigt und damit alle Probleme des menschlichen Zusammenlebens gelöst werden könnten. Der berühmte Satz von Immanuel Kant „Aufklärung ist der Ausgang des Menschen aus seiner selbstverschuldeten Unmündigkeit" beruht auf der Vorstellung, dass der Mensch, wenn er seinen Verstand gebraucht, seine Persönlichkeit entfalten kann. Um dies zu ermöglichen, forderte die Aufklärung mehr Freiheit, Bildung und Bürgerrechte. Und sie war sich sicher, dass der Fortschritt in die richtige Richtung gehen würde, wenn die Menschen sich an der Vernunft orientierten.

Freilich waren sich die Philosophen der Aufklärung darüber im Klaren, dass es etwas anderes ist, zu erkennen, was vernünftig ist, und es zu wollen. Doch waren die meisten von ihnen in dieser Hinsicht recht optimistisch. Sie meinten, der Mensch sei grundsätzlich moralisch und gut. Daher würde er, wenn er etwas als gut und richtig erkennt, es *deswegen auch wollen*.

1.1.5 Die Französische Revolution (1789)

Schon zu Ende des 18. Jahrhunderts gab es Versuche, die Ideen der Aufklärung zu verwirklichen. Der erste fand in den USA statt, als diese unabhängig wurden. Er war erfolgreich. Die amerikanische Verfassung, die am 4. März 1789 in Kraft trat, gilt bis heute.

Der zweite Versuch erfolgte im Rahmen der Französischen Revolution, die am 14. Juli 1789 ausbrach. Sie schaffte die Monarchie und die Religion ab und verstaatlichte den Kirchenbesitz. Offenbar hatten die französischen Revolutionäre eine klare Vision der Gesellschaft, die sie errichten wollten. Artikel 1 der Erklärung der Menschen- und Bürgerrechte, die am 26. August 1789 von der französischen Nationalversammlung verabschiedet wurde, lautet:

„Die Menschen sind und bleiben von Geburt frei und gleich an Rechten. Soziale Unterschiede dürfen nur im gemeinen Nutzen begründet sein."

Dem Grundsatz der Freiheit und Gleichheit aller Menschen stellten die Revolutionäre das Gebot der Brüderlichkeit zur Seite. Doch mündete die Revolution schon bald in eine Schreckensherrschaft. Mit den Mitteln des Terrors sollten Vernunft und republikanische Tugend durchgesetzt werden – wie sie von den Herrschenden verstanden wurden. Schließlich endeten die Herrscher des Schreckens selbst auf der Guillotine. Nach ein paar Jahren kehrte Frankreich zur vorrevolutionären Herrschaftsform zurück. Der Versuch, die Ideen der Aufklärung zu verwirklichen, war gescheitert. Die Vision dagegen blieb erhalten.

1.2   Entdeckungen und Erfindungen

1.2.1   Das Zeitalter der Entdeckungen (1450–1550)

Das in der Renaissance begonnene Programm zur Förderung der Bildung war möglich, weil es Leute gab, die bereit waren, es zu finanzieren, und die die Mittel dazu hatten. Obwohl die Möglichkeiten, zu Reichtum zu kommen, noch recht begrenzt waren, gab es Reiche und ein paar sehr Reiche.

Eine Gelegenheit, reich zu werden, bot der Handel mit Gütern aus fernen Ländern, die es nur dort gab. Mit dem Handel mit solchen Gütern waren in den norditalienischen Stadtrepubliken seit dem Beginn des 12. Jahrhunderts einige Familien sehr reich geworden. Doch war der Seehandel zu jener Zeit noch aufs Mittelmeer begrenzt. Um weitere Reisen zu ermöglichen, mussten Schiffbau und Navigation verbessert werden.

Die Initiative dazu ergriffen die Portugiesen zu Beginn des 15. Jahrhunderts. Portugiesische Schiffbauer entwickelten die Karavelle, die groß genug war, auch für längere Reisen ausreichend Proviant mitzuführen. Mit zwei Karavellen und einem Transportschiff erreichte Bartolomeu Diaz im Jahre 1488 die Südspitze Afrikas. Das nächste Ziel war die Entdeckung des Seeweges nach Indien. Denn nach dem Vordringen der Osmanen im 15. Jahrhundert und dem Zusammenbruch des Oströmischen Reiches im Jahre 1453 war der Landweg nach Asien praktisch verriegelt. Im Jahre 1492 versuchte Christoph Kolumbus, Indien in westlicher Richtung zu erreichen. Dabei entdeckte er – zufällig - Amerika. Doch schon 1498 fand Vasco da Gama die Route nach Indien, indem er Afrika umschiffte. Einer Flotte unter dem Befehl von Fernando Magellan gelang es in den Jahren 1519 bis 1522, in westlicher Richtung die Welt zu umsegeln. Diese Epoche wird daher auch das Zeitalter der Entdeckungen genannt.

1.2.2 Das Zeitalter der Erfindungen (1600–1800)

Während sich die Naturwissenschaften zunächst auf Beobachtungen beschränkt hatten, bedienten sich die Gelehrten in der zweiten Hälfte des 16. Jahrhunderts immer häufiger des praktischen Experiments. Dies führte zu einer naturwissenschaftlichen Revolution, die ihrerseits die Ideen der Aufklärung befruchtete. Man erkannte den Zusammenhang zwischen Naturwissenschaften und technischem Fortschritt. Dies setzte eine systematische Erforschung und Erprobung von Technologien in Gang, die sich industriell nutzen ließen. Ab dem Beginn des 17. Jahrhunderts folgte eine wichtige Erfindung auf die andere. Es war der Beginn einer Epoche, die das Zeitalter der Erfindungen genannt wird.

Besondere Bedeutung wird in diesem Zusammenhang der Erfindung der Dampfmaschine beigemessen, die auf das Jahr 1690 zurückgeht. 1769 erhielt James Watt das Patent für eine verbesserte Version, die auch zum Antrieb anderer Maschinen eingesetzt werden konnte. Eine der ersten solcher Maschinen war der mechanische Webstuhl, der 1785 patentiert wurde. 1783 wurde das erste Dampfschiff erprobt. Der erste bemannte Flug eines Heißluftballons gelang den Brüdern Montgolfier im Jahre 1783. Zwei Jahre später wurden die ersten gusseisernen Pflüge hergestellt, was den Beginn der Mechanisierung der Landwirtschaft bedeutete.

1.3   Zinsen und Gold

1.3.1   Die Aufhebung des Zinsverbots

Entdeckungen und Erfindungen erfordern ebenso wie die Herstellung neu erfundener Maschinen erhebliche Investitionen. Sie werden getätigt, wo Aussicht darauf besteht, Gewinne zu machen. Dem stand jedoch lange Zeit ein Hindernis im Wege: das Zinsverbot.

Sowohl das Alte Testament wie auch die Bibel und der Koran enthalten ein Verbot, Zinsen auf geliehenes Geld zu erheben. Im Jahre 789 erließ Karl der Große seine „Allgemeinen Ermahnung" (*Admonitio generalis*), mit der aus dem kanonischen Zinsverbot ein staatliches Verbot wurde. Es beruhte auf der Überlegung, dass der Schuldner durch den Zinseszins in den Ruin getrieben werden könnte.

Diese Gefahr ist reell, wenn sich jemand aufgrund wirtschaftlicher Schwierigkeiten Geld borgen muss. Sie ist es jedoch weit geringer, wenn sich jemand Geld borgt, um es als Kapital einzusetzen. Dass in diesem Falle Zinsen zu zahlen sind, erscheint insofern gerechtfertigt, als der Gläubiger das fragliche Geld selbst als Kapital einsetzen und damit Gewinne machen könnte. Wenn er darauf verzichtet und es ausleiht, kann er verlangen, dafür in Form von Zinsen bezahlt zu werden. Kann er das nicht, etwa weil ein Zinsverbot besteht, so wäre er kaum bereit, sein Geld auszuleihen.

Vermutlich aus diesen Erwägungen wurde das Zinsverbot seit 1500 nach und nach gelockert und 1577 praktisch aufgehoben. Wäre es nicht aufgehoben worden, hätte sich der Kapitalismus nicht entwickeln können. Erst die Möglichkeit, Kredite aufzunehmen, hat es erlaubt, auch größere Investitionen vorzunehmen. Ohne Verzinsung wären jedoch kaum Kredite zur Verfügung gestellt worden.

Andererseits hat die Aufhebung des Zinsverbotes Möglichkeiten geschaffen, auch ohne Arbeit Geld zu verdienen. Diese Möglichkeit hatten zuvor nur die Eigentümer von Grund und Boden. Nach der Aufhebung des Zinsverbotes bildete sich neben ihnen eine Gruppe von Vermögenden, die durch das Verleihen von Geld reich und reicher wurden. Nach und nach entstand der Finanzsektor, der das Wesen des heutigen Kapitalismus bestimmt.

1.3.2   Gold aus der Neuen Welt

In der Vorstellung der Herrscher der frühen Neuzeit war Reichtum die Menge von Gold und Silber, die sie besaßen. Sie waren nicht lange nach der Entdeckung Amerikas plötzlich im Überfluss vorhanden. Es stammte aus Mexiko und Peru, deren Gold- und Silbervorräte von den Spaniern systematisch geplündert wurden. Mit einem Teil dieses Reichtums wurden diese Raubzüge bezahlt. Aufgrund ihres schlechten Gewissens entschlossen sich die Kolonialherren, mit einem anderen Teil Kirchen zu bauen. Ein weiterer Teil wurde in den Bergbau in Lateinamerika investiert, um immer mehr Gold und Silber zu fördern, und in den Bau von Schiffen, um das Gold und Silber nach Spanien zu bringen. Das machte einmal im Jahr eine hochbewaffnete Flotte.

Da es damals außer dem Bau von Schiffen kaum andere Möglichkeiten gab, den neuen Reichtum in Produktionsmittel zu investieren, gelangte der Löwenanteil in den Konsum in Europa. Geldmenge und Nachfrage stiegen, aber Produktion und Angebot stagnierten. Infolgedessen kam es auf der iberischen Halbinsel im 16. und 17. Jahrhundert zu verheerenden Inflationen, die sich auch auf andere europäische Länder auswirkten.

1.4 Merkantilismus und Kolonialismus

1.4.1 Der Merkantilismus (1600–1800)

Die Erkenntnis, dass die Fortschritte auf den Gebieten der Entdeckungen und Erfindungen neue Möglichkeiten wirtschaftlicher Nutzung schufen, veranlasste die Gelehrten der Aufklärung, sich mit der Frage auseinanderzusetzen, wie die Wirtschaft eines Landes am besten zu ordnen wäre. Aus diesen Überlegungen entstand eine Wirtschaftsordnung, die Merkantilismus genannt wird und die in einigen Ländern Europas ab dem 17. Jahrhundert zur Anwendung kam.

Das Ziel des Merkantilismus war die Mehrung des Reichtums des jeweiligen Herrschers. In dieser Absicht wurde ein hohes Bevölkerungswachstum angestrebt. Damit sollte das Arbeitskräftepotenzial hoch und das Lohnniveau niedrig gehalten werden. Schon im Jahre 1662 war in England ein sogenanntes Armengesetz erlassen worden, mit dem eine Arbeitspflicht eingeführt wurde. Dafür wurden besondere Arbeitshäuser eingerichtet. Um die Löhne niedrig zu halten, wurden ebenfalls in England 1720 die Gewerkschaften verboten.

Merkantilisten gingen davon aus, dass Handelsbilanzüberschüsse dem Wirtschaftswachstum dienen würden. Daher wurden Exporte erleichtert und Importe durch Zölle erschwert. Gleichzeitig war man bestrebt, durch eine Förderung des Handwerks und von Manufakturen die Produktion zu steigern und Importe durch heimische Erzeugnisse zu ersetzen. Schließlich bemühten sich Merkantilisten um die Schaffung eines Binnenmarktes durch die Abschaffung der inländischen Zölle und um einen Abbau der Zunftprivilegien.

Die Ideen des Merkantilismus bestimmten auch die Wirtschaftsbeziehungen zwischen Kolonien und dem jeweiligen Mutterland. Die Nützlichkeit von Kolonien bestand einerseits darin, billige Rohstoffe zu liefern, und andererseits darin, Fertigprodukte aus dem Mutterland zu beziehen. Diese Beziehungen sind ein wesentlicher Teil dessen, was als Kolonialismus bezeichnet wird.

1.4.2 Der Kolonialismus (1500–1970)

Wie erwähnt, bot bis zu Beginn der Neuzeit der Handel mit fernen Ländern die beste Gelegenheit, zu Reichtum zu kommen. Unter Seehandel verstand man damals allerdings auch Betätigungen, die den Tatbestand der Seeräuberei erfüllten. Nach der Entdeckung Amerikas ging man noch skrupelloser vor. Was als Handel begann, endete in fast allen Ländern Afrikas und Amerikas und in vielen Teilen Asiens mit einer gewaltsamen Inbesitznahme der fraglichen Gebiete durch eine der europäischen Kolonialmächte. An die Stelle von Handel mit fernen Ländern traten Unterdrückung, Ausrottung und Plünderung. Auch die Palette der gehandelten Waren weitete sich aus, denn man begann, auch mit Sklaven zu handeln.

Die Plünderung Lateinamerikas durch Spanien und Portugal dauerte 300 Jahre. Andere europäische Nationen kolonisierten Afrika und viele Länder Asiens bis zur Mitte des 20. Jahrhunderts. Dabei kamen sich die Europäer immer wieder in die Quere. Und immer wieder ließen sie Kanonen sprechen, um ihren Einflussbereich zu erhalten und auszuweiten. In den Jahrhunderten nach den Entdeckungen lösten sich Portugiesen, Spanier, Holländer und Engländer nacheinander als Herrscher der Weltmeere ab.

1.4.3   Koloniale Handelsgesellschaften

Ursprünglich lag die Kolonisierung überseeischer Gebiete in den Händen der Krone des betreffenden Mutterlandes. Schon im 15. Jahrhundert waren in Portugal die ersten Verwaltungen des Überseehandels geschaffen worden, für den ein königliches Monopol bestand. Nach und nach ging dies jedoch dort und in anderen Ländern auf private Handelskompanien über. Zu Beginn der 17. Jahrhunderts entstanden in England und den Niederlanden zwei mächtige Handelshäuser, nämlich die *British East India Company*, die 1600 gegründet wurde, und die zwei Jahre später in Holland gegründete *Vereenigde Oostindische Compagnie* (VOC).[3]

---

[3] Die folgenden Einzelheiten sind dem von Akveld, Leo und Jacobs, Els M., herausgegebenen Buch *The colourful World of the VOC, National Anniversary Book VOC 1602/2022* entnommen.

In den folgenden zwei Jahrhunderten beherrschten die Holländer die Meere. Die VOC besaß etwa 4700 Schiffe und beschäftigte insgesamt fast eine Million Menschen. Ihre Geschichte lässt einige Eigenschaften und Neigungen erkennen, die auch spätere Formen des Kapitalismus kennzeichnen.

Die VOC entstand, als sich einige kleinere Unternehmen auf Geheiß der niederländischen Regierung zusammenschlossen („vereinigten"), um die Konkurrenz zwischen ihnen auszuschalten. Die Geschichte der VOC beginnt mit dem Hang des Kapitalismus, den Wettbewerb einzuschränken.

Ebenso zeigte sich schon damals die für den Kapitalismus typische enge Verflechtung zwischen Staat und Privatunternehmen. Die VOC wurde nicht nur vom Staat begünstigt, sondern ihr wurde auch die Ausübung hoheitlicher Rechte übertragen. Sie erhielt vom niederländischen Staat Handelsmonopole sowie Hoheitsrechte in Landerwerb, Kriegsführung und Festungsbau. Dazu gehörte auch das Recht des Einsatzes militärischer Mittel. Mit dem Einsatz dieses Mittels gelang es der VOC, sich der portugiesischen Konkurrenz zu entledigen.

Das Monopol der Gesellschaft stärkte ihre Stellung nicht nur im Verhältnis zu Konkurrenten, sondern auch gegenüber den für sie arbeitenden Menschen. Die VOC bot vielen Menschen die einzige Möglichkeit eines Broterwerbs. Aufgrund dessen konnte sie die Löhne und Arbeitsbedingung diktieren, und sie waren denkbar schlecht. Die Geschichte der VOC zeigt bereits deutlich die Tendenz des Kapitalismus, Lohnarbeiter auszubeuten.

Zweck der VOC war es, Profit zu machen. Sie hat diesen Zweck ebenso bedingungslos wie erfolgreich verfolgt. Die riesigen Profite der Gesellschaft ließen den Wunsch entstehen, sie immer weiter zu steigern. Dafür war jedes Mittel recht, auch kriegerische Auseinandersetzungen. Die gab es immer wieder während der gesamten Geschichte der VOC, zuerst mit den Portugiesen, dann mit den Engländern. Krieg war schon damals ein übliches Mittel zur Durchsetzung wirtschaftlicher Interessen gegen Konkurrenten.

Der erste Krieg zwischen Holland und England begann 1652. Der vierte Krieg, der von 1780 bis 1784 dauerte, war einer der beiden Gründe des Zusammenbruchs des Unternehmens. Der andere war die Korruption, die sich in der Gesellschaft ausbreitete. 1798 musste sie liquidiert werden. Profitgier war eine Begleiterscheinung des Kapitalismus bereits in seiner frühen Form.

Bei der Liquidation der VOC wurden sämtliche Schulden des Unternehmens vom niederländischen Staat übernommen. Auch das ist ein Vorläufer heutiger Praxis und des typischen Verhältnisses zwischen Unternehmen und Staat in einem kapitalistischen System.[4]

1.5   Börsen und Spekulation

Die *Vereenigde Oostindische Compagnie* und die *British East India Company* gelten als die ersten Unternehmen, die Anteile an Aktionäre ausgaben. 1612 entstand in Amsterdam die erste Börse, die einen Handel mit Aktien ermöglichte. Nur 22 Jahre später kam es ebenfalls in Holland zur ersten Spekulationsblase. Dabei ging es allerdings nicht um Wertpapiere, sondern um Tulpenzwiebeln.

Tulpen waren zu jener Zeit nicht nur wegen ihrer Schönheit, sondern auch als Gegenstand eines umfangreichen Handels beliebt. Händler begannen, Zwiebeln vor der Blüte zu kaufen und zu verkaufen. Gewöhnlich war die Be-

---

[4] Adam Smith liefert eine ausführliche Schilderung der Geschichte der British East India Company im Fünften Buch, Erstes Kapitel, Dritter Teil seines Buches *Der Wohlstand der Nationen*. Sie weist viele Parallelen zu derjenigen der VOC auf.

zahlung erst nach der Blüte fällig. Da sich die Qualität der Blüten nicht voraussehen ließ, wurde der Tulpenhandel zum Spekulationsgeschäft. Ab 1634 erwarben Spekulanten zu immer höheren Preisen Tulpen in der Erwartung, sie bei Fälligkeit der Bezahlung mit Gewinn weiterverkaufen zu können. Bestimmte Tulpen wurden im Februar 1637 für Tausende von Gulden verkauft. Plötzlich fanden sich jedoch keine Käufer mehr, und der Wert von Tulpen fiel um mehr als 95 %. Das war der Beginn einer Serie von geplatzten Spekulationsblasen, die sich bis heute fortsetzt.

1.6   Wie konnte es dazu kommen?

Heute erscheinen die Zustände, die zur Zeit des Frühkapitalismus herrschten, unvorstellbar. Doch wäre es falsch, ihn dafür verantwortlich zu machen. Vielmehr waren es die Menschen, die ihn geschaffen haben. In vieler Hinsicht war er lediglich eine Fortführung der Zustände, die die mittelalterliche Feudalgesellschaft prägte.

1.6.1 Ausbeutung

Schon damals hatte sich die Gesellschaft in Landbesitzer und Habenichtse geteilt. Letztere lebten am Existenzminimum und hatten unter hohen Abgaben und Frondiensten zu leiden. Die Ausbeutung von Menschen war in der Tat schon vor dem Entstehen des Frühkapitalismus gewohnheitsrechtlich verankert. Er hat sie im Grunde nur übernommen und weitergeführt.

Die Ausbeutung der Kolonien ging allerdings noch einen Schritt weiter. Was in Europa als Mord und Diebstahl geahndet worden wäre, wurde in überseeischen Gebieten zum Geschäftsmodell. Natürlich waren sich die Kolonialherren darüber im Klaren, dass sie unrecht taten. Daher musste man Legenden der Rechtfertigung erfinden. Sie bestanden einerseits in der Behauptung, man verfolge das Ziel, die Menschen in den Kolonien zum Christentum zu bekehren. Andererseits gab man vor, ihnen die Vorzüge der europäischen Zivilisation bringen zu wollen. Beide Argumente führen hehre Beweggründe an, wo in Wirklichkeit allein die Absicht der schnöden Bereicherung bestand. Beide offenbaren eine maßlose Hypokrisie.

1.6.2 Scheinheiligkeit

Wörtlich verstanden bedeutet Scheinheiligkeit die Vortäuschung, bestimmte Dinge seien heilig. Damit war die katholische Kirche jahrhundertelang sehr erfolgreich. Religiöse Heuchelei ist so alt wie die katholische Kirche. Nach dem Ende des weströmischen Reiches im Jahre 486 führte die katholische Kirche dessen für eine religiöse Institution viel zu aufwändige Organisationsstruktur fort. Ihr riesiger Verwaltungsapparat zeigt, dass es ihr um Macht geht, und zwar im weltlichen Bereich.

Ab dem 8. Jahrhundert gelang es der katholischen Kirche, ihren Machtbereich immer weiter auszubauen. In den folgenden Jahrhunderten wurde Westeuropa faktisch ein Gottesstaat, in dem religiöse und weltliche Institutionen nebeneinander existierten, das letzte Wort aber beim Papst lag. Es entstand ein System der Überwachung und Unterwerfung, das in mancher Hinsicht dem Totalitarismus moderner Zeiten ähnelt.

Dabei hat die Kirche das fünfte Gebot immer wieder übertreten, als sie Menschen hinrichten ließ, die sich nicht zu ihrem Dogma bekennen wollten. Auch das Gebot der Nächstenliebe hat sie missachtet, indem sie sich auf die Seite der Reichen und Mächtigen gestellt und ihnen einen Freibrief erteilt hat, Arme und Unterdrückte auszubeuten.

Die Zustände, die zu Zeiten des Frühkapitalismus herrschten, sind nicht etwa das Werk Kirche. Aber sie hätte dagegen einschreiten können. Sie hat jedoch das Gegenteil getan, indem sie scheinheilige Rechtfertigungsgründe lieferte. Sie ist zumindest zu einem Teil dafür verantwortlich.

1.6.3 Die Ständegesellschaft

Der wesentliche Grund für die Ausbeutung und Unterdrückung während der Zeit des Frühkapitalismus ist die Staats- und Gesellschaftsordnung. Sie beruhte auf Machtverhältnissen, die so angelegt waren, dass sich Privilegien erhalten konnten.

Die Ständegesellschaft teilte die Gesellschaft in drei Stände, von denen zwei den dritten beherrschten. Den Ersten Stand bildete der Klerus. Dazu zählten die Vertreter der Kirche. Die meisten von ihnen waren Adlige, die die Position ihres Erzeugers nicht erben konnten, weil sie nicht erstgeborene waren. Der Zölibat stellte sicher, dass sie ihre Stellung nicht vererben konnten. Die Stellung des Klerus als Ersten Stand macht das Ausmaß der weltlichen Macht der Kirche deutlich.

Den Zweiten Stand bildete der Adel. Die Zugehörigkeit zu diesem Stand war vererblich. Der Dritte Stand umfasste alle freien Bauern, zu denen sich später die freien Bürger gesellten. Mehr als 90 % der Bevölkerung gehörten dem Dritten Stand an.

In der Ständegesellschaft bestand eine strikte Trennung zwischen Herrschenden und Untergebenen. Während die ersten beiden Stände, also eine Minderheit, weitgehende Privilegien genoss, hatte der Dritte Stand, d. h. die große Mehrheit, so gut wie keinen politischen Einfluss. Dieses Kräfteverhältnis schlug sich auch in den Besitzverhältnissen nieder. Der größte Teil von Grund und Boden gehörte dem Adel und der Kirche.

Um ihre Privilegien zu bewahren, waren sie jeglichen Änderungen gegenüber abgeneigt. Selbst ein Relikt des Mittelalters, sorgte die Ständegesellschaft dafür, dass ein guter Teil der Zustände, die im Mittelalter geherrscht hatten, in der Neuzeit überlebten – einschließlich ihrer selbst. In der Tat war sie eines der größten Hindernisse der gesellschaftlichen Entwicklung.

2

Der Hochkapitalismus (1800 bis 1920)

2.1 Der Wirtschaftsliberalismus

In der zweiten Hälfte des 18. Jahrhunderts wurde deutlich, dass die Fortschritte in den Bereichen der Naturwissenschaft und Technik zuvor ungeahnte Möglichkeiten eröffneten, zu Wohlstand und Reichtum zu gelangen. Inzwischen war klar geworden, dass der Merkantilismus wenig erfolgreich war. Gleichzeitig erkannte man, dass die Regeln des Zunftwesens und der Ständegesellschaft einer wirtschaftlichen Entwicklung im Wege standen. Mehrere Gelehrte beschäftigten sich daher mit der Frage, wie die Wirtschaft besser zu ordnen sei.

2.1.1 *Laissez-faire* und die unsichtbare Hand

In Frankreich hatte der Merkantilismus zu einem Niedergang der Landwirtschaft geführt. Diese Situation war Aus-

© Der/die Autor(en), exklusiv lizenziert an Springer Fachmedien
Wiesbaden GmbH, ein Teil von Springer Nature 2023
W. Plasa, *Der totalitäre Kapitalismus*,
https://doi.org/10.1007/978-3-658-41761-1_2

gangspunkt einer neuen Denkschule, der sogenannten Physiokraten. Sie beruhte auf der Annahme, dass allein die Natur Werte schaffe und somit der Grund und Boden der einzige Ursprung des Reichtums eines Landes sei. Die Physiokraten wandten sich gegen die merkantilistische Politik der Förderung von Produktion und Handel auf Kosten der Landwirtschaft.

Einer ihrer führenden Vertreter war der Franzose François Quesnay. Schon 1758 hatte er ein Modell der Wirtschaft, den *tableau économique* entwickelt. Darin beschreibt er, wie Produktion, Verteilung und Verbrauch in einem Kreislauf zusammenhängen. Er glaubte, dieser Kreislauf könne sich selbst regulieren, wenn man ihn sich selbst überließe. Daher empfahl er minimale staatliche Eingriffe in die Wirtschaft, die Aufhebung von Leibeigenschaft und Zünften, eine freie Preisgestaltung und freien Handel. *Laissez faire* wurde zum Wahlspruch der Physiokraten.

Jemand, der sich von dieser Idee inspirieren ließ, war der Schotte Adam Smith. In seinem im Jahre 1776 erschienenen Werk *An Inquiry into the Nature and Causes of the Wealth of Nations* entwickelte er die Utopie einer Wirtschaftsordnung, in der jeder die Freiheit hat, nach Gewinn zu streben. Er erwartete, dass die Verfolgung eigennütziger Ziele durch Einzelne dem Wohl aller dienen würde. Auch er glaubte, dass sich die Wirtschaft in optimaler Weise selbst steuern würde, wenn sie als Marktwirtschaft organisiert ist. Wie durch eine „unsichtbare Hand" geordnet würde sich das Wirtschaftsleben von selbst regeln.[1] Dies würde zu optimaler Produktionsmenge und -qualität und einer gerechten Verteilung führen.

---

[1] Obwohl diese Metapher in dem genannten Werk nur einmal genannt wird, hat sie bis heute eine beispiellose Nachwirkung.

2.1.2 Die Freiheit wirtschaftlicher Betätigung

Auf der Grundlage dieser Utopie entstanden Forderungen, alle Beschränkungen wirtschaftlicher Betätigungen aufzuheben. Sie wurden in Anlehnung an die als Liberalismus bezeichneten politischen Forderungen nach Freiheit von staatlicher Bevormundung Wirtschaftsliberalismus genannt. Die wohl wichtigste Forderung des Wirtschaftsliberalismus ist die Möglichkeit freier wirtschaftlicher Betätigung.

Diese Forderung fand Unterstützung in den Lehren des politischen Liberalismus. Für ihn ist Freiheit ein Naturrecht oder Menschenrecht. Das Recht auf Freiheit entsteht demnach nicht erst, wenn es in der Verfassung eines Staates anerkannt und gewährt wird, sondern es ist ein dem Staat und der Verfassung vorgelagertes und übergeordnetes Recht, das auch die Freiheit wirtschaftlicher Betätigung umfasst. Sie zu gewähren, versprach eine günstige wirtschaftliche Entwicklung. Dieses Argument konnte überzeugen. Ab dem Beginn des 19. Jahrhunderts wurde die Freiheit wirtschaftlicher Betätigung in immer größerem Umfang gewährt.

Begünstigt durch die industrielle Revolution und unterstützt durch wohlwollende Regierungen leitete die praktische Anwendung der Ideen des Wirtschaftsliberalismus eine zuvor nie erreichte wirtschaftliche Entwicklung ein. Zum ersten Mal in der Geschichte der Menschheit gab es ein deutliches und stetiges wirtschaftliches Wachstum. Infolgedessen kam es zu eingreifenden wirtschaftlichen und gesellschaftlichen Veränderungen. Deren Ergebnis wird gewöhnlich Hochkapitalismus genannt. Mit diesem Begriff werden sowohl die damals geltende Wirtschaftsordnung wie auch die Epoche bezeichnet, während der es ihn gab, nämlich die Zeit von 1800 bis 1920.

2.2   Die industrielle Revolution

Bereits seit dem Ende des 18. Jahrhunderts war eine wichtige Erfindung auf die andere gefolgt.[2] Es war der Beginn einer Epoche, die das Zeitalter der Erfindungen genannt wird, von dem schon die Rede war. Es fand eine systematische Erforschung und Erprobung von Technologien statt, die im 19. Jahrhundert eine industrielle Revolution zur Folge hatten. Sie ermöglichte es einerseits, Gegenstände des täglichen Lebens, die zuvor nur handwerklich gefertigt werden konnten, maschinell herzustellen. Viele Erfinder ersannen aber auch Dinge, die es zuvor nie gegeben hatte, vor allem in den Bereichen des Transports, der Aufzeichnung von Bild und Ton und der Kommunikation.

Die industrielle Revolution im Bereich des Transports begann mit den ersten Dampfschiffen (ab 1807). Es folgte das Fahrrad (1817), die Eisenbahn (ab 1825), das Auto (1886) und das Flugzeug (1903). Schon 1826 wurde die erste Fotografie gemacht, und 1888 gelangen die ersten Aufzeichnungen bewegter Bilder. Kurz zuvor – 1877 – erfolgte die erste Tonaufnahme. Die Ära der Kommunikation begann mit der Erfindung der Telegrafie im Jahre 1837. Ab 1896 gelang sie auch drahtlos. 1859 wurde das Telefon erfunden. Ähnliche Fortschritte gab es in der Waffentechnik, aber auch in Bereichen, in denen sie weniger deutlich in Erscheinung treten, wie etwa in der Medizin und Pharmazie.

---

[2] Reschke, Jürgen, http://www.eine-frage-der-technik.de/1738-1747.htm.

2.3   Die Verstädterung

Die industrielle Revolution beschleunigte einen Trend, der sich schon zuvor angebahnt hatte: die wachsende Bedeutung der Städte. Einige Städte hatten bereits im 12. Jahrhundert eine Wirtschaftskraft erlangt, die ausreichte, um Kathedralen zu bauen. Und nicht nur den oberitalienischen Stadtrepubliken waren Kaufleute zu Reichtum gekommen. Eine ähnliche Entwicklung hatte auch in den Hansestädten und andern Ländern und Städten Europas stattgefunden. Überall verlagerte sich der Schwerpunkt des Wirtschaftslebens vom Land in die Städte, von denen manche aufgrund anhaltender Landflucht rapide wuchsen.[3]

In größeren Städten hatte sich eine Bürgerschicht gebildet, deren Finanzkraft diejenige des Adels überstieg. Sie war in der Lage, die Möglichkeiten der industriellen und wirtschaftlichen Nutzung der neuen Erfindungen wahrzunehmen. Die Kombination von Finanzkraft und Erfindungen ließ die industrielle Revolution entstehen. Letztere ließ, unterstützt durch die Ideen des Wirtschaftsliberalismus, den Hochkapitalismus entstehen.

2.4   Das Proletariat

Schon bald, nachdem er Wirklichkeit geworden war, zeigte sich der moderne Kapitalismus von seiner hässlichsten Seite. Diese ursprüngliche, ungezügelte Form entstand in England und wird deshalb auch Manchesterkapitalismus

---

[3] Pfister, Ulrich und Barbara Stollberg-Rilinger, Stadt und Land, in: Stollberg-Rilinger u.a., Einführung in die frühe Neuzeit, Münster 2001–2003. https://www.uni-muenster.de/FNZ-Online/wirtschaft/grundstrukturen/unterpunkte/stadt_land.htm.

genannt. Die Mechanisierung und Industrialisierung der Herstellung von immer mehr Waren machte diese erheblich billiger als handwerkliche Produkte. Das führte dazu, dass Handwerker brotlos wurden. Für sie gab es keine andere Möglichkeit als die, sich in den neuen Industrien als Lohnarbeiter zu verdingen. Sie drängten auf den „Arbeitsmarkt".

Auf diesem Markt stand eine verhältnismäßig kleine Anzahl von Unternehmern einem immer größer werdenden Heer von Arbeitssuchenden gegenüber, die sich gezwungen sahen, für Löhne zu arbeiten, die kaum über dem Existenzminimum lagen. Diese Situation bot Unternehmern Gelegenheit, Gewinne zu machen, auf die sie sich stürzten ohne jede Rücksicht auf diejenigen, die darunter litten. Auch Frauen und Kinder mussten arbeiten, um den Lebensunterhalt der Familie zu sichern. Arbeitszeiten von 16 Stunden pro Tag waren keine Seltenheit. Die Folge war eine Erscheinung, die „Pauperismus" genannt wird. Damit ist *„die Verelendung großer Bevölkerungsteile … und eine zunehmende Verarmung der Arbeiterschicht"* gemeint.[4]

Charles Dickens, der selbst bereits mit zwölf Jahren Lohnarbeit verrichten musste, war einer der ersten Schriftsteller, der diese Zustände anprangerte. Etwa gleichzeitig entstand aus der Feder von Karl Marx ein philosophisch und historisch fundierter Versuch, die Gründe dieser Zustände zu erkennen und eine Lösung zu finden. Unterstützt wurde er dabei von Friedrich Engels, einem wohlhabenden Textilfabrikanten, den offenbar sein schlechtes Gewissen motivierte.

In Anlehnung an die Bezeichnung für die ärmsten Bürger im antiken Rom nannten Marx und Engels die Gruppe

---

[4] https://de.wikipedia.org/wiki/Pauperismus.

der Lohnarbeiter Proletariat. Nach ihrer Ansicht gibt es einer kapitalistischen Gesellschaft zwei Klassen, sie sich feindlich gegenüberstehen, nämlich die Kapitalisten und die Arbeiterklasse. Marx gehörte nicht zur privilegierten Gesellschaftsschicht und hatte vermutlich deshalb keine Bedenken, auf eine Revolution hinzuarbeiten, der die Klasse der Kapitalisten zum Opfer fallen sollte.

2.5   Monopole

Nicht lange nach Entstehen des modernen Kapitalismus zeichneten sich noch weitere Entwicklungen ab, die bereits während des Frühkapitalismus aufgetreten waren. Dazu gehört vor allem die Entstehung von Monopolen. Ein anschauliches Beispiel dafür bietet der Markt für Erdöl in den USA. Im Jahre 1863 gründete John D. Rockefeller eine Erdölraffinerie, die er Standard Oil Company nannte. Bis 1878 schlossen sich die 15 größten Raffinerien der USA seinem Unternehmen an. Ab 1879 kaufte die Standard Oil die meisten Pipelines in den USA und baute ein eigenes Händlernetz auf. 1881 umfasste sie etwa 40 Unternehmen. 1891 stammten nahezu 90 % der Ölexporte der USA von der Standard Oil Company. Damals kontrollierte der Konzern etwa 70 % des Weltmarktes.

Ähnliche Entwicklungen gab es im Bereich der Stahlindustrie, der Eisenbahnen und der Banken. Daraufhin verabschiedete der amerikanische Kongress 1890 ein nach seinem Urheber benanntes Gesetz, den *Sherman Antitrust Act*. Doch erst 20 Jahre später – im Jahre 1911 – ordnete der Oberste Gerichtshof die Entflechtung der Standard Oil Company an. Das zeigte allerdings kaum Wirkung, denn bis in die 1970er-Jahre wurde der globale Ölmarkt von sieben Ölkonzernen (den *Seven Sisters*) beherrscht, von denen drei Nachfolgeunternehmen der Standard Oil waren: Standard Oil of New Jersey (Esso), Standard Oil of New York (Mobil, ExxonMobil) und Standard Oil of California (Chevron, Texaco). Zwei dieser Unternehmen – ExxonMobil und Chevron – gehören heute noch zu den sechs *Supermajors*, die den Weltölmarkt kontrollieren.[5]

2.6   Der Nachtwächterstaat

Nach den Vorstellungen des Wirtschaftsliberalismus sollte sich der Staat auf den Schutz des Privateigentums und die Aufrechterhaltung der öffentlichen Sicherheit und Ordnung beschränken. Daran hielten sich die meisten Staaten Europas im 19. Jahrhundert. Ein solcher Staat wird verächtlich Nachtwächterstaaten genannt. Diese Bezeichnung ist jedoch ein Euphemismus. Denn dieser Staat ließ Polizei und Militär nicht nur gegen die Verfechter des politischen Liberalismus aufmarschieren. Er tat das auch, um die Forderungen von Arbeitern nach höheren Löhnen zum Schweigen zu bringen. Ein Nachtwächter hätte das nicht vermocht.

2.7   Wie konnte es dazu kommen?

Der Hochkapitalismus war, wie gesagt, die erste Periode in der Geschichte der Menschheit, in der es ein stetiges wirtschaftliches Wachstum gab. Von dieser Entwicklung haben allerdings nicht alle Menschen in gleichem Maße profitiert. Auf der einen Seite bescherte sie einer neuen Gesellschaftsschicht von Unternehmern einen bis dato unbekannten Reichtum. Auf der anderen Seite führte besagte Entwicklung zu einer unsagbaren Verarmung der Massen.

---

[5] Steingart, Gabor, *Unser Wohlstand und seine Feinde*, S. 46.

Wenn wir uns die Entwicklung während des 19. Jahrhunderts ansehen, stellt sich die gleiche Frage, die sich bei Betrachtung des Frühkapitalismus gestellt hat: Wie konnte es dazu kommen? Ein Teil der Antwort ist der gleiche: Vieles von dem, was dem Hochkapitalismus angelastet wird, gab es in ähnlicher Form schon vor 1800. Zum Teil hat er die früheren Zustände an die industrielle Revolution angepasst. Zu einem guten Teil aber hat er sie lediglich übernommen und weitergeführt.

2.7.1 Kolonialismus und Industrialisierung

Dazu gehören auch Traditionen, die ihren Ursprung im Kolonialismus haben. Das gilt insbesondere für die USA, deren Eliten nach ihrer Unabhängigkeit die Kolonialpolitik Großbritanniens in eigener Regie fortsetzten. Die Inbesitznahme des heutigen Staatsgebietes erfolgte im Stile eines Banküberfalls. Das Privateigentum an den Produktionsmitteln erstreckte sich auch auf den Produktionsfaktor Arbeit, denn bis 1865 wurde die Sklaverei beibehalten. Diese Wertvorstellungen begleiteten auch die Industrialisierung der USA. Die während der Kolonialzeit verbreitete Idee, dass der Frage der Rechtmäßigkeit des Erwerbs einer Sache keine besondere Bedeutung zukommt, wirkt bis heute fort.

Eine andere Besonderheit der Vereinigten Staaten besteht darin, dass es sich um ein Einwanderungsland handelt. Das Gefühl der Zusammengehörigkeit war und ist vergleichsweise schwach ausgeprägt. Daher ist auch das Gefühl der Notwendigkeit, soziale Ungerechtigkeit zu beschränken, vergleichsweise schwach. Sie wird nicht als Problem empfunden. Auch das hat sich bis heute erhalten – und wirkt sich auf den Rest der Welt aus.

2.7.2 Rücksichtslosigkeit

Als deutlich wurde, welche Möglichkeiten die industrielle Revolution bot, um Gewinne zu machen, verhielten sie die Unternehmer ähnlich wie die Spanier nach der Entdeckung Amerikas: Sie stürzten sich auf die neu gebotene Gelegenheit, ohne auf andere Rücksicht zu nehmen. Um sich zu bereichern, zahlten sie Hungerlöhne, die gerade für das nackte Überleben reichten.

Das einzige soziale Auffangnetz, das es neben Armenhäusern gegeben hatte, waren die Zünfte und Gilden. Solange es sie gab, war der Zugang zu bestimmten wirtschaftlichen Tätigkeiten einzelnen Gruppen vorbehalten. Diese Schranken zu überwinden, war eine Forderung des Wirtschaftsliberalismus. Zwar gab es Widerstände seitens derjenigen, die befürchten mussten, dabei die Verlierer zu sein. Doch wuchs mit dem Vermögen der ersten Kapitalisten auch deren politischer Einfluss. Schließlich gelang es den Liberalen, ihre Forderungen durchzusetzen. Die Gewährung der Freiheit wirtschaftlicher Betätigung ging mit der Freiheit von jeglicher sozialer Unterstützung einher, die es zuvor gab.

Zwar gab es zu Anfang des 19. Jahrhunderts in den meisten europäischen Staaten keine Leibeigenschaft mehr. Doch hatte sich das Los der Bauern nicht merklich gebessert, seit es im 16. Jahrhundert Anlass zum deutschen Bauernkrieg gegeben hatte. Diejenigen Länder, die überseeische Kolonien hatten, hatten die Ausbeutung der dortigen Bevölkerung bis an die Grenzen der physischen Belastbarkeit getrieben und darüber hinaus. Die Ausbeutung von Arbeitskräften war also auch nichts Neues. Daher nahm man kaum Anstoß daran.

Man könnte meinen, der Staat habe die Pflicht, dagegen einzuschreiten. Dieser Auffassung war der Freiherr vom Stein, der bereits 1784 ein festes Arbeitsentgelt für

Lohnarbeiter einführte.[6] Allerdings fand er keine Nachahmer. Im Gegenteil: Im Jahre 1834 wurde in England durch eine Reform des Armengesetzes jede finanzielle Unterstützung für arbeitslose, aber arbeitsfähige Bedürftige abgeschafft.[7] Sie wurden zu „freien Lohnarbeitern".

Um sich gegen Ausbeutung zu schützen, gründeten Arbeiter Gewerkschaften. Die Geschichte der Gewerkschaften war von Anfang an nicht nur ein Kampf gegen die Kapitaleigner, sondern auch ein Kampf gegen den Staat. Denn die Regierungen standen stets auf Seiten der Kapitalisten. Daher waren Gewerkschaften lange Zeit verboten.

Diese Entwicklungen zeigen einen erschreckenden Mangel an menschlichem Mitgefühl. Vermutlich hätten sie Adam Smith überrascht, denn er vertrat die Ansicht, eine emotionale Teilnahme am Los anderer läge in der menschlichen Natur.[8] Träfe das zu, hätte es kaum zu den Auswüchsen des Hochkapitalismus kommen können.

2.7.3 Apologetik

Dass es zu diesen Entwicklungen kommen konnte, ist zum Teil auch den Philosophen der Aufklärung zu verdanken. Die Aufklärung kämpfte um die Befreiung des Menschen aus seiner selbst verschuldeten Unmündigkeit. Dagegen bemühte sie sich nicht darum, die Menschen aus ihrer unverschuldeten materiellen Not zu befreien. Natürlich sahen die Gelehrten, dass es ein Problem gab. Aber statt sich um eine Lösung zu bemühen, bemühten sie sich um eine Rechtfertigung der gegebenen Zustände.

---

[6] https://de.wikipedia.org/wiki/Lohnarbeit.

[7] https://de.wikipedia.org/wiki/Marktwirtschaft.

[8] Smith, Adam: *The Theory of Moral Sentiments*, in: Kurz, Heinz. D.: *Adam Smith. Ein Werk und seine Wirkungsgeschichte*, S. 81.

Das tat vor allem François Quesnay. Nach seiner Ansicht verdiene das Privateigentum an Grund und Boden Schutz, denn sonst würde der Wirtschaftskreislauf zusammenbrechen. Mit Privateigentum meinte er allerdings die bestehenden Besitzverhältnisse. Er schlug ein System vor, bei dem die Grundeigentümer durch Verpachtung von landwirtschaftlicher Erwerbsfläche in den Genuss des Überschusses kommen würden. Dies würde seiner Meinung nach eine allgemeine Steigerung des Wohlstands bewirken. Ähnliche Überlegungen hatte auch Adam Smith angestellt. Er begründete die Notwendigkeit des Schutzes des Privateigentums mit der Erwartung, dass dies einen Anreiz für seine effiziente Nutzung biete, die ihrerseits der Vermehrung des Gemeinwohls diene.[9] Daher sei eine Umverteilung des Besitzes überflüssig.

2.7.4 Das Besitzbürgertum

Ein anderer, ebenso wichtiger Grund dafür, dass sich die Missstände des Hochkapitalismus lange halten konnten, waren die Machtverhältnisse im Staat. Zwar war der Absolutismus überwunden, doch galt das Prinzip der ständischen Ordnung, gemäß dem eine reiche Minderheit eine arme Mehrheit beherrschte, fort. Zur reichen Minderheit gehörte nunmehr das aufstrebende Besitzbürgertum. Trotz des Bekenntnisses zum Wirtschaftsliberalismus übernahm es die konservative Haltung des Adels und in mancher Hinsicht auch dessen gesellschaftliche Stellung. Kapitalisten traten an die Stelle der Landbesitzer. Es entstand der sogenannte Geldadel.

Regierung und Unternehmer teilten die Vision eines Staates, der die Industrialisierung vorantreiben und die

---

[9] https://www.wikiwand.com/de/Liberalismus.

Interessen des Besitzbürgertums fördern sollte. Dazu gehörte auch die Bewahrung der Besitzverhältnisse. Staat und Gesellschaft des 19. Jahrhunderts unterschieden sich in dieser Hinsicht wenig von der Feudalgesellschaft der vorangegangenen Jahrhunderte. Dies erklärt zu einem guten Teil die Exzesse, zu denen es während des Hochkapitalismus kam.

3

Der Kapitalismus des 20. Jahrhunderts

3.1 Die Zeit zwischen den Weltkriegen

Der Erste Weltkrieg war der bis dahin tiefste Einschnitt in der Geschichte Europas. Das von ihm hinterlassene Chaos ermöglichte Veränderungen im Bereich von Staat und Gesellschaft, deren Notwendigkeit seit langem deutlich geworden war, die aber die zuvor bestehende Ordnung verhindert hatte. Diesem Wechsel fielen nicht nur Monarchen, sondern auch die ständische Gesellschaftsordnung und mit ihr die Macht von Adel und Klerus zum Opfer.

In mehreren Ländern Europas vollzog sich der Wechsel infolge einer Revolution. Menschen, die vor dem Krieg als Lohnarbeiter tätig gewesen und während des Krieges an die Front geschickt worden waren, versuchten, eine neue Staatsform zu etablieren, in der sie nicht mehr unterdrückt sein würden. Doch trennten sich die Geister an der Frage, welche Wirtschaftsordnung dafür am besten geeignet wäre.

© Der/die Autor(en), exklusiv lizenziert an Springer Fachmedien Wiesbaden GmbH, ein Teil von Springer Nature 2023
W. Plasa, *Der totalitäre Kapitalismus*,
https://doi.org/10.1007/978-3-658-41761-1_3

Radikalere Politiker forderten ein Ende des marktwirtschaftlichen Kapitalismus. Sie nannten sich selbst zunächst Bolschewisten. Später wurden sie Kommunisten genannt.

Weniger radikale Geister befürworteten dagegen eine Wirtschaftsordnung in der Tradition der kapitalistischen Marktwirtschaft, verbunden mit einer Politik zur Korrektur ihrer sozial inakzeptablen Folgen. Auch für die Durchsetzung setzte man auf weniger radikale Mittel. Man glaubte, sie ohne Revolution, nämlich durch Reformen erreichen zu können. Die Befürworter dieser Politik nannten sich Sozialisten oder auch Sozialdemokraten.

Nur 10 Jahre nach dem Ende des Ersten Weltkrieges entstand ein neues Chaos infolge der größten Wirtschaftskrise, die es seit Beginn des modernen Kapitalismus gegeben hatte. Neben der sogenannten sozialen Frage erhob sich nun eine zweite, ebenso existenzielle Frage: Wie konnte man der Wirtschaft wieder auf die Beine helfen und die Arbeitslosigkeit verringern?

Das versuchten die Regierungen der betroffenen Staaten mit unterschiedlichen Mitteln und unterschiedlichem Erfolg. Alle sahen sich gezwungen, in die Wirtschaft einzugreifen. Das hatte zur Folge, dass der Staat seine Position gegenüber der Wirtschaft merklich verstärken konnte. Aus dem Nachtwächterstaat wurde ein Staat, der sich für immer mehr Lebensbereiche verantwortlich fühlte.

3.1.1 Die UdSSR

In Russland war es bereits 1917 zu einer Revolution gekommen. Die Revolutionäre folgten der Vision einer klassenlosen Gesellschaft, die sich an den Lehren des Marxismus orientierte. An die Stelle der Monarchie trat ein Typ von Staat, der zu jener Zeit als Räterepublik bezeichnet wurde. Er nannte sich Union der Sozialistischen Sowjet-republiken, kurz UdSSR.

Die UdSSR gab sich eine staatliche, gesellschaftliche und wirtschaftliche Ordnung, wie es sie zuvor nirgendwo gegeben hatte. Sie war der erste Staat, der soziale Gerechtigkeit zu einer Priorität machte. Zu diesem Zwecke wurde das Privateigentum an den Produktionsmitteln in Staatseigentum überführt. Das geschah in der Absicht, „jeden nach seinen Bedürfnissen" an den erwirtschafteten Erträgen beteiligen zu können. An die Stelle einer Marktwirtschaft trat eine zentrale Planwirtschaft. Die Freiheit wirtschaftlicher Betätigung wurde nahezu vollständig aufgehoben.

Dieser Staat war nicht weniger autoritär als das Zarenreich. Darüber hinaus war er totalitär, denn er griff in jeden Lebensbereich ein. Er verlangte von jedem einzelnen eine aktive Beteiligung und ein Bekenntnis zur Ideologie des Klassenkampfes, wie sie Karl Marx ersonnen hatte. Im Gegenzug bot der Staat die Vorzüge einer umfassenden Daseinsvorsorge. Er kümmerte sich um alles, weshalb der einzelne sich um nahezu gar nichts zu kümmern brauchte. Das hätte er aber auch nicht gekonnt, denn diese Freiheit wurde ihm nicht gewährt.

3.1.2 Die Weimarer Republik

Auch in Deutschland kam es am Ende des Ersten Weltkrieges zu einer Revolution. Sie führte zur Gründung einer demokratischen Republik. Die Demokratisierung von Staat und Gesellschaft erlaubte der arbeitenden Bevölkerung eine Teilnahme am politischen Leben, die ihnen zuvor verweigert worden war. Parteien und Gewerkschaften, die ihre Interessen vertraten, gewannen an Einfluss. Aus der ersten Wahl zur Deutschen Nationalversammlung im Januar 1919 ging die SPD mit 37,9 % als stärkste Partei hervor.

Aber auch in anderen Lagern war man bereit, den Interessen der Arbeiter entgegenzukommen. Einerseits kam man zu der Einsicht, dass Lohnarbeiter eine bessere Behandlung verdienten, als sie vor dem Ersten Weltkrieg erfahren hatte. Das hatten sie sich gewissermaßen mit ihrem Einsatz und Leiden als Soldaten an der Front verdient. Andererseits hatte man Angst vor weiteren sozialen Konflikten.

Erste sozialpolitische Maßnahmen waren bereits gegen Ende des 19. Jahrhunderts im Rahmen der von Bismarck eingeleiteten Reformen beschlossen worden. Inzwischen hatte sich die Vorstellung durchgesetzt, dass Sozialpolitik zu den Aufgaben des Staates gehört. Ab den 1920er-Jahren entwickelte sich in Deutschland ein System, das als Fürsorgestaat oder Wohlfahrtsstaat bezeichnet wird. Dieses System sollte sich jedoch bald als unzulänglich erweisen.

Im Winter 1929/30 erfasste die Weltwirtschaftskrise auch Deutschland. Mehrere Banken brachen zusammen und zahlreiche Unternehmen gingen Bankrott. Die Lage machte es unausweichlich, mit dirigistischen Maßnahmen in die Wirtschaft einzugreifen. Dazu gehörte unter anderem eine Devisenbewirtschaftung. 1931 wurden die Großbanken de facto verstaatlicht. Doch der Erfolg blieb aus. Zu Jahresbeginn 1933 stieg die Zahl der Erwerbslosen auf über sechs Millionen Menschen. Diese Situation erleichterte die Machtergreifung durch die Nationalsozialisten.

3.1.3 Das Dritte Reich

Das Dritte Reich war zwar nur von kurzer Dauer, hatte aber katastrophale Folgen. Daher fällt es auch heute noch schwer, diesen Zeitabschnitt emotionslos zu betrachten. Eine solche Betrachtung ist jedoch deswegen interessant, weil mit dem Dritten Reich nicht alles verschwand, was mit ihm entstanden war.

Der Nationalsozialismus vereint zwei Komponenten, die sich in seinem Namen wiederfinden. Einerseits ist er eine Ideologie des *Nationalismus*. Nationalismus war bereits mit dem Bismarckreich entstanden. Während des Ersten Weltkrieges war das Bewusstsein der Zugehörigkeit zur Nation gewachsen. Nach dem Krieg nährten die in Versailles ausgehandelten Friedensbedingungen das Gefühl, weiterhin einem gemeinsamen Feind gegenüberzustehen. Daher fiel der Nationalismus des Nazis auf einen fruchtbaren Boden.

Die andere im Nationalsozialismus enthaltene Komponente ist der *Sozialismus*. Der Bedarf an sozialpolitischen Maßnahmen war aufgrund der Folgen des Krieges und der Wirtschaftskrise immens. Sozialpolitik setzt sozialen Zusammenhalt und Solidarität voraus. Sie waren im Krieg gewachsen, weil man gemeinsam gekämpft und gelitten hatte. Man brauchte Sozialmaßnahmen, und man befürwortete sie. Die Popularität des Nationalsozialismus beruhte nicht zuletzt auf seinen sozialpolitischen Versprechungen.

Ein Teil dieser Versprechungen wurde eingehalten, wie zum Beispiel die durch „Kraft durch Freude" (KdF) geförderte Erholung auf Staatskosten. Damit war man der Errichtung eines Wohlfahrtsstaates noch nähergekommen. Andererseits stärkten Maßnahmen dieser Art das Gefühl der Zugehörigkeit zur Nation. Die Ideologie des Nationalsozialismus verbindet Nationalismus und Sozialismus auf eine eigenartige Weise.

Dabei war das Naziregime ebenso autoritär und totalitär wie der in Russland entstandene Staat. Auch der Nationalsozialismus verlangte von jedem einzelnen eine aktive Beteiligung und ein Bekenntnis zu seiner Ideologie. Diese Ideologie ließ sich – anders als der Kommunismus – grundsätzlich mit den Prinzipien des Wirtschaftsliberalismus vereinbaren. Daher blieb es zunächst bei einer kapitalistischen Wirtschaftsordnung. Doch wurde anders als zuvor das Wirtschaftsgeschehen nicht mehr allein sich selbst überlassen.

Die Wirtschaft erhielt bestimmte Vorgaben. Zunächst ging es um die Überwindung der Wirtschaftskrise. Darüber hinaus sollte Deutschland in die Lage versetzt werden, eine Großmacht zu werden und seine Machtansprüche auch militärisch durchzusetzen. Um diese Ziele zu erreichen, näherte man sich immer mehr einer staatlichen Planwirtschaft. Mit dem Ziel wirtschaftlicher Autarkie wurde die Marktwirtschaft in der Landwirtschaft bereits 1933 praktisch abgeschafft. Für die Rüstung notwendige Rohstoffe wurden rationiert.

Kurzfristig hatte die Wirtschaftspolitik der Nationalsozialisten Erfolg. Aufträge an die Rüstungsindustrie ermöglichten einen raschen Abbau der Arbeitslosigkeit. Einen ähnlich wichtigen Beitrag dazu leisteten Arbeitsbeschaffungsprogramme wie etwa der Bau von Autobahnen. Ob dieser Erfolg langfristig angehalten hätte, lässt sich nicht sagen, denn schon nach sechs Jahren begann der Zweite Weltkrieg, der nach weiteren sechs Jahren verloren ging.

3.1.4 Die USA

Das einzige Land, das aus diesem Krieg als Sieger hervorgegangen ist, nämlich die USA, hatte mit einer ähnlichen Wirtschaftspolitik schließlich Erfolg. Auch sie entstand aus der Notwendigkeit, die Folgen der Wirtschaftskrise zu überwinden, die mit dem Zusammenbruch der New Yorker Börse im Oktober 1929 begonnen hatte. Bis dahin galten in den USA im Wesentlichen noch die Regeln des Hochkapitalismus. Sie hatten das Entstehen einer Spekulationsblase begünstigt, deren Platzen für viele Teile der Bevölkerung katastrophale Folgen hatte. Es begann die Great Depression.

Bis dahin gab es in den USA keine nennenswerte Sozialgesetzgebung. Angesichts der Folgen der Wirtschaftskrise wurden sozialpolitische Maßnahmen unumgänglich. In den 1930er-Jahren wurden unter Präsident Franklin D. Roosevelt im Rahmen des *New Deal* mehrere Gesetze zum Schutz der Lohnarbeiter erlassen. Damit näherte sich das Land europäischen Standards.[1]

Ebenfalls Teil des *New Deal* waren Arbeitsbeschaffungs-programme, mit denen die hohe Arbeitslosigkeit verringert werden sollte. Mit ihnen wurden vor allem Nationalparks errichtet und Staudämme gebaut. Und auch im Außen-handel ergaben sich Parallelen zur Wirtschaftspolitik der damaligen deutschen Regierung. Maßnahmen, die diese mit dem Ziel der wirtschaftlichen Autarkie beschloss, wur-den von jener in protektionistischer Absicht getroffen. Es kam zu einer zunehmenden Abschottung des Handels mit dem Rest der Welt. Offenbar meinte man, die Katastrophe, die der Kapitalismus angerichtet hatte, mit den Mitteln des Merkantilismus überwinden zu können.

Besonders erfolgreich war diese Politik bis zum Ausbruch des Zweiten Weltkriegs nicht. Dann aber entstand in den USA das gleiche, was auch in Deutschland entstanden war, nämlich eine Organisation der Kriegswirtschaft in Form einer Planwirtschaft. Während des Zweiten Weltkriegs wurde die gesamte Industrie für die Rüstung eingesetzt. Erst damit konnte die 1929 begonnene Krise über-wunden werden.

3.2 Die Zeit nach dem Zweiten Weltkrieg

Auch der Zweite Weltkrieg bedeutete für viele Staaten einen Neubeginn. Der Sowjetunion gelang es, in ihrer Nachbar-schaft kommunistische Staaten mit einer zentralen Plan-

---

[1] Steingart, Gabor, *Unser Wohlstand und seine Feinde*, S. 87.

wirtschaft entstehen zu lassen. Auch in China entstand ein Staat, der sich zum Marxismus bekannte. Diese Situation schuf eine Situation des Konfliktes zwischen zwei Lagern, die als Kalter Krieg bezeichnet wird. Dieser Konflikt war äußerlich ein solcher zwischen Demokratien und Diktaturen. Im Grunde war er ein Konflikt zwischen zwei Wirtschaftsordnungen, genauer gesagt, zwischen denjenigen, die von der einen bzw. anderen Wirtschaftsordnung die Vorteile hatten.

Das sollten in den kommunistischen Staaten alle Staatsbürger sein. Sie waren nach eigener Darstellung Fürsorgestaaten. Aufgrund der Konkurrenz der Systeme waren daher auch in Westeuropa sozialpolitische Maßnahmen unerlässlich. Zudem war, wie nach dem Ersten Weltkrieg schon, auch nach dem Zweiten Weltkrieg die Linke in vielen europäischen Staaten erstarkt. Die Notwendigkeit eines sozialen Ausgleichs war ein Teil der gesellschaftlichen Wertvorstellungen geworden.

3.2.1 Der Neubeginn in Deutschland

Im Bereich der staatlichen Ordnung war der Neubeginn in Deutschland nach 1945 radikal, im Bereich der gesellschaftlichen Ordnung marginal. Im Bereich der Wirtschaftsordnung fand eine Rückkehr zur Marktwirtschaft statt. Eine andere Wahl hätten die westlichen Besatzungsmächte ohnehin nicht gestattet. Eine gänzlich „freie" Marktwirtschaft kam jedoch angesichts der Erfahrungen mit und nach der Wirtschaftskrise nicht in Frage. Doch bestand zunächst keine Einigkeit zu der Frage, wie weit der Staat in die Wirtschaft eingreifen sollte bzw. ihre Ergebnisse korrigieren sollte.

Nach Überzeugung des damaligen Wirtschaftsministers Ludwig Erhard würde sich der von einer Marktwirtschaft zu erwartende wirtschaftliche Erfolg auch in sozialer Hinsicht positiv auswirken. Er entwarf die Utopie einer Gesellschaft, in der es kein Proletariat mehr gäbe. Mit dem sogenannten Volkskapitalismus sollte eine breite Vermögensbildung gefördert werden.

Andere gingen weiter. Sie waren der Ansicht, dass in der Wirtschaft nicht das private Gewinnstreben, sondern das Gemeinwohl im Vordergrund stehen sollte. Dieser Gedanke geht auf die Sozialreformer Friedrich Wilhelm Raiffeisen und Hermann Schulze Delitzsch zurück, die in der Mitte des 19. Jahrhunderts erste Kredit- bzw. Einkaufsgenossenschaften gegründet hatten. Auf dieser Grundlage wurde von der politischen Linken ein als Gemeinwirtschaft bezeichnetes Modell konzipiert. Es sah die Schaffung gewerkschaftlicher und genossenschaftlicher Unternehmen vor, wurde jedoch von der amerikanischen Besatzung blockiert und auch anschließend nur ansatzweise verwirklicht. In den 1980er-Jahren wurde es endgültig aufgegeben.

Zumindest eine Besonderheit, die aus jener Zeit stammt, gibt es noch heute: die sogenannte betriebliche Mitbestimmung. Schon im Jahre 1951 wurde das Gesetz über die Mitbestimmung der Arbeitnehmer in den Aufsichtsräten und Vorständen der Unternehmen des Bergbaus und der Eisen und Stahl erzeugenden Industrie erlassen. Es sieht eine Parität zwischen Vertretern der Anteilseigner und Arbeitnehmer im Aufsichtsrat und die Bestellung eines „Arbeitsdirektors" im Unternehmensvorstand vor. Der Anwendungsbereich dieses Gesetzes wurde nach und nach ausgedehnt.

Andererseits wollte man auch nach dem Zweiten Weltkrieg nicht auf die Annehmlichkeiten des Fürsorgestaates verzichten. Man hatte sie im Dritten Reich zu schätzen gelernt, und sie waren notwendig, weil sich viele Menschen infolge des Krieges in unverschuldeten Notlagen befanden, die sie aus eigener Kraft nicht bewältigen konnten. Man einigte sich daher auf ein Modell, das weitgehende wirtschaftliche Freiheiten mit weitgehenden sozial-politischen Maßnahmen vereint. Es entstand die soziale Marktwirtschaft.

3.2.2 Die soziale Marktwirtschaft

Eigentlich ist der Begriff „soziale Marktwirtschaft" ein Widerspruch in sich. Denn eine Marktwirtschaft produziert, solange sie sich selbst überlassen bleibt, Ergebnisse, die alles andere als sozial sind. Sie können durch Eingriffe des Staates beeinflusst, begrenzt oder korrigiert werden. Doch lassen derartige Maßnahmen die Marktwirtschaft nicht selbst sozial werden. Vielmehr schaffen sie in Verbindung mit einer marktwirtschaftlichen Wirtschaftsordnung eine *soziale Gesellschaftsordnung*. Wir nennen sie soziale Marktwirtschaft.

Die soziale Marktwirtschaft verbindet die Freiheit, nach Gewinn zu streben, mit sozialer Absicherung und einer Umverteilung des Wohlstands. Das Ziel ist nicht die Verwirklichung einer bestimmten Vorstellung von sozialer Gerechtigkeit, sondern die Vermeidung sozialer Ungerechtigkeiten. Die soziale Marktwirtschaft ergänzt das Versprechen der Marktwirtschaft, reich werden zu können, mit dem Versprechen, davor bewahrt zu sein, arm zu sein. Sie will wirtschaftliche Sicherheit und Unabhängigkeit bieten, weil sie als Voraussetzung für ein menschenwürdiges und lebenswertes Leben angesehen werden.

Dabei profitiert sie davon, dass eine Marktwirtschaft ein vergleichsweise hohes wirtschaftliches Wachstum und damit hohe Steuereinnahmen beschert. Mit ihnen lassen sich umfangreiche sozialpolitische Maßnahmen finanzieren. Sie sind im Rahmen einer Marktwirtschaft sowohl *möglich* wie auch *nötig*.

Mit der sozialen Marktwirtschaft entstand eine Gesellschaftsordnung, in der es zwar immer noch Privilegierte gab, in der eigentliche Armut aber so gut wie verschwunden war. Lohnarbeiter hatten die Chance, in den Mittelstand aufzusteigen oder zumindest ihren Kindern dies zu ermöglichen. Mittelständler erlebten eine ständige Anhebung ihres Wohlstands, die es nicht wenigen erlaubte, selbst in das Lager der Privilegierten aufzusteigen.

3.2.3 Ökonomie und Ökologie

Nachdem die 68er-Bewegung dafür gesorgt hatte, dass auch die Chancengleichheit wuchs, entstand bei uns ein System, das sich im internationalen Vergleich sehen lassen konnte. Doch war es noch nicht auf eine Herausforderung vorbereitet, die sich in den 1970er-Jahren abzeichnete, nämlich die Notwendigkeit der Nachhaltigkeit des Wirtschaftens.

Bis vor etwa 50 Jahren war der Umstand, dass die Marktwirtschaft dazu neigt, auf Kosten der Zukunft zu wirtschaften, ignoriert worden. Einer der ersten, die darauf hinwiesen, war der Club of Rome, dessen 1972 veröffentlichte Studie *Die Grenzen des Wachstums* weltweit Aufmerksamkeit erlangte. Diese Studie fordert mehr *sustainablity*, die ins Deutsche mit „dauerhafter" oder „nachhaltiger" Entwicklung übersetzt wurde. Eine Definition dieses Begriffs findet sich in dem Bericht *Our Common Future*, den die von den Vereinten Nationen eingesetzte Weltkommission für Umwelt und Entwicklung im Jahre 1987 vorlegte:

„Dauerhafte Entwicklung ist eine Entwicklung, die die Bedürfnisse der Gegenwart befriedigt, ohne zu riskieren, dass künftige Generationen ihre eigenen Bedürfnisse nicht befriedigen können.... Im Wesentlichen ist dauerhafte Ent-

wicklung ein Wandlungsprozess, in dem die Nutzung von Res-
sourcen, das Ziel von Investitionen, die Richtung technologischer
Entwicklung und institutioneller Wandel miteinander harmo-
nieren und das derzeitige und künftige Potential vergrößern,
menschliche Bedürfnisse und Wünsche zu erfüllen."[2]

Die UN-Konferenz für Umwelt und Entwicklung, die im
Jahre 1992 in Rio de Janeiro stattfand, hat diesem Konzept eine soziale Dimension hinzugefügt. Seitdem wird
unter Nachhaltigkeit ein dauerhaft stabiler Zustand der
Gesellschaft verstanden, der dadurch erreicht wird, dass
ökonomische, ökologische und soziale Ziele gleichzeitig
und gleichberechtigt verfolgt werden, und zwar von allen
Ländern der Welt. Es geht dabei sowohl um globale Gerechtigkeit für alle Menschen, die jetzt auf diesem Planeten leben, als auch um Gerechtigkeit für die folgenden
Generationen.

Inzwischen bekennt sich auch die EU zu diesem Ziel.
Art. 3 des Vertrags von Lissabon definiert es folgendermaßen:

„Die Union … wirkt auf die nachhaltige Entwicklung Europas
auf der Grundlage eines ausgewogenen Wirtschaftswachstums
und von Preisstabilität, eine in hohem Maße wettbewerbs-
fähige soziale Marktwirtschaft, die auf Vollbeschäftigung und
sozialen Fortschritt abzielt… Sie bekämpft soziale Ausgrenzung
und Diskriminierungen und fördert soziale Gerechtigkeit und
sozialen Schutz…"

Seit dem Inkrafttreten des Vertrags von Lissabon ist die EU
diesen Zielen kaum näher gekommen. Ein Hindernis, das
ihr dabei im Weg steht, ist eine Entwicklung, die ihren Ursprung in den USA hatte.

---

[2] https://sustainabledevelopment.un.org/content/documents/5987our-
common-future.pdf. Zugegriffen: 16.04.2023.

3.3   Die Globalisierung

Nach dem Zweiten Weltkrieg sind die Vereinigten Staaten von Amerika zur führenden Weltmacht geworden. Die auf ihren Vorschlägen beruhende Weltwirtschaftsordnung, die in den Nachkriegsjahren mit der Schaffung der Weltbank, des Internationalen Währungsfonds und des GATT entstand, verlieh ihnen eine Hegemonialstellung, die ihnen erhebliche wirtschaftliche Vorteile verschaffte. Um ihre wirtschaftliche Überlegenheit ausspielen zu können, drängten sie seit der Mitte der 1980er-Jahre verstärkt auf eine Liberalisierung des Welthandels und ausländischer Investitionen sowie auf freien Zugang zu den Rohstoffen anderer Länder. Mit dieser Politik begann eine Entwicklung, die Globalisierung genannt wird.

3.3.1 Der *Washington Consensus*

Die Einzelheiten dieser Politik wurden Ende der 1980er-Jahre zwischen dem Finanzministerium der Vereinigten Staaten, dem Internationalen Währungsfonds, der Weltbank und mehreren in Washington angesiedelten Thinktanks diskutiert. Dabei einigte man sich auf eine Liste von 10 Punkten, die als Washington Consensus bezeichnet wird. Sie umfasst:

* eine Disziplin in der Finanzpolitik;
* die Reduzierung von Subventionen;
* eine Steuerreform;
* eine wirtschaftlich vernünftige Zinspolitik;
* wettbewerbsorientierte Wechselkurse;
* eine Liberalisierung des Außenhandels;
* eine Liberalisierung und der Schutz ausländischer Investitionen;

* die Privatisierung von Staatsbetrieben;
* eine Deregularisierung, d. h. ein Abbau von Regeln und Vorschriften;
* die Garantie des Eigentums.

Ursprünglich waren diese Punkte nur als ein Rezept gedacht, krisengeschüttelten Ländern Lateinamerikas auf die Beine zu helfen. Doch schon bald wurde daraus ein Programm, für das die Vereinigten Staaten eine weltweite Werbekampagne führten. Dafür bedienten sie sich der Medien, der Universitäten und der wissenschaftlichen Forschung, die sich für Wunschergebnisse bezahlen lassen. Auch in internationalen Organisationen wie z. B. der Konferenz der Vereinten Nationen für Handel und Entwicklung (UNCTAD) wurde Propaganda für diese neue Politik gemacht.

3.3.2 Die Liberalisierung des Welthandels

Ziel dieser Kampagne war jedoch nicht nur einer Verpflichtung möglichst vieler Staaten zu einer vergleichsweise radikalen Version der kapitalistischen Marktwirtschaft, sondern auch die Anwendung der Prinzipien dieser Wirtschaftsordnung auf den internationalen Handel. Dafür bedurfte es einer Liberalisierung des Außenhandels und ausländischer Investitionen. Ein entscheidender Beitrag hierzu wurde durch die achte Verhandlungsrunde der Mitgliedsstaaten des GATT, der Uruguayrunde, geleistet, die 1994 abgeschlossen wurde.

Als Ergebnis dieser Runde wurden die meisten noch bestehenden Handelsschranken des Warenverkehrs aufgehoben. Auch der Handel mit Dienstleistungen wurde in vielen Bereichen liberalisiert. Ein weiteres Ergebnis der Uruguayrunde war ein Abkommen zum internationalen Schutz des geistigen Eigentums. Zwar hatte man bei der

Vorbereitung der Uruguayrunde im Jahre 1986 versucht, auch Fragen des Arbeitnehmerschutzes und des Umweltschutzes einzubeziehen, doch scheiterte dieser Vorschlag am Widerstand der USA und der Entwicklungsländer. Das Gleiche wiederholte sich bei der Vorbereitung der darauf folgenden Verhandlungsrunde in Doha im Jahre 2000. Wieder gaben die Delegationen den Interessen des Produktionsfaktors Kapital Vorrang vor denen des Produktionsfaktors Arbeit.

3.3.3 Die Liberalisierung ausländischer Investitionen

Eine Forderung des Washington Consensus ist die Liberalisierung ausländischer Investitionen. Bis vor etwa 30 Jahren unterlagen solche Investitionen in vielen Ländern Beschränkungen. Entweder war es Ausländern ganz verboten, in bestimmten Sektoren zu investieren. Oder sie mussten sich einen einheimischen Partner suchen. Viele Regierungen verlangten auch, dass ausländische Investoren heimische Erzeugnisse kauften oder für den heimischen Markt produzierten.

Gleich nach Abschluss der Verhandlungen der Uruguayrunde versuchten die Industrieländer, ein multilaterales Abkommen zu schaffen, das alle Staaten dazu verpflichten würde, derartige Beschränkungen ausländischer Investitionen abzuschaffen. Das scheiterte am Widerstand der Entwicklungsländer, die das Gefühl hatten, in der Uruguayrunde über den Tisch gezogen worden zu sein. Dennoch haben viele Entwicklungsländer unter dem Druck der Industrieländer anschließend entsprechende Konzessionen in bilateralen und regionalen Abkommen gemacht. Damit waren alle Voraussetzungen dafür erfüllt, dass die Prinzipien des Wirtschaftsliberalismus auch grenzüberschreitend Anwendung finden können.

3.3.4 Globalisierung und liberale Wirtschaftsordnung

Die Globalisierung verdient ihren Namen insofern, als inzwischen fast alle Länder der Welt einbezogen sind. Nach dem Zusammenbruch der Sowjetunion wechselten auch die Länder, die zuvor eine staatlich gelenkte Wirtschaft hatten, zu einer liberalen Wirtschaftsordnung. Damit waren auch sie in der Lage, an der Globalisierung teilzunehmen.

Auch die meisten Entwicklungsländer wurden in sie einbezogen, jedoch nicht alle ganz freiwillig. Zu jener Zeit waren viele von ihnen hoch verschuldet. Um neue Kredite vom Internationalen Währungsfonds und der Weltbank zu erhalten, wurden sie gezwungen, die Forderungen des Washington Konsensus zu erfüllen. Zudem wurde von ihnen verlangt, der Welthandelsorganisation (WTO) beizutreten, die zum Abschluss der Uruguayrunde gegründet wurde. Damit wurden auch sie zu Teilnehmern der Globalisierung.

Dank der Liberalisierung ausländischer Investitionen begann in vielen Entwicklungsländern eine erste Phase der Industrialisierung. Sie konzentrierte sich auf arbeitsintensive Sektoren wie die Herstellung von Textilwaren, denn der Produktionsfaktor Arbeit war billig. Damit wiederholte sich, was in der Geschichte der Industrialisierung Europas im 19. Jahrhundert geschehen war: Es kam zu einer Ausbeutung von Lohnarbeitern, die bis heute anhält. Von ihr profitieren ausländische Konzerne, die die betreffenden Waren in Industrieländern vertreiben, und deren Kunden. Diese Seite der Globalisierung ist eine moderne Version des Kolonialismus.

3.4 Die Agenda 2010

Auch Deutschland war entschieden für die Liberalisierung des Welthandels eingetreten, denn sie versprach Vorteile für seine exportorientierte Wirtschaft. Doch bald wurde klar, dass sich die daran geknüpften Erwartungen nur zum Teil erfüllten. Bis zur Jahrtausendwende nahm die internationale Wettbewerbsfähigkeit der deutschen Wirtschaft ständig ab.

Das lag einerseits daran, dass Länder mit niedrigeren Löhnen und weniger Sozialabgaben billiger produzieren können. Seit Anfang der 1990er-Jahre machten Importe aus Billiglohnländern Branchen Konkurrenz, die weniger qualifizierte Arbeiter beschäftigen. Gleichzeitig verlagerten immer mehr deutsche Unternehmen ihre Produktion ins Ausland. Infolgedessen stieg die Arbeitslosigkeit.

Die Antwort auf diese Entwicklungen war die Agenda 2010 der Regierung Schröder, mit der ab 2003 eine Reform des Sozialsystems und des Arbeitsmarktes umgesetzt wurde. Dabei wurden eine Reihe arbeitgeberfreundlicher Maßnahmen beschlossen, und zwar vor allem eine Lockerung des Kündigungsschutzes, eine Senkung der betrieblichen Lohnnebenkosten durch Erhöhung der Sozialabgaben der Mitarbeiter und Erleichterungen für die Beschäftigung von Leiharbeitern und auf Basis von Werkverträgen.

Dies hat viele Unternehmen veranlasst, Stammpersonal zu entlassen und Leiharbeiter dauerhaft zu beschäftigen. Infolgedessen wurden Niedriglöhne in vielen Bereichen die Regel. Gleichzeitig wurde aufgrund der Lockerung des Kündigungsschutzes und der Ausweitung von Leiharbeit und Werkverträgen die Position von Gewerkschaften deutlich schwächer. Infolgedessen wurde es 2014 erforderlich, einen gesetzlichen Mindestlohn einzuführen.

Je geringer die Entlohnung, desto schlechter sind auch die Arbeitsbedingungen. Während der Coronakrise wurde deutlich, dass es in Deutschland in bestimmten Sektoren

untragbare Zustände gibt. Masseninfektionen in Schlacht-
höfen brachten ans Licht, dass ausländische Beschäftigte
unter miserablen Bedingungen arbeiten müssen und in
überfüllten Gemeinschaftsunterkünften wohnen. Ähnliche
Probleme gibt es im Bereich der Landwirtschaft, wo ausländische Erntehelfer als Saisonarbeiter beschäftigt werden.
Um sie unterbringen zu können, werden im Internet Con-
tainer als Behausung angeboten.[3] Nach monatelangen Dis-
kussionen hat sich die große Koalition im November 2020
darauf geeinigt, dass ab 2021 Leiharbeit und Werkverträge
in diesem Bereich verboten oder zumindest eingeschränkt werden.

3.5   Wie konnte es dazu kommen?

Und wieder stellt sich die Frage: Wie konnte es dazu kommen? Auf sie gibt es eine kurze Antwort: Infolge der
Globalisierung verschärfte sich der internationale Wettbewerb. Daraus entstand ein Konflikt der Systeme. In diesem Konflikt hat die soziale Marktwirtschaft den Kürzeren
gezogen – ähnlich wie die zentrale Planwirtschaft 1990 den
Kürzeren gezogen hatte.

   Man könnte also meinen, die Globalisierung sei an allem
schuld. Doch ist die Globalisierung nicht aus dem Nichts
entstanden. Die Weichen wurden durch Gesetzesänderungen und internationale Absprachen gestellt, Entscheidungen also, die nur Regierungen und Parlamente
treffen können. Sie wurden dazu durch Unternehmer veranlasst, also jenen, die die Geschicke der Wirtschaft maßgeblich bestimmen. Unternehmer nahmen dabei die

---

[3] https://www.algeco.de/erntesaison?utm_term=unterk%C3%BCnfte%20ern-
tehelfer&utm_campaign=Search+%7C+Einsatzbereiche+%7C+Sanit.   Zugegriffen: 16.04.2023.

Schützenhilfe von Wirtschaftswissenschaftlern in Anspruch, die ihnen die notwendigen Argumente lieferten. Diese Argumente beruhen auf theoretischen Überlegungen, die die Vorzüge einer möglichst freien Marktwirtschaft beweisen sollen. Vor allem biete sie die besten Voraussetzungen für wirtschaftliches Wachstum. Bevor wir uns näher mit den Hintergründen dieser Entwicklung befassen, wollen wir uns das Wachstum der Wirtschaft näher ansehen.

Teil II

Zahlen und Fakten

4

Das Wachstum der Wirtschaft

Die von Adam Smith gehegte Erwartung, dass Menschen, wenn sie die Freiheit haben, nach Gewinn zu streben, dies mit Erfolg tun würden, hat sich voll und ganz bewahrheitet. In der Tat ist „der Wohlstand der Nationen" seit mehr als 200 Jahren in beeindruckender Weise gestiegen. Die Zahl der Länder, die seine Empfehlungen beherzigt haben, ist unaufhaltsam gewachsen, und auch deren Wirtschaftsleistung. Diese Entwicklung hat sich in den vergangenen Jahrzehnten ständig beschleunigt.

4.1 Das Wachstum der Weltwirtschaft

Der Gesamtwert aller Güter und Dienstleistungen, die während eines Jahres innerhalb einer Volkswirtschaft hergestellt bzw. geleistet werden, wird als Bruttoinlandsprodukt bezeichnet. Man kann die Wirtschaftsleistung der

ganzen Welt errechnen, indem man die Bruttoinlandsprodukte aller Länder zusammenzählt. Das Ergebnis vermittelt jedoch kein ganz zutreffendes Bild der Wirklichkeit,
da die Kaufkraft verschiedener Währungen verschieden
groß ist. Um sie auf einen gemeinsamen Nenner zu bringen, muss eine Auswahl der Kriterien getroffen werden, mit
denen die Kaufkraft verglichen wird. Diese Auswahl ist
letztlich subjektiv. Ebenso ist es infolge der in den meisten
Ländern der Welt fortschreitenden Geldentwertung schwierig, Bruttoinlandsprodukte verschiedener Jahre zu ver-
gleichen. Dafür muss die Inflation berücksichtigt werden.
Um sie zu berechnen, muss eine Auswahl der Faktoren getroffen werden, die ebenfalls letztlich subjektiv ist.

4.1.1 Das Wachstum der Weltwirtschaft insgesamt

Die folgenden Zahlen geben die Bruttoinlandsprodukte
aller Länder – das Bruttoweltprodukt – an. Über die
Genauigkeit dieser Zahlen kann man aus den genannten
Gründen streiten. Doch lässt sie zumindest die Größenordnung des Wachstums der Weltwirtschaft erkennen:[1]

Jahr	$ Millionen
1970	2.939.712
1980	11.097.924
1990	22.542.367
2000	33.571.705
2010	65.956.673
2021	96.100.091

[1] https://data.worldbank.org/indicator/NY.GDP.MKTP.CD.   Zugegriffen:
16.04.2023.

Diese Entwicklung erscheint schier unglaublich. In einem halben Jahrhundert wuchs die Weltwirtschaft um mehr als das 30fache. Allein in den letzten 30 Jahren hat sie sich vervierfacht. Auch wenn aus den dargelegten Gründen einige Abzüge zu machen wären, besteht kein Zweifel daran, dass die Weltwirtschaft in den letzten Jahrzehnten immens gewachsen ist.

4.1.2   Das Wachstum der Weltwirtschaft pro Kopf der Bevölkerung

Gleichzeitig ist auch die Weltbevölkerung gewachsen. Im Jahre 1970 lebten auf der Erde etwa 3,7 Mrd. Menschen, inzwischen sind es beinahe 8 Mrd.[2] Infolgedessen wuchs das Bruttoweltprodukt pro Kopf der Bevölkerung im gleichen Zeitraum langsamer als das Bruttoweltprodukt insgesamt:[3]

Jahr	$
1970	804
1980	2532
1990	4285
2000	5499
2010	9553
2019	11.441

Trotz des Bevölkerungswachstums ist das Bruttoweltprodukt pro Kopf der Weltbevölkerung in den vergangenen 50 Jahren auf das 14fache gestiegen. In den letzten 30 Jahren hat es sich nahezu verdreifacht.

---

[2] https://de.statista.com/statistik/daten/studie/1716/umfrage/entwicklung-der-weltbevoelkerung/. Zugegriffen: 16.04.2023.
[3] https://data.worldbank.org/indicator/NY.GDP.PCAP.KD.   Zugegriffen: 16.04.2023.

4.2 Das Wachstum der Wirtschaft in Deutschland

4.2.1 Das Wachstum der Wirtschaft insgesamt

Auch in Deutschland ist das Bruttoinlandsprodukt erheblich gewachsen:[4]

Jahr	€ Milliarden
1970	360,6
1980	788,5
1990	1306,7
2000	2109,1
2010	2564,4
2021	3601,8

Das Bruttoinlandsprodukt Deutschlands hat sich in den letzten 50 Jahren verzehnfacht. In den letzten 30 Jahren hat es sich beinahe verdreifacht. Freilich sind auch hier gewisse Abzüge zu machen, über deren Höhe man sich streiten kann. Doch ist offensichtlich, dass die Wirtschaft Deutschlands enorm gewachsen ist.

4.2.2 Das Wachstum der Wirtschaft pro Kopf der Bevölkerung

Selbstverständlich spielt auch hier das Bevölkerungswachstum eine Rolle. Während die Bevölkerung Westdeutschlands zwischen 1960 und 1970 um etwa 10 % gewachsen ist, blieb sie danach bis zur Wiedervereinigung konstant. Gleiches gilt für die Bevölkerung ganz Deutsch-

---

[4] https://de.statista.com/themen/26/bip/. Zugegriffen: 16.04.2023.

lands nach der Wiedervereinigung. Daher ist das Bruttoinlandsprodukt pro Kopf der Bevölkerung beinahe so
schnell gewachsen wie das Bruttoinlandsprodukt insgesamt:[5]

Jahr	€
1970	5945
1980	12.808
1990	20.658
2000	25.892
2010	31.942
2021	43.292

Das Bruttoinlandsprodukt pro Kopf der Bevölkerung ist
in Deutschland in den vergangenen 50 Jahren auf das
7fache angestiegen. Seit 1990 hat es sich mehr als verdoppelt.

4.2.3 Die Anzahl der Erwerbstätigen

Nicht nur die Wirtschaft ist gewachsen, auch die Anzahl
der Erwerbstätigen[6] ist während der vergangenen 50 Jahre
ständig gestiegen:[7]

---

[5] www.destatis.de/europa.   Zugegriffen: 16.04.2023,   www.destatis.de/inter-
national. Zugegriffen: 16.04.2023.

[6] Zu den Erwerbstätigen zählen alle Personen, die als Arbeitnehmer (Arbeiter,
Angestellte, Beamte, geringfügig Beschäftigte, Soldaten), als Selbstständige oder
als mithelfende Familienangehörige eine auf Erwerb gerichtete Tätigkeit von
mindestens einer Stunde in der Woche ausüben; http://www.sozialpolitik-
aktuell.de/files/sozialpolitik-aktuell/_Politikfelder/Arbeitsmarkt/Daten-
sammlung/PDF-Dateien/abbIV4.pdf. Zugegriffen: 16.04.2023.

[7] https://de.statista.com/themen/81/erwerbstaetige/#:~:text=In%20Deutsch-
land%20bel%C3%A4uft%20sich%20die%20Anzahl%20der%20Er-
werbst%C3%A4tigen,der%20Besch%C3%A4ftigten%20in%20Westdeutsch-
land%20mit%20Tarifbindung%2053%20%25. Zugegriffen: 16.04.2023.

Jahr	Westdeutschland	Ostdeutschland	Deutschland
1970	26.695	-	-
1980	27.495	-	-
1990	30.406	-	-
2000	32.294	7623	39.917
2010	33.449	7571	41.020
2019	37.193	8077	45.270

In Westdeutschland sind heute beinahe anderthalb Mal so viele Menschen erwerbstätig wie vor 50 Jahren. Im wiedervereinigten Deutschland ist die Anzahl der Erwerbstätigen in den letzten 20 Jahren um 13,4 % gestiegen.

Da es keinen nennenswerten Bevölkerungszuwachs gibt, nimmt der Anteil der Erwerbstätigen an der Gesamtbevölkerung ständig zu. Vor allem sind immer mehr Frauen erwerbstätig geworden:[8]

Jahr	Erwerbstätigenquote	in %
	Männer	Frauen
1990	78,4	57,0
2000	72,8	57,7
2010	75,9	66,0
2021	79,4	72,1

Auch die Zuwanderung ausländischer Arbeitnehmer hat zu dieser Entwicklung beigetragen. Sie wird durch die Freizügigkeit erleichtert, die innerhalb der EU besteht. Zudem stieg die Zahl ausländischer Arbeitnehmer aufgrund des Zustroms von Flüchtlingen während der vergangenen Jahre.[9] Im Jahre 2014 betrug der Anteil ausländischer Arbeit-

---

[8] https://www.destatis.de/DE/Themen/Arbeit/Arbeitsmarkt/Erwerbstaetigkeit/Tabellen/erwerbstaetigenquoten-gebietsstand-geschlecht-altergruppe-mikrozensus.html. Zugegriffen: 16.04.2023. Die Erwerbstätigenquote entspricht dem Anteil der Erwerbstätigen an der Bevölkerung im Alter zwischen 15 und 65 Jahren.

[9] https://statistik.arbeitsagentur.de/DE/Navigation/Statistiken/Themen-im-Fokus/Migration/Migration-Nav.html. Zugegriffen: 16.04.2023.

nehmer 9,4 % aller sozialversicherten Erwerbstätigen.[10] Im Jahre 2020 lag die Quote knapp unter 13 %.[11] Im Jahre 2022 erreichte sie 14,5 %.[12]

4.2.4 Die Zunahme des gesamtwirtschaftlichen Anlagevermögens

Während der Zunahme des Produktionsfaktors Arbeit natürliche Grenzen gesetzt sind, gilt das für den Produktionsfaktor Kapital weit weniger. Infolgedessen konnte das gesamtwirtschaftliche Anlagevermögen – das auch als Kapitalstock bezeichnet wird – weit schneller wachsen:[13]

Jahr	Milliarden €
1991	7822
2000	11.157
2010	14.777
2019	20.797

Unter Anlagevermögen wird der Bestand aller Vermögensgüter verstanden, die dauerhaft in der Produktion eingesetzt werden. Genaue Erhebungen dazu gibt es nicht.[14]

---

[10] https://de.statista.com/infografik/4385/erwerbtaetige-mit-auslaendischer-staatsbuergerschaft/#:~:text=Deutschland%20liegt%20beim%20Anteil%20ausl%C3%A4ndischer%20Arbeitnehmer%20%C3%BCber%20EU-Durchschnitt,Anteil%20mit%209%2C4%20Prozent%20gut%20zwei%20Prozentpunkte%20mehr. Zugegriffen: 16.04.2023.

[11] Bundesagentur für Arbeit, Beschäftigte nach Staatsangehörigkeiten, Quartalszahlen, 30. Juni 2020.

[12] https://de.statista.com/statistik/daten/studie/167622/umfrage/auslaenderanteil-in-verschiedenen-berufsgruppen-in-deutschland/. Zugegriffen: 16.04.2023.

[13] https://www.destatis.de/DE/Themen/Wirtschaft/Volkswirtschaftliche-Gesamtrechnungen-Inlandsprodukt/anlagevermoegen-vermoegensrechnung.html. Zugegriffen: 16.04.2023.

[14] Deutsche Bundesbank, Monatsbericht November 1998, S. 31.

Zudem ist die Bewertung nicht immer einfach zu treffen. Die genannten Zahlen können also nur als eine Angabe der Größenordnungen verstanden werden. Zumindest lässt sich sagen, dass sich der Kapitalstock ähnlich wie das Bruttoinlandsprodukt in den letzten 30 Jahren beinahe verdreifacht hat. Seine Zunahme hat entscheidend zum Wachstum des Bruttoinlandsproduktes beigetragen.

4.3 Die Expansion einzelner Sektoren

4.3.1 Der Dienstleistungssektor

Unsere Wirtschaft hätte kaum so schnell wachsen können, wenn sie sich darauf beschränkt hätte, Güter herzustellen. In den vergangenen 30 Jahren ist der Bereich der Dienstleistungen schneller gewachsen als derjenige der Güterproduktion. Sein Anteil an der Bruttowertschöpfung ist inzwischen auf beinahe 70 % gestiegen.[15] Die Anzahl der im Dienstleistungssektor beschäftigten Erwerbstätigen hat sich zwischen 1970 und 2009 mehr als verdoppelt. Sie beträgt mittlerweile über 29 Mio. Menschen. Etwa 72 % aller Erwerbstätigen sind im Dienstleistungssektor tätig. Weitere 5 % der Erwerbstätigen erbringen Dienstleistungen in Industrieunternehmen.[16]

---

[15] https://de.statista.com/statistik/daten/studie/36153/umfrage/anteil-des-dienstleistungssektors-an-der-gesamten-bruttowertschoepfung/.   Zugegriffen: 16.04.2023. Unter einer Dienstleistung ist eine entgeltliche Tätigkeit zu verstehen, die ein Wirtschaftssubjekt für ein anderes ausübt. Die wichtigsten Bereiche sind Öffentliche Dienstleister, Erziehung, Gesundheit; Handel, Gastgewerbe und Verkehr; Unternehmensdienstleister; Grundstücks- und Wohnungswesen; Handel, Instandhaltung und Reparatur von Kfz; und freiberufliche, wissenschaftliche und technische Dienstleistungen.

[16] https://marketingberatung.de/deutschland-als-dienstleistungsgesellschaft/. Zugegriffen: 16.04.2023.

4.3.2 Der Außenhandel

Ein weiterer Bereich, der überproportional gewachsen ist, ist der Außenhandel. Dazu hat vor allem auch die fortschreitende Liberalisierung des Welthandels beigetragen. Seit dem Abschluss der 8. GATT-Verhandlungsrunde, der Uruguayrunde, im Jahre 1994 bestehen so gut wie keine Zollschranken mehr.

Ein erheblicher Teil der Güter und Waren, die in Deutschland hergestellt werden, wird exportiert. Dabei übersteigt der Wert der Exporte seit Jahren immer mehr den Wert der Importe, wie die Entwicklung der Handelsbilanz zeigt:[17]

Jahr	Exportüberschuss
	in Milliarden €
1991	11,2
2000	59,1
2010	154,9
2019	224,0
2021	175,3

Der Exportüberschuss betrug in 2019 etwa 6 % des Bruttoinlandsproduktes.

4.4 Marktbeherrschung

4.4.1 Konzerne

Nicht nur die Wirtschaft als ganze, sondern auch einzelne Unternehmen sind in den vergangenen Jahrzehnten enorm gewachsen. Eine Reihe von ihnen haben gigantische Aus-

---

[17] https://de.statista.com/statistik/daten/studie/37793/umfrage/exportueberschuss-in-deutschland-seit-1999. Zugegriffen: 16.04.2023.

maße angenommen. Manche Konzerne beherrschen den Markt einzelner Länder, andere sogar den Weltmarkt. Dazu ist es in den letzten Jahrzehnten vor allem auf den Märkten für Konsumgüter wie Fernseher, Computer und Smartphones gekommen.

Was den Markt für Fernsehgeräte betrifft, so halten drei Firmen aus Korea und China zusammen 42 % des Weltmarktes:[18]

Marke	Marktanteil in %
Samsung	18
TCL	13
LG	11

Auch der Markt für Computer wird weltweit von wenigen Anbietern beherrscht. Vier Marken kommen zusammen auf etwa 72 % Marktanteile:[19]

Marke	Marktanteil in %
Lenovo	24,4
HP	21,5
Dell	19,7
Apple	6,9

Der Markt für Smartphones bietet ein ähnliches Bild. Fünf Hersteller aus Korea und China teilen sich etwa 70 % des Weltmarktes:[20]

---

[18] https://de.statista.com/statistik/daten/studie/151532/umfrage/marktanteile-der-lcd-fernseher-hersteller-weltweit. Zugegriffen: 16.04.2023.

[19] https://www.weltexporte.de/computerhersteller/. Zugegriffen: 16.04.2023.

[20] https://de.statista.com/statistik/daten/studie/173056/umfrage/weltweite-marktanteile-der-smartphone-hersteller-seit-4-quartal-2009/#:~:text=Gr%C3%B6%C3%9Fter%20Smartphone%2DHersteller%20im%20ersten,7%20Prozent%20auf%20Rang%20vier. Zugegriffen: 16.04.2023.

Marke	Marktanteil in %
Samsung	23,4
Apple	18,0
Xiaomi	12,7
Oppo	8,7
Vivo	8,1

Auch in Deutschland sieht es in manchen Branchen ähnlich aus. Die folgenden neun Einzelhandelsunternehmen beherrschen den Markt:[21]

Unternehmen	Umsatz in Millionen $ (2018)
Schwarz Gruppe (Lidl, Kaufland)	121.581
Aldi	106.175
Edeka	62.054
Rewe	56.435
Metro	28.724
Ceconomy (Mediamarkt, Saturn)	25.475
Otto	12.030
Dirk Rossmann	11.160
DM Drogerie	10.905

4.4.2 Unternehmenskonzentration

Einige der zuvor genannten Konzerne sind gewachsen, weil sie sich mit anderen zusammengeschlossen oder diese aufgekauft haben. Dies wird als Unternehmenskonzentration bezeichnet. Darunter wird sowohl die Situation auf einem Markt mit einer kleinen Anzahl von Anbietern als auch die Entwicklung verstanden, die zu dieser Situation führt.

Der Trend zu Unternehmenszusammenschlüssen ist in bestimmten Sektoren wie dem Automobilbau besonders stark. In allen westlichen Industrieländern gab es zu Beginn

---

[21] https://de.wikipedia.org/wiki/Liste_der_gr%C3%B6%C3%9Ften_Einzelhandelsunternehmen. Zugegriffen: 16.04.2023.

des 20. Jahrhundert mehrere, in einigen auch viele Autohersteller. Heute sind es in keinem Land mehr als ein paar wenige. In dem Land, in dem es die meisten PKWs der Welt gibt, gab es bis vor ein paar Jahren nur noch drei Automarken, nämlich Ford, General Motors und Chrysler. Im Jahre 2009 wurde Chrysler von Fiat übernommen. Seitdem gibt es nur noch zwei US-amerikanische Autohersteller.

In Deutschland umfasst der Volkswagenkonzern 12 Marken, nämlich Volkswagen, Audi, SEAT, ŠKODA, Bentley, Bugatti, Cupra, Lamborghini, Porsche, Ducati, Scania und MAN. Auch in anderen europäischen Ländern hat sich dieser Trend fortgesetzt. Anfang 2021 haben sich die beiden Autokonzerne PSA (Peugeot, Citroën und Opel) und FCA (Fiat Chrysler) unter dem Namen Stellantis zusammengeschlossen. Stellantis vereint die Traditionsmarken Fiat, Peugeot, Citroën, Opel, Alfa Romeo, Lancia, Abarth, Maserati, Chrysler, Dodge und Vauxhall.

Beispiele für Unternehmenskonzentration gibt es auch in Branchen, die erst in jüngerer Zeit entstanden sind. Einige Unternehmen haben gigantische Ausmaße erreicht, indem sie aufstrebende Konkurrenten aufkauften, die drohten, ihnen zur Konkurrenz zu werden. Tech-Riesen wie Google, Facebook, Amazon oder Apple haben Monopole geschaffen, die an die Ära der Ölbarone erinnern. Der Marktanteil von Google unter den Suchmaschinen liegt weltweit bei 95 %.[22]

4.4.3 Vermögensverwalter

In den vergangenen Jahrzehnten sind durch Fusionen, Aufkäufe, die Bildung von Holdinggesellschaften und gegenseitige Beteiligungen Verflechtungen zwischen Unter-

---

[22] https://gs.statcounter.com/search-engine-market-share/mobile/worldwide. Zugegriffen: 16.04.2023.

nehmen entstanden, die nahezu undurchschaubar sind. Sie haben zu einer tiefgreifenden Umstrukturierung der Eigentumsverhältnisse geführt. Gewiss sind die Eigentümer aller Unternehmen letztlich Menschen. Doch befinden sich immer mehr Unternehmen der Realwirtschaft – d. h. von Unternehmen, die zur Wertschöpfung beitragen – in der Hand von Banken, Investmentfonds und anderen Finanzinstitutionen. Sie haben sich gewissermaßen zwischen die eigentlichen Kapitaleigner und die Unternehmen der realen Wirtschaft geschoben. Ihre Tätigkeit wird als Vermögensverwaltung bezeichnet.

In den USA besitzen Vermögensverwalter mittlerweile die Mehrheit an fast allen großen Aktiengesellschaften. Die größte dieser Firmen ist BlackRock mit Sitz in New York. Sie verwaltet ein Vermögen in der Größenordnung von $ 10 Billionen. Das entspricht etwa der Hälfte der Vermögenswerte aller Finanzunternehmen in Deutschland oder dem Zweieinhalbfachen des Bruttosozialprodukts der Bundesrepublik Deutschland eines Jahres. BlackRock ist der größte Einzelaktionär an der Deutschen Börse. Im Bereich börsengehandelter Fonds kommt die Gesellschaft in Europa auf einen globalen Marktanteil von 40 %.[23] Da viele Aktionäre der Firma ihr Stimmrecht übertragen, kann BlackRock einen erheblichen Einfluss auf Hauptversammlungen von Aktiengesellschaften nehmen. Das Unternehmen verfügt über eine wirtschaftliche Macht, die unvorstellbar ist.

Sie wird nicht zuletzt daran deutlich, dass BlackRock und das Wirtschaftsministerium der Ukraine im November 2022 ein *Memorandum of Understanding* unterzeichnet haben, das BlackRock beauftragt, den Wiederaufbau der Ukraine nach Ende des Krieges mit dem Ziel zu leiten, so-

---

[23] https://de.wikipedia.org/wiki/BlackRock. Zugegriffen: 16.04.2023.

wohl für staatliche wie auch für private Investoren Möglichkeiten zur Teilnahme am zukünftigen Wiederaufbau der Ukraine und ihrer Wirtschaft zu schaffen.[24]

4.4.4 Quantitative und qualitative Veränderungen

Diese Entwicklungen stellen nicht nur quantitative Veränderungen dar. Sie wirken sich auf die Bedingungen aus, unter denen produziert und konsumiert wird. Sie ändern nicht nur unsere Bezugswelt und Beurteilung der Folgen dieser Entwicklungen, sondern auch unser Verhalten.

Das über Jahrzehnte stetige Wachstum der Wirtschaft verleitet zu der Annahme, dass immer alles gut gehen wird. Das wiederum verleitet dazu, Risiken einzugehen, die unvernünftig sind. Das tun nicht nur Unternehmen, sondern auch Staaten, die sich immer mehr verschulden. Diese Entwicklung hat sich insbesondere in den letzten zwei Jahrzehnten verstärkt.

Mit der Wirtschaft wachsen auch einzelne Unternehmen. Manche sind in der Lage, Vorhaben in Größenordnungen und in Fristen zu verwirklichen, die früher unmöglich waren. Wir erwarten, dass früher oder später alles möglich sein wird, und wir betrachten inzwischen selbst erhebliche Veränderungen als etwas Alltägliches. Wir sind ihnen gegenüber unkritischer geworden.

Eine Folge des Wachstums von Unternehmen ist, dass der Gewinn wächst. Das erlaubt es, Topmanagern Gehälter in schier unvorstellbarer Höhe zu zahlen. Das wiederum zwingt diese zum Erfolg. Es verleitet nicht nur dazu, Risi-

---

[24] https://www.blackrock.com/corporate/newsroom/press-releases/article/corporate-one/press-releases/blackrock-financial-markets-advisory-to-advise-ministry-of-economy-of-ukraine. Zugegriffen: 16.04.2023.

ken einzugehen, die unvernünftig sind. Es verleitet auch dazu, kurzfristigen Erfolgen vor langfristiger Unternehmensplanung den Vorzug zu gegen. Infolgedessen hat sich die Unternehmenskultur gewandelt. Und es verleitet zu unlauteren oder sogar kriminellen Geschäften. Auch das Anwachsen der Beträge, die für Korruption verwendet werden können, leistet dieser Vorschub.

Das Ausmaß des Wirtschaftswachstums und der mit ihm verbundenen quantitativen Veränderungen, die zuvor beschrieben worden sind, hat zu erheblichen qualitativen Veränderungen geführt. Auf sie und ihre weiteren Folgen wird in den nächsten Kapiteln näher eingegangen.

5

Armut und Ungleichheit

Angesichts des Wirtschaftswachstums in der Welt wäre zu erwarten gewesen, dass es nirgends mehr Armut gibt. Diese Erwartung hat sich nicht erfüllt. Denn die Wirtschaft ist vor allem in den Ländern gewachsen, in denen die Bevölkerung weniger schnell gewachsen ist, während die Bevölkerung dort schneller gewachsen ist, wo die Wirtschaft weniger schnell gewachsen ist. Aus diesem Grunde leben in den meisten Ländern nach wie vor erschreckend viele Menschen in Armut.

5.1 Armut in der Welt

Armut bedeutet, dass ein Einkommen nicht ausreicht, einen als angemessen bezeichneten Lebensunterhalt zu bestreiten. Die Grenze kann absolut gemessen werden. Dabei werden die Kosten für bestimmte Grundbedürfnisse zu einem Warenkorb addiert. Diese Methode wird in fast allen

© Der/die Autor(en), exklusiv lizenziert an Springer Fachmedien
Wiesbaden GmbH, ein Teil von Springer Nature 2023
W. Plasa, *Der totalitäre Kapitalismus*,
https://doi.org/10.1007/978-3-658-41761-1_5

Entwicklungsländern und den Vereinigten Staaten von Amerika angewandt.[1] Die mit ihrer Hilfe bestimmte Armutsgrenze ist vergleichsweise niedrig. Wo diese Methode angewandt wird, erscheint daher auch die Zahl der in Armut lebenden Menschen verhältnismäßig niedrig.

Armut kann auch relativ gemessen werden. Relativ arm ist jemand, dessen Einkommen unter einem bestimmten Prozentsatz des Durchschnittseinkommens seines Landes liegt. Diese Methode wird in den Mitgliedstaaten der EU und fast allen anderen Industriestaaten angewandt. Die mit ihr bestimmte Armutsgrenze ist vergleichsweise hoch. Entsprechend erscheint die Zahl der in Armut lebenden Menschen verhältnismäßig hoch.

Keine der beiden Methoden ist objektiv. Sowohl die Zusammensetzung des Warenkorbes wie auch die Wahl des Prozentsatzes beruhen letztlich auf einer subjektiven Bewertung. Alle Aussagen und Schlussfolgerungen bezüglich des Ausmaßes und der Entwicklung der Armut sind unter diesem Vorbehalt zu sehen.

5.1.1 Die Entwicklungsziele der UNO

Das Problem der Diskrepanz zwischen wachsender globaler Wirtschaftsleistung und anhaltender Armut in der Welt wurde bereits vor der Jahrtausendwende von der UNO erkannt. Im September 2000 verabschiedete sie die sogenannte Millenniumserklärung, auf deren Grundlage acht konkrete Millenniumsentwicklungsziele (*Millennium Development Goals*) formuliert wurden. Eines dieser Ziele

---

[1] https://www.irp.wisc.edu/resources/how-is-poverty-measured.   Zugegriffen: 16.04.2023: *The Census Bureau determines poverty status by using an official poverty measure (OPM) that compares pre-tax cash income against a threshold that is set at three times the cost of a minimum food diet in 1963 and adjusted for family size.*

war es, bis 2015 den Anteil der Weltbevölkerung, der 1990 in extremer Armut lebte, zu halbieren. Im September 2015 wurden die Millenniumsentwicklungsziele durch 17 Ziele für nachhaltige Entwicklung (*Sustainable Development Goals*) ergänzt. Eines dieser Ziele ist es, dass es bis 2030 weltweit keine Armut mehr geben soll.

Der Bericht der Vereinten Nationen über die Millenniumsentwicklungsziele von 2015 stellt fest: „*Weltweit fiel die Zahl der in extremer Armut lebenden Menschen zwischen 1990 und 2015 um mehr als die Hälfte, von 1,9 Mrd. auf 836 Mio.*"[2] Diese Meldung klingt ermutigend. In Wirklichkeit handelt es sich um nicht viel mehr als einen Rechentrick.

Denn die UNO verwendet für die Berechnungen der Anzahl der auf dieser Welt in Armut lebenden Menschen seit 1990 die gleiche Armutsgrenze, nämlich $ 1,25. Das entspricht einem Betrag von $ 456 pro Jahr. Das Bruttoinlandsprodukt pro Kopf der Bevölkerung in der Welt betrug im Jahre 1990 $ 4285, im Jahre 2015 $ 10.233. Im Jahre 1990 lag die von der UNO verwendete Armutsgrenze bei 10,6 % dieses Betrages. Im Jahre 2015 waren es gerade noch 4,5 %, also etwa die Hälfte. Es ist also kaum verwunderlich, dass 2015 nur halb so viele Menschen unterhalb *dieser* Armutsgrenze lebten wie 1990.

In der Tat sind die Anstrengungen der UNO, Erfolge zu melden, weit größer als die Anstrengungen ihrer Mitgliedstaaten, die Armut zu überwinden. Zwar hat die UNO das Problem erkannt, aber statt sich um eine Lösung zu bemühen, versucht sie den Anschein zu erwecken, man sei auf dem richtigen Weg. Sollte sie im Jahre 2030 verkünden, dass es tatsächlich weltweit keine Armut mehr gibt, dann wäre das bestenfalls ein Erfolg kreativer Statistik.

---

[2] https://www.un.org/Depts/german/millennium/MDG%20Report%20 2015%20German.pdf. Zugegriffen: 16.04.2023.

5.1.2 Die Statistiken der Weltbank

Die Weltbank legt etwas realistischere Maßstäbe an. Seit 2015 definiert sie die Grenze extremer Armut bei $ 1,90. Trotzdem kommt sie zu ähnlichen Ergebnissen. Unter Anlegung ihres Maßstabs lebten im Jahre 2015 736 Mio. Menschen in extremer Armut, also etwa 10 % der Weltbevölkerung.[3]

Für die Bestimmung der Grenze nicht extremer Armut berücksichtigt die Weltbank das Bruttoinlandseinkommen pro Kopf der Bevölkerung des betreffenden Landes. In Ländern des unteren Bereichs der mittleren Einkommenskategorie liegt diese Grenze bei $ 3,20 pro Tag, in Ländern des oberen Bereichs bei $ 5,50 pro Tag. Weltweit leben 3,4 Mrd. Menschen unter diesen Armutsgrenzen. Das ist etwa die Hälfte der Weltbevölkerung.

Freilich kann man sich über die Methoden der Berechnung und Erhebung dieser Zahlen streiten, und ebenso über die Angemessenheit der verwendeten Schwellen und der angenommenen Kaufkraftparitäten. Auch die Bestimmung dessen, was als Grundbedürfnis anzusehen ist, erscheint teilweise willkürlich. Doch wird jede einigermaßen vernünftige Betrachtung zum gleichen Schluss führen, nämlich, dass ein erschreckend hoher Anteil der Weltbevölkerung weiterhin arm ist.

5.1.3 Die Realitäten

Wie gesagt, nach offiziellen Angaben lebt die Hälfte der Weltbevölkerung unterhalb der Armutsgrenze. Doch verfügen viele Menschen über ein Einkommen, das nur wenig darüber liegt. Etwa eine Milliarde Menschen leben nur knapp über der

---

[3] https://www.migazin.de/2018/10/18/weltbank-bericht-milliarden-menschen-armutsgrenze. Zugegriffen: 16.04.2023.

Armutsgrenze. Und auch eine weitere Milliarde lebt keineswegs sorgenfrei. Über 5 Mrd. Menschen leben in einer Prekarität, die sich nur wenig von Armut unterscheidet. Sie müssen täglich damit rechnen, aufgrund von Krankheit, Verlust des Arbeitsplatzes oder einem anderen Missgeschick vor dem Nichts zu stehen, denn sie haben nichts auf die hohe Kante legen können, und jeder geringe Einkommensverlust lässt sie sofort unter die Armutsgrenze absinken.

Nur etwa einem Sechstel der Menschheit geht es wirtschaftlich gut oder sehr gut. Nur für diese Menschen sind die Voraussetzungen erfüllt, das Dasein auf Erden zu genießen. Alle anderen geht es nicht viel besser als den meisten Europäern im 19. Jahrhundert. Gemessen an diesem Ergebnis kann der Weltwirtschaft nur ein Armutszeugnis ausgestellt werden.

5.1.4 Armut und Globalisierung

Der angebliche Rückgang der Armut in der Welt wird oft damit erklärt, dass immer mehr Länder eine Politik betreiben, die ihre Bewohner in den Genuss der Segnungen der Marktwirtschaft und der Globalisierung kommen lässt. Daraus wird gefolgert, dass beide eine wichtige Rolle bei der Armutsbekämpfung spielen. Diese Annahme übersieht, dass der Rückgang der Armut in der Welt vor allem der Entwicklung in einem einzigen Land zu verdanken ist, und zwar in der Volksrepublik China. Von den rund 620 Mio. Menschen, die zwischen 1990 und 2008 die Armutsgrenze von $ 1,25 überschritten, lebten etwa 510 Mio. in China. In allen anderen Ländern zusammen sind nur 110 Mio. Menschen der Armut entkommen.[4]

---

[4] https://nevensuboticstiftung.de/blogs/absolute-armut-weltweit-auf-dem-ruckzug?. Zugegriffen: 16.04.2023.

Zwar ist China ein vollberechtigtes Mitglied der globalisierten Weltwirtschaft, doch gelten daheim andere Regeln als die der kapitalistischen Marktwirtschaft westlichen Musters. In der Tat sind die Marktwirtschaft und die Globalisierung kaum geeignete Mittel zur Armutsbekämpfung. Sie bewirken, dass weltweit ein Wettbewerb zwischen den Anbietern des Produktionsfaktors Arbeit stattfindet. Er drückt die Löhne nach unten, wie sich an der Höhe der Mindestlöhne ablesen lässt.[5] Die meisten Menschen bekommen nur den Mindestlohn, und viele noch weniger.[6] Das ist zwar nicht der ursprüngliche Grund der Armut in der Welt, aber es ist der Grund dafür, dass sie fortbesteht.

Dies war auch einer der Gründe, aus denen die Internationale Arbeitsorganisation (ILO) im Jahre 2002 eine „Weltkommission für die soziale Dimension der Globalisierung" gebildet hat. Der Bericht, den sie zwei Jahre später vorgelegte, trägt den Titel „Eine faire Globalisierung: Chancen für alle schaffen" und beginnt mit den Worten: *„The current path of globalization must change. Too few share in its benefits"*.[7]

Im Jahre 2008 einigten sich die Mitgliedstaaten der ILO auf eine „Erklärung über soziale Gerechtigkeit für eine faire Globalisierung".[8] Sie stellt fest, dass

„sich in vielen Ländern eine wachsende Einkommensungleichheit und eine zunehmende Unsicherheit in der Arbeitswelt be-

---

[5] Siehe Abschn. 14.2.1.

[6] https://www.ilo.org/wcmsp5/groups/public/%2D%2D-dgreports/%2D%2D-dcomm/documents/publication/wcms_762302.pdf. Zugegriffen: 16.04.2023.

[7] https://www.ilo.org/wcmsp5/groups/public/%2D%2D-dgreports/%2D%2D-integration/documents/publication/wcms_079151.pdf. Zugegriffen: 16.04.2023.

[8] https://www.ilo.org/global/resources/WCMS_100192/lang%2D%2Den/index.htm. Zugegriffen: 16.04.2023.

obachten lassen, die vielfach von hoher Arbeitslosigkeit, einem
wachsenden informellen Sektor, fortdauernder Armut und un-
genügendem Sozialschutz geprägt sind".[9]

In der Tat hat die Globalisierung eine weltumspannende Wirtschaftsordnung geschaffen, die dem Kapitalismus des 19. Jahrhunderts ähnelt. Das ist der Grund, aus dem zu wenige Menschen in den Genuss ihrer Segnungen kommen. Das ist nicht nur unfair. Es ist auch Ausgangspunkt einer Kausalkette, deren Folgen das Überleben der Menschheit in Frage stellt.

5.1.5 Armut und Bevölkerungswachstum

Denn Armut hat eine Reihe typischer Folgen. Eine davon ist, dass sie sich selbst reproduziert, und zwar aus zwei Gründen. Auf der einen Seite haben Menschen, die in Armut leben, nicht die Mittel, ihren Kindern eine Ausbildung zukommen zu lassen, die sie für Beschäftigungen qualifizieren würde, die besser bezahlt werden. Im Gegenteil: Menschen, die in extremer Armut leben, sind oft gezwungen, ihre Kinder schon im frühen Alter arbeiten zu lassen. Diese Kinder haben kaum eine Chance auf ein besseres Leben als das ihrer Eltern. Auf der anderen Seite sind Armut und das Fehlen sozialer Absicherung für viele Menschen Gründe, möglichst viele Kinder zu bekommen. Kinderreichtum ist in armen Ländern oft die einzige Möglichkeit der Altersvorsorge.

Je mehr Kinder auf die Welt kommen, umso mehr junge Menschen drängen auf den Arbeitsmarkt. Sie steigern das Angebot des Produktionsfaktors Arbeit, und

---

[9] https://www.epo.de/index.php?option=com_content&view=article&id=3954:ilo-verabschiedet-erklaerung-ueber-soziale-gerechtigkeit-fuer-eine-faire-globalisierung&catid=17&Itemid=87. Zugegriffen: 16.04.2023.

zwar – aus den besagten Gründen – vor allem unquali-
fizierter Arbeit. Das erlaubt es Unternehmern, ihnen niedrige Löhne anzubieten. Und damit schließt sich der Kreis:
Die Betroffenen bleiben arm.

Dieser Teufelskreis hat verheerende globale Konsequen-
zen. Eine davon ist das rasante Wachstum der Bevölkerung
in Entwicklungsländern. Es macht es erforderlich, mehr
Nahrungsmittel herzustellen. Das belastet die Umwelt
noch mehr und beschleunigt den Klimawandel. Es ist abzusehen, dass Bevölkerungswachstum und Klimawandel,
sollten sie sich ungebremst fortsetzen, zu einer Apokalypse
führen. Die Frage ist nur, ob wir zuerst verdursten oder
verhungern.[10]

5.2   Ungleichheiten in der Welt

Trotz des enormen Wirtschaftswachstums in der Welt leben
in den meisten Ländern nach wie vor viele Menschen in
Armut. Infolgedessen sind die wirtschaftlichen und sozialen Ungleichheiten erheblich größer geworden.[11] Die Reichen sind reicher geworden, während die Armen arm geblieben sind. Wie groß die Unterschiede sind, zeigt ein
Vergleich des Bruttoinlandsprodukts pro Kopf der
Bevölkerung. Das reichste Land der Welt ist Luxemburg
mit $ 117.000, das ärmste Land ist Burundi mit $ 256.[12]

Der reichste Mann der Welt hat ein Vermögen von $
265 Mrd. Das entspricht ungefähr dem, was 130.000

---

[10] Heuser, Manfred, *Zeitbombe Welthunger, Massengräber, Exodus oder
Marshallplan.*

[11] Pickett, Kate und Wilkinson, Richard, *Gleichheit ist Glück, Warum gerechte
Gesellschaften für alle besser sind*, S. 270.

[12] https://de.wikipedia.org/wiki/Liste_der_L%C3%A4nder_nach_Brutto-
inlandsprodukt_pro_Kopf. Zugegriffen: 16.04.2023.

Facharbeiter in Deutschland verdienen, wenn sie ihr ganzes Leben arbeiten. Es entspricht auch dem, was 2.600.000 Frauen in Bangladesch verdienen, wenn sie ihr ganzes Leben in einer Textilfabrik nähen. Wirtschaftliche Ungleichheiten haben ein Ausmaß angenommen, dass im wahrsten Sinne des Wortes unvorstellbar ist.

Und sie wachsen ständig. Im Jahre 2018 wuchsen die Vermögen der 1892 Milliardäre in der Welt um 12 %. Gleichzeitig sanken die Vermögen der ärmeren Hälfte der Weltbevölkerung um 11 %.[13] Im Jahre 2019 besaß das reichste Prozent der Weltbevölkerung 44 % des Weltvermögens. Die reichsten 10 % besaßen 85 %, während die ärmeren 50 % der Weltbevölkerung gemeinsam nur 1 % des Weltvermögens ihr Eigen nannten.[14]

5.3   Armut in Deutschland

Die Armutsgrenze wird in Deutschland als ein Prozentsatz des Medians des Nettoäquivalenzeinkommens definiert.[15] Darunter wird ein Einkommen verstanden, das jedem Mitglied eines Haushalts, wenn es erwachsen wäre und alleine lebte, den gleichen Lebensstandard ermöglicht. Die Armutsgrenze liegt bei 60 % dieses Einkommens.[16] Gewiss kann man der Meinung sein, dass diese Berechnungen etwas großzügig sind. In einer Gesellschaft, die sich zur sozialen Marktwirtschaft bekennt,

---

[13] https://nevensuboticstiftung.de/blogs/absolute-armut-weltweit-auf-dem-ruckzug? Zugegriffen: 16.04.2023.

[14] https://de.wikipedia.org/wiki/Verm%C3%B6gensverteilung.   Zugegriffen: 16.04.2023.

[15] Das bedeutet, dass gleich viele Menschen ein höheres und ein niedrigeres Einkommen haben.

[16] https://www.wsi.de/de/armut-14596-armutsgrenzen-nach-haushaltsgroesse-15197.html. Zugegriffen: 16.04.2023.

sind sie jedoch ein Minimum. Daher wenden sie alle
Länder der Europäischen Union an.

Danach betrug die Armutsgrenze in Deutschland im
Jahre 2020 für

ein Paar mit 2 Kindern ab 14 Jahren	€ 2869
ein Paar mit 2 Kindern unter 14 Jahren	€ 2410
ein Paar ohne Kinder	€ 1863
einen Alleinerziehenden mit 1 Kind unter 14 Jahren	€ 1492
einen Einpersonenhaushalt	€ 1148[17]

Die Armutsquote bezeichnet den Anteil der Bevölkerung,
der unter der Armutsgrenze lebt. Sie steigt seit Jahren. Im
Jahre 2017 legte die Bundesregierung ihren 5. Armuts- und
Reichtumsbericht vor. Danach betrug die Armutsquote
15,7 % der Bevölkerung. Im Jahre 2021 lag sie bei 16,6 %.
Damit hatten fast 14 Mio. Menschen kein sicheres Auskommen. Besonders hoch war die Armutsquote bei Rent-
nern (18 %) und bei Kindern und Jugendlichen (21 %).[18]

Diese Entwicklung ist einerseits eine Folge des Abbaus
sozialpolitischer Maßnahmen durch die Agenda 2010. Die
Einführung des Arbeitslosengeldes II und die Kürzung der
staatlichen Unterstützung ab 2005 drängen viele Menschen
in Armut. Sie ist andererseits eine Folge der Lohnentwicklung. Die – ebenfalls durch die Agenda 2010 bewirkte – Ausweitung des Niedriglohnbereiches hat
inzwischen zu einer Verarmung eines erheblichen Teils der
Bevölkerung geführt.

---

[17] https://www.wsi.de/de/armut-14596-armutsgrenzen-nach-haushaltsgroes-
se-15197. Zugegriffen: 16.04.2023.
[18] BR24 Nachrichten, 29.06.2022 13:45 Uhr.

5.4 Ungleichheiten in Deutschland

5.4.1 Die Lohnentwicklung

In Deutschland hat sich, wie gesagt, das Bruttoinlandsprodukt pro Kopf der Bevölkerung in den vergangenen 30 Jahren ungefähr verdoppelt. Dagegen sind die Nominallöhne zwischen 1991 und 2019 nur um 60,7 % gestiegen. Allerdings sind auch die Verbraucherpreise im fraglichen Zeitraum gestiegen, und zwar um 48,1 %. Infolgedessen betrug die Steigerung der Reallöhne lediglich 12,3 %.[19] Zwischen 2000 und 2009 sind sie sogar kontinuierlich gesunken.[20] Das war wiederum der Fall während der Coronakrise. Im zweiten Quartal 2022 fielen die Reallöhne um 4,4 %. Ähnliche Einbußen hatte es schon 2020 und 2021 gegeben.[21]

Diese Lohnentwicklung geht mit einer Ausweitung des Niedriglohnsektors einher. Niedriglöhne sind in vielen Bereichen die Regel geworden. Am stärksten betroffen sind Beschäftigte in den Branchen Verkehr und Logistik, Einzelhandel, Gastronomie und Baugewerbe sowie solche, die als Friseure, Kellner, für einen Wachdienst oder ein Callcenter arbeiten.[22]

Unter einem Niedriglohn wird ein Bruttolohn verstanden, der unterhalb von zwei Dritteln des Median-

---

[19] https://www.bpb.de/themen/arbeit/arbeitsmarktpolitik/322503/lohnentwicklung-in-deutschland-und-europa. Zugegriffen: 16.04.2023.

Der Nominallohn ist das in Geld bewertete Arbeitsentgelt von Beschäftigten ohne Berücksichtigung der realen Kaufkraft. Dagegen wird beim Reallohn die Veränderung des Preisniveaus berücksichtigt.

[20] Aufgrund steigender Importe von Billigwaren aus Entwicklungsländern hatten viele Menschen das Gefühl, mehr kaufen zu können. Daher wurde die Entwicklung der Reallöhne nicht vollständig wahrgenommen.

[21] Bayern 2 Nachrichten, 29.08.2022 10:00 Uhr.

[22] Bayern 2 Nachrichten, 14.02.2021 20:00 Uhr.

bruttolohns aller Vollzeitbeschäftigten eines Landes liegt. Im Jahre 2018 lag die Niedriglohngrenze in Deutschland bei € 11,05 pro Stunde bzw. bei € 2139 pro Monat. Der Anteil der Beschäftigten, deren Lohn diesen Betrag nicht übersteigt, liegt inzwischen bei über 21 %.[23]

Um der negativen Lohnentwicklung Einhalt zu bieten, wurde im Jahre 2015 ein Mindestlohn eingeführt. Ab Oktober 2022 beträgt er € 12 pro Stunde. Von der Einführung eines Mindestlohnes profitieren etwa sechs Millionen Erwerbstätige, also etwa 18 %. Arbeitnehmer, die den Mindestlohn erhalten und 40 Stunden pro Woche arbeiten, kommen auf einen Monatslohn von etwa € 2000 und damit auf ein Jahreseinkommen von ungefähr € 25.000.

Die Entwicklung der Löhne während der vergangenen 30 Jahre hat zu einer Verarmung eines erheblichen Teils der Bevölkerung geführt. Sie ist auch der Grund für die Ausbreitung der Altersarmut. Inzwischen ist jeder sechste Mensch über 65 Jahren armutsgefährdet.[24] Rund 2,9 Mio. Vollzeitbeschäftigten in Deutschland droht eine Rente auf dem Niveau der Grundsicherung.[25]

5.4.2 Die Höhe der Gehälter

Löhne von Arbeitnehmern sind nur ein Bruchteil der Gehälter der Vorstandsmitglieder großer Unternehmen. Martin Winterkorn bekam vor seinem Rücktritt als VW-Chef ein Gehalt von € 17,5 Mio. im Jahr. Bill McDermott, der

---

[23] https://www.destatis.de/DE/Themen/Arbeit/Arbeitsmarkt/Qualitaet-Arbeit/Dimension-2/niedriglohnquote. Zugegriffen: 16.04.2023.

html#:~:text=Der%20Median%20teilt%20die%20Verdienste,05%20Euro%20brutto%20je%20Stunde.

[24] BR24 Nachrichten, 25.09.2022 09:30 Uhr.

[25] Bayern 2 Nachrichten, 14.02.2021 20:00 Uhr.

SAP leitet, erhielt € 15,6 Mio.[26] Doch hört die Liste hier nicht auf. Es gibt eine ganze Reihe von Vorstandsvorsitzenden, deren Einkommen bei € 10 Mio. liegt.[27]

Dies ist das Ergebnis einer Entwicklung, die vor etwa 30 Jahren begann. Im Jahre 1987 betrug die durchschnittliche jährliche Vergütung eines Vorstandsmitglieds eines der 30 größten deutschen Unternehmen € 439.000. Im Jahre 2010 waren es bereits € 2.700.000. Gleichzeitig wuchs der Abstand zwischen den Vorstandsvergütungen und den durchschnittlichen Personalkosten der Arbeitnehmer. Während 1997 Vorstände das 20-fache der Personalkosten von Arbeitnehmern verdienten, beträgt das Verhältnis heute 1:49. Das Verhältnis zwischen dem Einkommen eines Vorstandsmitglieds und demjenigen eines Arbeitnehmers, der den Mindestlohn erhält, ist inzwischen auf mehr als das 100-fache angewachsen.

Auch unterhalb der Ebene der Spitzenverdiener sind die Einkommen in Deutschland recht ungleich verteilt.[28] Seit den 1990er-Jahren hat die Einkommensungleichheit zugenommen, und zwar mehr als in jedem anderen Mitgliedsland der OECD.[29] Im Jahr 2018 hatten die oberen 10 % der Einkommensbezieher einen Anteil von 37 % am Gesamtbetrag der Einkünfte. Der Anteil der oberen 5 % lag bei 21 %, der des reichsten 1 % bei 8 %. Dagegen erhielten die unteren 50 % der Einkommensbezieher nur 19 % der

---

[26] https://www.sueddeutsche.de/wirtschaft/managergehaelter-sap-chef-verdient-mehr-als-die-autobosse. Zugegriffen: 16.04.2023.

[27] https://www.merkur.de/leben/karriere/gehalt-viel-verdienen-top-manager-europa-zr-10008744.html. Zugegriffen: 16.04.2023.

[28] Bei einer Betrachtung der Einkommensverteilung kommt man zu unterschiedlichen Ergebnissen je nachdem, ob man die Einkommen vor oder nach staatlicher Umverteilung durch Steuern, Sozialleistungen und gesetzliche Renten zugrunde legt. Umverteilung ist eine Maßnahme der Politik, nicht der Wirtschaft. Deshalb bleibt sie hier außer Betracht.

[29] https://www.bpb.de/nachschlagen/zahlen-und-fakten/soziale-situation-in-deutschland/61749/vermoegen-und-einkommen. Zugegriffen: 16.04.2023.

gesamten Einkünfte.[30] Mit anderen Worten: diejenigen, der zur Gruppe der ersten 5 % gehören, beziehen ein Einkommen in der zehnfachen Höhe des Einkommens derjenigen, die zur einkommensschwächeren Hälfte der Bevölkerung gehören.

5.4.3 Die Vermögensverteilung

Auch die Vermögen sind in Deutschland sehr ungleich verteilt. Das gesamte Nettovermögen der Deutschen hat sich seit der Jahrtausendwende nahezu verdoppelt. Gleichzeitig sind die Ungleichheiten enorm angestiegen. Innerhalb des Euroraums gehört Deutschland heute zu den Staaten mit der höchsten Vermögensungleichheit.

Die reichsten 10 % der Bevölkerung verfügen über 65 %, das wohlhabendste 1 % allein über mehr als 30 % des Gesamtnettovermögens. Das „1 %" besitzt so viel wie 87 % aller Bundesbürger zusammen.[31] Mehr als zwei Drittel der Deutschen besitzen dagegen kein oder nur ein sehr geringes Vermögen.[32] Etwa 9 % aller Haushalte haben negative Vermögen, sie sind verschuldet.[33]

Dagegen sind die Vermögen der Wohlhabenden rasant gewachsen. Im Jahre 2022 besaßen 212 Deutsche jeweils mehr als € 1 Mrd.[34] Das größte Vermögen beträgt etwa €

---

[30] https://de.wikipedia.org/wiki/Wirtschaft_Deutschlands#Einkommens-_und_Vermoegensverteilung. Zugegriffen: 16.04.2023.

[31] DGB_Verteilungsbericht%202021.

[32] https://de.wikipedia.org/wiki/Verm%C3%B6gensverteilung_in_Deutschland: Zugegriffen: 16.04.2023.

[33] https://www.boeckler.de/de/boeckler-impuls-wie-sind-die-vermoegen-in-deutschland-verteilt-3579.htm. Zugegriffen: 16.04.2023.

[34] Schmöl, René, in https://www.cio.de/a/die-reichsten-deutschen,3607389. Andere Quellen liefern andere Zahlen, jedoch der gleichen Größenordnung: https://www.handelsblatt.com/unternehmen/ranking-2022-die-zehn-reichsten-deutschen/25730214.html. Zugegriffen: 16.04.2023 oder https://de.statista.com/themen/567/millionaere-milliardaere/. Zugegriffen: 16.04.2023.

40 Mrd. Unter den reichsten Deutschen sind die Besitzer der Diskounter Lidl und Schwarz (Platz 1: Dieter Schwarz, € 36 Mrd.), der Supermarktkette Aldi Süd (Platz 5: Beate Heister und Karl Albrecht Junior, € 26,5 Mrd.) und Aldi Nord (Platz 8: Theo Albrecht Junior und seine Familie, € 19,2 Mrd.). Es ist sicherlich kein Zufall, dass sehr viele Beschäftigte dieser Unternehmen im Niedriglohnbereich arbeiten.

Die Ungleichheit der Vermögen kommt auch darin zum Ausdruck, dass in Deutschland vergleichsweise wenig Menschen Immobilienbesitz haben, nämlich nur etwa 42 % der Bevölkerung. Die Tendenz ist fallend. Deutschland ist der Mitgliedstaat der OECD mit der zweitniedrigsten Wohneigentumsquote.[35] Innerhalb der EU liegt es auf dem letzten Platz.[36]

Fast alle Haushalte der reicheren 30 % der Deutschen sind Wohnungseigentümer. Da die Immobilienpreise in den vergangenen zehn Jahren um mehr als 50 % gestiegen sind,[37] hat dies nicht unerheblich dazu beigetragen, dass sich die Schere zwischen Arm und Reich weiter geöffnet hat. Denn die Wohneigentumsquote der ärmsten 30 % der Haushalte liegt bei null – fast alle sind Mieter. Mit den Immobilienpreisen stiegen auch die Mieten. Etwa 10 % der Bevölkerung leben in überbelegten Wohnungen.[38] Etwa ein

---

[35] https://www.bundesbank.de/de/publikationen/forschung/research-brief/2020-30-wohneigentumsquote-822090. Zugegriffen: 16.04.2023; https://www.hausundgrund-verband.de/aktuelles/einzelansicht/studien-ruecklaeufige-wohneigentumsquote-5568/#:~:text=Die%20aktuelle%20Studie%20%E2%80%9EWohneigentum%20in,hat%20damit%20eine%20
  abnehmende%20Tendenz. Zugegriffen: 16.04.2023.

[36] https://www.bellmann-immobilien.de/news-aktuelles/news-detailseite/deutschland-hat-die-wenigsten-immobilienbesitzer-215.html.   Zugegriffen: 16.04.2023.

[37] https://de.statista.com/statistik/daten/studie/70265/umfrage/haeuserpreisindex-in-deutschland-seit-2000. Zugegriffen: 16.04.2023.

[38] Bayern 2 Nachrichten, 17.11.2022 19:00 Uhr.

Drittel der zur Miete wohnenden Deutschen zahlen 42 % ihres Einkommens für die Miete. Unter diesen Umständen ist an den Erwerb einer eigenen Wohnung kaum zu denken.

5.5   Die Vermögensbildung

Das Anwachsen der Ungleichheiten hat verschiedene Gründe. Einer ist die unterschiedliche Entwicklung der Einkommen aus Arbeit und aus Vermögen. In den vergangenen 40 Jahren sind die Löhne langsamer und die Einkommen aus Vermögen schneller gestiegen, als das Bruttoinlandsprodukt gewachsen ist. Infolgedessen ist die Lohnquote, d. h. der Anteil der Arbeitseinkommen am Bruttoinlandsprodukt, von 73,6 % im Jahre 1981 auf zuletzt etwa 69 % zurückgegangen.[39] Diese Entwicklung hat ohne Zweifel zum Anwachsen der Ungleichheiten beigetragen. Der eigentliche Grund liegt jedoch tiefer.

Wer über ein Einkommen verfügt, das erlaubt, etwas auf die hohe Kante zu legen, hat gute Chancen, zu Vermögen zu kommen. Denn Vermögen ermöglicht es, ein sogenanntes passives Einkommen zu erzielen. Damit ist ein Einkommen gemeint, dass ohne aktive Betätigung erzielt wird. Auch wenn es sich dabei zunächst um geringe Beträge handelt, stellt dies einen qualitativen Sprung dar. Denn sobald zum aktiven Einkommen ein passives Einkommen hinzutritt, vergrößert dies die Möglichkeiten für eine weitere Vermögensbildung, die zusätzliches passives Einkommen verschafft. Reicher zu werden, ist dann ein sich selbst beschleunigender Prozess. Die Wirtschaftswissenschaft nennt ihn Akkumulation.

---

[39] https://www.bundesfinanzministerium.de/Monatsberichte/2019/02/Inhalte/Kapitel-6-Statistiken/6-4-04-einkommensverteilung.html.   Zugegriffen: 16.04.2023.

5.5.1 Die Vermögensbildung von Vermögenden

Der Unterschied zwischen aktivem und passivem Einkommen liegt darin, dass man passives Einkommen im Schlaf verdienen kann, während man sich für aktives Einkommen anstrengen muss. Daraus ergibt sich ein weiterer Unterschied. Die Möglichkeiten, aktives Einkommen zu erlangen, sind begrenzt. Diese Grenzen ergeben sich einerseits aus den körperlichen und geistigen Fähigkeiten des Einzelnen und andererseits daraus, dass niemand mehr als 24 h am Tag arbeiten kann – und auch das nicht lange. Dagegen unterliegen die Möglichkeiten, passives Einkommen zu erlangen, keiner Grenze.

Der Prozess der Vermögensbildung kann sich zusätzlich beschleunigen, wenn das Vermögen ausreicht, die notwendigen Sicherheiten zu stellen, um Schulden aufzunehmen. Oft ist es möglich, ein passives Einkommen zu erzielen, das über den Betrag der Tilgung und Zinsen des aufgenommenen Darlehens hinausgeht. Damit wird die Akkumulation vorangetrieben. Dazu trug die Niedrigzinspolitik der Zentralbanken während der vergangenen 15 Jahre erheblich bei.

Unter Umständen wird der Prozess der Vermögensbildung auch durch staatliche Eingriffe gefördert. Das war z. B. der Fall, als der Kurs der Lufthansaaktie nach staatlicher Hilfe zur Rettung des Unternehmens zwischen April und Juni 2010 um 50 % stieg. Mitunter reicht bereits die Erwartung staatlicher Maßnahmen. So wurde Elon Musk, der Chef des Autobauers Tesla, zum reichsten Mann der Welt, weil sich der Kurs der Tesla-Aktie vervielfacht hatte. Grund war die Erwartung, die Regierung unter Joe Biden würde die Steuern auf den Kauf von Elektroautos senken. Eigentlich widersprechen staatliche Eingriffe den Lehren des Wirtschaftsliberalismus. Haben sie jedoch Segnungen wie die erwähnten, wird dies vergessen.

Mitunter sind es außergewöhnliche Ereignisse, die die Vermögensbildung beschleunigen. Ein jüngeres Beispiel ist die Corona-Pandemie. Coronazeiten waren harte Zeiten und viele Menschen brauchten Unterstützung. Weltweit soll die Pandemie 160 Mio. Menschen in die Armut gestürzt haben. Für andere hingegen waren sie Zeiten der märchenhaften Gewinne.

Die zehn reichsten Menschen der Welt konnten ihr Vermögen verdoppeln. Es wuchs von etwa € 613 Mrd. auf € 1,3 Billionen.[40] Allein das Vermögen von Amazon-Chef Jeff Bezos ist in der ersten Hälfte des Jahres 2021 um $ 56,7 Mrd. gestiegen.[41] Zwischen März und Dezember 2020 ist das Gesamtvermögen der US-Milliardäre von knapp $ 3000 Mrd. auf etwas mehr als $ 4000 Mrd. angewachsen. Allein mit ihrem Vermögenszuwachs hätten sie mehr an Unterstützung finanzieren können, als die US-Regierung zu gewähren bereit war.

Auch in Deutschland stiegen die Vermögen der reichsten Personen während der Pandemie erheblich. Die Vermögen der zehn reichsten Deutschen wuchsen von insgesamt $ 144 Mrd. auf etwa $ 256 Mrd.[42] Besonders eindrucksvoll war der Vermögenszuwachs derjenigen, die von der Pandemie profitieren konnten, weil sie das geistige Eigentum an einem Impfstoff besitzen. Dazu gehören vor allem die Brüder Andreas und Thomas Strüngmann, die in die Firma Biontech investiert hatten, welche eine der ersten war, die einen Impfstoff entwickelte. Jeder von ihnen besaß vor der Corona-Pandemie ein Vermögen von etwas € 3 Mrd. 2021 sind daraus für jeden € 24 Mrd. geworden.[43] Das Vermögen

---

[40] Bayern 2 Nachrichten, 17.01.2022 07:00 Uhr.

[41] https://k.at/entertainment/so-viel-geld-verdient-jeff-bezos-in-einer-sekunde/400966784. Zugegriffen: 16.04.2023.

[42] https://www.handelsblatt.com/unternehmen/ranking-2022-die-zehn-reichsten-deutschen/25730214.html. Zugegriffen: 16.04.2023.

[43] https://de.wikipedia.org/wiki/Biontech. Zugegriffen: 16.04.2023; https://de.wikipedia.org/wiki/Andreas_und_Thomas_Str. Zugegriffen: 16.04.2023.

des Gründers von Biontech, Uğur Şahin, betrug im Dezember 2020 etwa € 5 Mrd. und stieg bis November 2021 auf etwa € 12 Mrd. Es besteht kein Zweifel, dass Biontech bei der Preisgestaltung für seinen Impfstoff dessen Quasimonopol ausnutzen konnte. Gleichwohl erhielt Uğur Şahin und seine Ehefrau und Mitarbeiterin Özlem Türeci im Februar 2021 das Große Verdienstkreuz mit Stern des Verdienstordens der Bundesrepublik Deutschland.[44]

5.5.2 Die Vermögensbildung von Arbeitnehmern

Vermögensbildung ist ein Prozess, der sich auch mit relativ geringen Ersparnissen in Gang setzen lässt. Auf diesem Gedanken beruht das Vermögensbildungsgesetz, dessen erste Fassung 1961 in Kraft trat. Ziel dieses Gesetzes ist es, jedem Arbeitnehmer eine Vermögensbildung zu ermöglichen. Dafür werden vermögenswirksame Leistungen des Arbeitgebers staatlicherseits durch eine Arbeitnehmersparzulage ergänzt. Vermögenswirksame Leistungen sind Zahlungen des Arbeitgebers, die nicht mit dem Gehalt ausbezahlt werden, sondern auf ein Anlagekonto überwiesen werden, z. B. einen Sparvertrag, Bausparvertrag oder zur Tilgung eines Baukredits. Sie werden entweder im Arbeitsvertrag oder in einem Tarifvertrag vereinbart.

Ein Anspruch auf die Arbeitnehmersparzulage besteht nur innerhalb bestimmter Einkommensgrenzen. Sie liegen, je nach Anlageart, zwischen € 17.500 und 20.000 für Alleinstehende und zwischen € 35.800 und 40.000 für Ehepaare. Gemäß dem zurzeit geltenden Fünften Vermögensbildungsgesetz ist die Arbeitnehmersparzulage für bestimmte vermögenswirksame Leistungen auf 2 % und

---

[44] Süddeutsche Zeitung. 26. Februar 2021.

jährlich € 400, für andere Leistungen auf 9 % und jährlich € 470 beschränkt. Beide Arbeitnehmersparzulagen können gleichzeitig in Anspruch genommen werden. Insgesamt kann der Staat also jährlich eine Zulage von € 870 gewähren.

Die Begrenzung auf 2 % bzw. € 400 jährlich bedeutet, dass vermögenswirksame Leistungen des Arbeitgebers bis zu € 2000 bezuschusst werden können. Die Begrenzung auf 9 % bzw. € 470 jährlich bedeutet, dass die übrigen vermögenswirksamen Leistungen des Arbeitgebers bis zu € 5222 bezuschusst werden können. Insgesamt sind das € 7222. Offenbar geht das Gesetz davon aus, dass ab diesem Betrag eine Vermögensbildung auch ohne staatliche Unterstützung möglich ist.

Addiert man zu dem Betrag von € 7222 die Arbeitnehmersparzulagen in Höhe von € 870, ergibt dies eine Summe von € 8092. Wenn man berücksichtigt, dass Arbeitnehmer in der Regel erst im Alter von 30 Jahren in der Lage sind, von ihrem Lohn etwas zu sparen, können sie das bestenfalls 35 Jahre lang tun. Wenn ein Arbeitnehmer 35 Jahre lang jährlich € 8092 anspart, bildet er ein Vermögen von € 283.220. Bei einer Verzinsung in Höhe von 2 % käme er – mit Zinsen und Zinseszinsen – auf € 582.592. Davon könnte er sich ein Häuschen kaufen und braucht keine Miete mehr zu zahlen. Oder er legt es an und erhält bei einer Verzinsung in Höhe von 2 % ein Einkommen von € 971 pro Monat – aber erst nach 35 Jahren.

Der durchschnittliche Nettomonatsverdienst eines Arbeitnehmers in Vollzeitbeschäftigung lag im Jahre 2022 bei € 2590.[45] Davon etwas zu sparen, dürfte schwerfallen. In der Regel reicht der Lohn für Arbeit nicht, um Vermögen

---

[45] https://www.absolventa.de/karriereguide/arbeitsentgelt/durchschnittsgehalt#:~:text=Das%20durchschnittliche%20monatliche%20Nettogehalt%20liegt,Durchschnittsgehalt%20bei%201.972%20Euro%20netto. Zugegriffen: 16.04.2023.

anzusparen.[46] Etwa 60 % der deutschen Haushalte benötigen ihre gesamten verfügbaren Einkünfte für die Lebenshaltung.[47] Es ist daher nicht verwunderlich, dass eine Vermögensbildung von Arbeitnehmern, die diesen Namen verdienen würde, nicht stattfindet.[48] Ludwig Erhards Utopie einer Gesellschaft, in der es kein Proletariat mehr gibt, ist in weite Ferne gerückt.

5.5.3 Vermögensbildung und Pensionskassen

Da die meisten Menschen ab eines gewissen Alters nicht mehr in der Lage sind, ihren Unterhalt zu verdienen, muss eine Altersvorsorge getroffen werden. Dafür gibt es grundsätzlich zwei Möglichkeiten. Entweder man hat genügend Vermögen angespart oder man erhält Unterstützung durch andere. Das kann die eigene Familie oder der Staat sein.

Gewöhnlich ist die Höhe der Entlohnung von Arbeitnehmern während der Jahre der Berufstätigkeit zu gering, um ein für die Altersvorsorge ausreichendes Vermögen ansparen zu können. Daher muss den meisten Arbeitnehmern im Alter Unterstützung durch den Staat gewährt werden. Um die dafür erforderlichen Mittel aufzubringen, sind Erwerbstätige zur Zahlung von Beiträgen an eine gesetzliche Rentenversicherung verpflichtet.

Auch sie gibt es in zwei Varianten. Eine ist die Kapitaldeckung, bei der die Beiträge jedes einzelnen Pflichtversicherten und seines Arbeitgebers zur Bildung eines

---

[46] https://www.spiegel.de/wirtschaft/soziales/deutschland-in-zahlen-gewinne-wachsen-schneller-als-arbeitseinkommen-a-1158925.html. Zugegriffen: 16.04.2023.

[47] Bayern 2 Nachrichten, 21.08.2022 06:00 Uhr.

[48] Fratzscher, Marcel, *Verteilungskampf: Warum Deutschland immer ungleicher wird*, S. 18.

Deckungskapitals verwendet werden, das am Kapitalmarkt angelegt wird. Alle Ansprüche werden aus diesem individuellen Deckungskapital bedient. Die andere Möglichkeit ist das Umlageverfahren, bei dem die laufenden Rentenzahlungen durch die laufenden Beiträge gedeckt werden. Dabei zahlt die junge Generation gewissermaßen die Rente der älteren.

Heute findet fast ausschließlich das Umlageverfahren Anwendung. Grundlage dieses Systems ist die Vorstellung von einem Generationenvertrag. Ob sie als Rechtfertigung ausreicht, bleibt zweifelhaft. Zudem hat der Staat im Laufe der Jahre offenbar Milliarden aus den Rentenkassen für versicherungsfremde Leistungen entnommen.[49] Auch darüber, ob und inwieweit das rechtmäßig war und ist, lässt sich streiten.

Beim System der Kapitaldeckung handelt es sich gewissermaßen um eine staatlich angeordnete Vermögensbildung. Auch beim Umlageverfahren gehören die Beiträge zunächst den Versicherten. Sie werden jedoch wie Steuern dem Staat übertragen, d. h. enteignet, weshalb eine individuelle Vermögensbildung unmöglich ist. Wenn man bedenkt, dass die Beiträge zur gesetzlichen Rentenversicherung 18,6 % des Bruttolohnes ausmachen, wird deutlich, dass es durchaus Möglichkeiten einer staatlich verordneten Vermögensbildung gäbe.

5.6   Wie konnte es dazu kommen?

Eine nähere Betrachtung der wirtschaftlichen Entwicklung der letzten Jahrzehnte offenbart, dass es nicht nur Licht, sondern auch viel Schatten gegeben hat. Daher stellt sich

---

[49] https://www.adg-ev.de/publikationen/publikationen-altersvorsorge/295-schluss-mit-den-pluenderungen-aus-der-rentenkasse. Zugegriffen: 16.04.2023.

auch hier die schon mehrfach erhobene Frage: Wir konnte es dazu kommen? Auch auf sie gibt es eine kurze Antwort: Der Kapitalismus ist an allem schuld. Das mag sein, liefert aber keine Erklärung. Bevor wir uns mit der Frage befassen, welche Rolle der Kapitalismus tatsächlich bei der wirtschaftlichen und gesellschaftlichen Entwicklung gespielt hat und spielt, bedarf es einer Klärung der Begriffe: Was bedeutet eigentlich der Begriff Kapitalismus?

Teil III

Wirtschaft, Wissenschaft und Staat

6

Wirtschaftsordnung und Wirtschaftspolitik

6.1 Kapitalismus und Marktwirtschaft

Unsere Wirtschaftsordnung wird sowohl als Kapitalismus als auch als Marktwirtschaft bezeichnet. Kritikern neigen dazu, sie Kapitalismus zu nennen. Verfechter ziehen es vor, sie Marktwirtschaft zu nennen. Ist Kapitalismus und Marktwirtschaft dasselbe? Oder ist sie beides?

Merkwürdigerweise gibt es weder eine allgemein anerkannte Definition des Kapitalismus noch der Marktwirtschaft.[1] Das liegt zum Teil daran, dass beide Phänomene

---

[1] Häring, Nobert, *Endspiel des Kapitalismus: Wie die Konzerne die Macht übernahmen und wie wir sie zurückholen*, S. 93. Die Wikipedia-Artikel zu Marktwirtschaft *und* Kapitalismus lassen das Ausmaß der Verwirrung erkennen: https://de.wikipedia.org/wiki/Marktwirtschaft#Marktwirtschaft_und_Kapitalismus. Zugegriffen: 16.04.2023. Der Wikipedia-Artikel zum Kapitalismus führt aus: *„Allgemein wird unter Kapitalismus eine Wirtschafts- und Gesellschaftsordnung verstanden, die auf Privateigentum an den Produktionsmitteln und einer Steuerung von Produktion und Konsum über den Markt (Marktwirtschaft) beruht"*; https://de.wikipedia.org/wiki/Kapitalismus. Zugegriffen: 16.04.2023. Davon unter-

© Der/die Autor(en), exklusiv lizenziert an Springer Fachmedien Wiesbaden GmbH, ein Teil von Springer Nature 2023
W. Plasa, *Der totalitäre Kapitalismus*,
https://doi.org/10.1007/978-3-658-41761-1_6

nicht *a priori* existieren. Daher können sie verschiedene Gestalt annehmen. Schließlich können beide Begriffe in verschiedener Weise verwendet werden.

Als Kapitalismus kann sowohl eine Wirtschaftsordnung wie auch ein Zeitalter bezeichnet werden. So war bereits vom Frühkapitalismus und Hochkapitalismus im Sinne bestimmter Epochen die Rede. Mit dem Begriff Marktwirtschaft können nicht nur eine Wirtschaftsordnung, sondern auch das idealtypische Modell einer Volkswirtschaft oder eine reale Volkswirtschaft gemeint sein. Hier geht es um die Frage, was unter beiden Begriffen zu verstehen ist, wenn sie im Sinne einer Wirtschaftsordnung verwendet werden. Eine solche

> „… umfasst alle (Rechts-)Normen und Institutionen, die das wirtschaftliche Geschehen in einer Volkswirtschaft regeln. Die Wirtschaftsordnung legt die Regeln fest, nach denen Akteure eines Landes im Wirtschaftsgeschehen handeln können und sollen. Sie beeinflusst im Wesentlichen die Form, den Umfang und die Entwicklung einer Volkswirtschaft".[2]

Die Frage ist also, welche Normen und Institutionen typisch für den Kapitalismus und für die Marktwirtschaft sind.

6.1.1 Der Kapitalismus

Der Begriff Kapitalismus leitet sich von dem Wort Kapital ab. Kapital im volkswirtschaftlichen Sinne entsteht, wenn Geld- oder Sachvermögen dauerhaft in Produktionsmittel

---

scheidet sich der Wikipedia-Artikel zur Marktwirtschaft nur unwesentlich: „*In der Theorie der Wirtschaftsordnungen bezeichnet Marktwirtschaft … ein Wirtschaftssystem, in dem die Verteilung der Entscheidungs- und Handlungsrechte durch das Rechtsinstitut des privaten Eigentums an Produktionsmitteln erfolgt.*" https://de.wikipedia.org/wiki/Marktwirtschaft. Zugegriffen: 16.04.2023.

[2] https://de.wikipedia.org/wiki/Wirtschaftsordnung. Zugegriffen: 16.04.2023.

für die Herstellung von Gütern oder die Erbringung von Dienstleistungen investiert wird. Um etwas herzustellen, muss der Produktionsfaktor Kapital mit dem Produktionsfaktor Arbeit zusammenkommen. Dabei können diejenigen, die die Arbeit verrichten, auch Eigentümer des Kapitals sein. Das war so in grauen Vorzeiten, als Jäger oder Bauern einen Teil ihrer Anstrengungen der Herstellung von Werkzeugen widmeten, die sie für ihre Haupttätigkeit – das Jagen oder Pflügen – brauchten. Diese Werkzeuge waren ihr Kapital. Es war die Frucht ihrer Anstrengungen und deshalb ihr Eigentum. Auch im modernen Kapitalismus befinden sich die Produktionsmittel im Eigentum von Privaten. Das ist sein erstes Prinzip.

Produktionsmittel können im Eigentum derer stehen, die mit ihnen arbeiten. Das ist auch heute noch in vielen handwerklichen und kleinen Dienstleistungsbetrieben der Fall. Dagegen war es schon zu Zeiten des Feudalismus zu einer Trennung gekommen. Damals gehörte das – außer Arbeit – wichtigste Produktionsmittel, Grund und Boden, vor allem dem Adel und der Kirche, die ihre Ländereien durch Leibeigene oder Pächter bestellen ließen. Die Situation, in der Arbeiter nicht Eigentümer der Produktionsmittel sind, mit denen sie arbeiteten, während die Eigentümer der Produktionsmittel selbst keine Arbeit verrichteten, ist seitdem die Regel. Sie ist das zweite Prinzip des Kapitalismus.

Wenn die beiden Produktionsfaktoren Kapital und Arbeit zusammenkommen, um etwas herzustellen, beide aber von verschiedenen Personen beigesteuert werden, stellt sich die Frage, wer das Eigentum an dem gemeinsam hergestellten Produkt erwirbt. Diese Frage hatte sich bereits gestellt, als die Eigentümer von Grund und Boden es anderen überließen, die Felder zu bestellen. Die Antwort war: Die Ernte gehörte den Grundbesitzern. Auch dieser Grundsatz gilt seitdem: Das Eigentum an den durch die Verbindung von Kapital und Arbeit hergestellten Gütern fällt den Kapitaleignern zu. Nur sie können sie verkaufen und damit Gewinne machen. Diese Regelung ist das dritte Prinzip des Kapitalismus.

Unter Kapitalismus ist also eine Wirtschaftsordnung zu verstehen, in der

* die Produktionsmittel im Eigentum von Privaten stehen,
* die sie in Verbindung mit Arbeit einsetzen, welche sie nicht selbst verrichten, und
* die das Eigentum an den hergestellten Sachen und den Gewinn erlangen.

Jede Wirtschaftsordnung, in der diese Prinzipien gelten, kann man als kapitalistisch bezeichnen. Das gilt auch für die heute in Deutschland geltende Wirtschaftsordnung.

Manche Autoren sind der Meinung, der Kapitalismus sei mehr als eine Wirtschaftsordnung, er sei eine Gesellschaftsordnung.[3] In der Tat prägen die Regeln einer kapitalistischen Wirtschaftsordnung auch die Gesellschaft. Wo dies der Fall ist, lässt sich von einer kapitalistischen Gesellschaftsordnung sprechen.

Andere Autoren lehnen die Verwendung des Begriffs Kapitalismus als überholt ab.[4] Gewiss hat das Wort einen Beigeschmack, was wohl daran liegt, dass der Kapitalismus früherer Zeiten Kritik auf sich gezogen hat. Der Gebrauch des Terminus wird daher leicht als Wertung verstanden. Hier wird der Begriff ohne Wertung, allein zur Bezeichnung einer Wirtschaftsordnung verwendet, die besagte Prinzipien enthält.

---

[3] Häring, Nobert, *Endspiel des Kapitalismus: Wie die Konzerne die Macht übernahmen und wie wir sie zurückholen,* S. 178.

[4] https://www.bpb.de/nachschlagen/lexika/lexikon-der-wirtschaft/19938/kapitalismus. Zugegriffen: 16.04.2023.

6.1.2 Die Marktwirtschaft

Der Begriff Marktwirtschaft leitet sich von dem Wort Markt ab. Als solchen bezeichnet die Wirtschaftswissenschaft das freie Zusammentreffen von Angebot und Nachfrage von bzw. nach Gütern und Dienstleistungen. Voraussetzung dafür, dass sich das Wirtschaftsgeschehen in dieser Weise gestalten kann, ist die Freiheit wirtschaftlicher Betätigung.

Dazu gehört einerseits die Freiheit, mit den im Eigentum stehenden Dingen nach Belieben zu verfahren. Sie erstreckt sich auf alle Güter, an denen Eigentum bestehen kann, einschließlich der Produktionsmittel. Die Freiheit der Eigentümer der Produktionsmittel, über deren Verwendung zu entscheiden, ist das Element, das Kapitalismus und Marktwirtschaft teilen.

Eine weitere Freiheit, die Voraussetzung einer Marktwirtschaft ist, ist die Vertragsfreiheit. Sie gewährt das Recht, sich frei zu entscheiden, einen Vertrag abzuschließen und dessen Inhalt zu bestimmen. Zur Entscheidungs- und Handlungsfreiheit im Wirtschaftsbereich gehört schließlich auch die Freiheit der Berufswahl und -ausübung. Sie wird auch Gewerbefreiheit genannt.

Eine Marktwirtschaft setzt also die Freiheit, mit dem Privateigentum nach Belieben zu verfahren, die Vertragsfreiheit und die Gewerbefreiheit voraus. Eine Wirtschaftsordnung, die diese Freiheiten gewährt, kann als marktwirtschaftlich bezeichnet werden. Das trifft auch auf die heute in Deutschland geltende Wirtschaftsordnung zu.

Aufgrund der Bedeutung der Freiheit als Wesensmerkmal der Marktwirtschaft wird oft von einer „freien Marktwirtschaft" gesprochen. Im Grunde genommen handelt es sich dabei um einen Pleonasmus. Denn es gibt keine „unfreie" Marktwirtschaft. Allerdings unterliegt die Freiheit wirtschaftlicher Betätigung in der Praxis gewöhnlich gewissen Einschränkungen. Als „freie Marktwirtschaft" wird eine solche bezeichnet, in der es vergleichsweise wenige Einschränkungen gibt.

Im Gegensatz zum Begriff Kapitalismus ist mit dem Begriff Marktwirtschaft meist eine positive Wertung verbunden. Das mag daran liegen, dass die Marktwirtschaft, die wir kennen, eine soziale Marktwirtschaft ist. Während die Marktwirtschaft in ihrer „reinen" Ausprägung lediglich die genannten Voraussetzungen erfüllt, enthält eine soziale Marktwirtschaft ergänzende Elemente. Soweit nicht anders bezeichnet, ist im Folgenden mit Marktwirtschaft eine „freie" Marktwirtschaft – d. h. eine solche ohne diese Ergänzungen – gemeint. Auch der Begriff Marktwirtschaft wird hier ohne Wertung, allein zur Bezeichnung einer Wirtschaftsordnung verwendet, in der die Freiheit wirtschaftlicher Betätigung gewährt wird.

6.1.3 Die kapitalistische Marktwirtschaft

Während die Prinzipien des Kapitalismus bereits vor der Industrialisierung galten, haben marktwirtschaftliche Regeln erst im 19. Jahrhundert unter dem Einfluss des Wirtschaftsliberalismus Geltung erlangt. Zwar überschneiden sich Kapitalismus und Marktwirtschaft insofern, als beide die Freiheit voraussetzen, über das Eigentum zu verfügen. Doch sind sie nicht deckungsgleich.[5]

Kapitalismus ist eine Regelung der Produktion, nicht des Konsums. Marktwirtschaft ist beides. Die für den Kapitalismus typische Regelung des Eigentums an den Produktionsmitteln und der Gewinnverteilung ist keine Voraussetzung für das Bestehen einer Marktwirtschaft. Die

---

[5] Steingart, Gabor, *Unser Wohlstand und seine Feinde*, S. 24 und 53.

für letztere typische Freiheit wirtschaftlicher Betätigung ist keine Voraussetzung für das Bestehen des Kapitalismus. Insofern ist der Ausdruck „kapitalistische Marktwirtschaft" kein Pleonasmus.

Die meisten heutigen Wirtschaftsordnungen verbinden die Prinzipien des Kapitalismus mit denjenigen der Marktwirtschaft. In diesem Sinne wird der Begriff „kapitalistische Marktwirtschaft" hier verwendet. Auch unsere Wirtschaftsordnung ist eine kapitalistische Marktwirtschaft, denn sie enthält sowohl die Prinzipien des Kapitalismus wie auch diejenigen der Marktwirtschaft.

Wie gesagt, eine Wirtschaftsordnung *„beeinflusst im Wesentlichen die Form, den Umfang und die Entwicklung einer Volkswirtschaft".* Eine Wirtschaftsordnung in der Form der kapitalistischen Marktwirtschaft lässt zwangsläufig eine reale Volkswirtschaft nach diesem Muster entstehen. Sie hat sich bei uns verwirklicht, weil das Grundgesetz – ohne sie ausdrücklich zu erwähnen – mit der Gewährung der Grundrechte der Gewerbefreiheit, der Eigentumsgarantie und der Vertragsfreiheit die rechtlichen Voraussetzungen dafür geschaffen hat. Unausgesprochen enthält es eine Entscheidung zugunsten der Marktwirtschaft. Erst im Einigungsvertrag und im Vertrag von Lissabon findet sie ausdrücklich Erwähnung.

6.2 Wirtschaftsordnung und Volkswirtschaft

Eine Wirtschaftsordnung ist, wie gesagt, nur ein Rahmen. Damit er sich mit Leben füllt, müssen Menschen die Möglichkeit und ein Motiv haben, sich wirtschaftlich zu betätigen. Die Möglichkeit dazu wird von der kapitalistischen Marktwirtschaft geboten, weil sie die entsprechenden Freiheiten gewährt.

6.2.1 Die Motive wirtschaftlicher Betätigung

Eines der Motive wirtschaftlicher Betätigung ist die Absicht, Bedürfnisse zu befriedigen. Dafür brauchen Menschen Einkünfte, die zu erzielen für die meisten nur durch Lohnarbeit möglich ist. Soweit es sich um die Befriedigung von Grundbedürfnissen handelt, ist eine Beteiligung am Wirtschaftsleben sogar zwingend. In der Regel geht sie jedoch darüber hinaus. Durch entsprechende Angebote wird das Verlangen nach mehr Konsum geweckt. Um ihn zu ermöglichen, aber auch, um reicher zu werden, wächst die Bereitschaft zu arbeiten.

Ein anderes Motiv wirtschaftlicher Betätigung ist das Gewinnstreben. Den Anreiz hierzu schafft die für den Kapitalismus typische Regelung der Gewinnverteilung. Danach geht der gesamte Gewinn an die Kapitaleigner. Die Inanspruchnahme unternehmerischer Freiheit in der Absicht des Strebens nach Gewinn wird als Unternehmertum bezeichnet. Gewinnstreben ist der Motor der kapitalistischen Marktwirtschaft und das Rezept ihres Erfolgs.

6.2.2 Märkte und dezentrale Wirtschaftsplanung

Wo die Freiheit wirtschaftlicher Betätigung gewährt wird, entstehen spontan Märkte. Diesem Umstand verdankt die Marktwirtschaft, wie erwähnt, ihren Namen. Ebenso spontan entsteht ein Wettbewerb zwischen Wirtschaftsakteuren. Unternehmertum, Wettbewerb und Märkte sind unmittelbare Folgen der Anwendung der Prinzipien des Kapitalismus und der Marktwirtschaft. Insofern können sie als Wesensmerkmale der kapitalistischen Marktwirtschaft – im Sinne einer Volkswirtschaft – betrachtet werden.

In einer Marktwirtschaft wird das Wirtschaftsgeschehen durch die individuellen Entscheidungen jedes einzelnen Wirtschaftsakteurs bestimmt. Die Wirtschaftswissenschaft nennt das „dezentrale Wirtschaftsplanung". Damit soll zum Ausdruck gebracht werden, dass die Planung jedem Einzelnen überlassen bleibt und auf seinen Bereich beschränkt ist. Die Wirtschaftswissenschaft betrachtet die dezentrale Wirtschaftsplanung als ein Wesensmerkmal der Marktwirtschaft. Genau genommen ist sie eine notwendige Folge der Gewährung der Freiheit wirtschaftlicher Betätigung. Denn ohne die Freiheit von staatlicher Planung würde es sie nicht geben.

6.3 Die Ziele der kapitalistischen Marktwirtschaft

6.3.1 Das Ziel der Wirtschaft aus der Sicht der Akteure

Wie gesagt: *„Die Wirtschaftsordnung legt die Regeln fest, nach denen Akteure eines Landes im Wirtschaftsgeschehen handeln können und sollen."* Ziel einer Wirtschaftsordnung ist es, die Voraussetzungen dafür schaffen, dass „gewirtschaftet" werden kann. Darunter werden „*…alle menschlichen Aktivitäten verstanden, die mit dem Ziel einer bestmöglichen Bedürfnisbefriedigung planmäßig und effizient über knappe Ressourcen entscheiden".*[6] Aus der Sicht des Einzelnen ist das Ziel die bestmögliche Befriedigung von Bedürfnissen. Sie wird in der Theorie Nutzenmaximierung genannt.

Sie ist jedoch nicht das einzige Ziel. Definitionen wie folgende nennen ein weiteres: *„Ziel der Wirtschaft ist die Sicherstellung des Lebensunterhalts und, in ihrer kapitalistischen*

---

[6] https://www.wikiwand.com/de/Wirtschaft. Zugegriffen: 16.04.2023.

*Form, die Maximierung von Gewinn und Lust mithilfe unter-
nehmerischer Freiheit.'*[7] Aus der Sicht eines Unternehmens
ist das Ziel die Maximierung von Gewinn. Da die Höhe des
Gewinns vom Umfang des Absatzes abhängt, kann es
zweckmäßig sein, Ressourcen auch dafür zu verwenden,
künstlich Bedürfnisse zu *erzeugen*. Das aber widerspricht
dem eigentlichen Ziel des *Wirtschaftens*, nämlich der planvollen und effizienten Verwendung knapper Ressourcen zur
Befriedung menschlicher Bedürfnisse. Dieser Widerspruch
ist eine gravierende Schwäche der kapitalistischen Marktwirtschaft.

Da die Geschäftsführung eines Unternehmens durch die
Kapitaleigner oder von ihnen beauftrage Personen ausgeübt
wird, wird sie vor allem von deren Interessen bestimmt. Infolgedessen hat das Gewinnstreben Vorrang vor allen anderen Zielen. Wenn Unternehmen mit Erfolg nach Gewinn
streben, wächst die Wirtschaft und mehrt sich der Wohlstand. Dafür bietet die kapitalistische Marktwirtschaft die
besten Voraussetzungen. Das ist ihre größte Stärke.

6.3.2 Wirtschaft und Wirtschaften

Einer dezentralen Wirtschaftsplanung fehlen die Mittel,
aktiv ein vorgegebenes Ziel zu verfolgen. Das wäre undenkbar, denn das würde Planwirtschaft bedeuten. Stattdessen
beruht sie auf bestimmten Erwartungen und Versprechen.
Doch bietet sie keine Gewähr, dass sich diese erfüllen. Das
ist eine erhebliche Schwäche.

Eine Erwartung ist, dass jeder Einzelne in seinem Bereich „wirtschaftet". Selbst wenn dies der Fall ist, ist damit
nicht sichergestellt, dass auch gesamtwirtschaftlich im
eigentlichen Sinne gewirtschaftet wird. Dies wird nicht

---

[7] https://wirtschaftslexikon.gabler.de/definition/wirtschaft-54080. Zugegriffen:
16.04.2023.

einmal erwartet. Vielmehr ist es Individuen und Unternehmen im Rahmen einer kapitalistischen Marktwirtschaft gestattet, Entscheidungen zu treffen, ohne deren gesamtwirtschaftliche Folgen zu berücksichtigen. Auch das ist eine erhebliche Schwäche.

6.4 Kapitalgesellschaften und Patente

Damit eine kapitalistische Marktwirtschaft funktionieren kann, muss eine entsprechende Rechtsordnung bestehen. Sie muss nicht nur das Eigentum und die Freiheit wirtschaftlicher Betätigung schützen, sondern auch die rechtlichen Voraussetzungen dafür schaffen, diese Freiheit wahrnehmen zu können. Dazu gehört vor allem auch die Möglichkeit der Gründung von Kapitalgesellschaften.

6.4.1 Kapitalgesellschaften

Zu Beginn des 19. Jahrhunderts wurde deutlich, dass bestimmte Investitionsvorhaben die Finanzkraft einzelner Menschen überstiegen. Um den Finanzbedarf zu decken, mussten sich mehrere Personen zusammenschließen und Gesellschaften gründen. Dafür musste eine gesetzliche Grundlage geschaffen werden. Das geschah in Deutschland erstmals mit dem preußischen Aktiengesetz von 1843 und anschließend mit dem Allgemeinen Deutschen Handelsgesetzbuch von 1861. Um eine Aktiengesellschaft zu gründen, bedurfte es damals einer staatlichen Genehmigung, für die ein Nachweis der Gemeinnützigkeit erforderlich war. Dieses Konzessionssystem galt bis 1870. Es wäre heute undenkbar.

Kapitalgesellschaften haben eine eigene Rechtspersönlichkeit. Sie sind sogenannte juristische Personen, die

Eigentum an Sachen und Rechten erwerben können. Ihnen werden bestimmte Freiheiten und Rechte gewährt, die natürlichen Personen zustehen. Dazu gehören alle Freiheiten wirtschaftlicher Betätigung. Diese sogenannte Unternehmerfreiheit ist nicht nur eine Freiheit der Unternehmer, sondern auch *der Unternehmen*.

Die Möglichkeit der Gründung von Kapitalgesellschaften, die wie natürliche Personen die Freiheit wirtschaftlicher Betätigung genießen, ist eine Voraussetzung für das Funktionieren einer kapitalistischen Marktwirtschaft. Kapitalgesellschaften haben die für sie typische Wirtschaftsstruktur entstehen lassen.

Wichtige Formen der Kapitalgesellschaften sind die Aktiengesellschaft (AG) und die Gesellschaft mit beschränkter Haftung (GmbH). Bei ihnen ist die Haftung des Gesellschaft auf das Gesellschaftskapital beschränkt. Das bedeutet, dass Gesellschafter für Verbindlichkeiten der Gesellschaft nicht persönlich haften. Eine Besonderheit von Kapitalgesellschaften ist die Trennung von Eigentum und Geschäftsführung. Aktionäre können nur mittelbar Einfluss auf die Geschäftsführung nehmen, die von eigens dafür bestellten Führungskräften wahrgenommen wird. Letztere haben stets zwei Motive, nämlich einerseits das Wohl des von ihnen geleiteten Unternehmens und andererseits ihre persönlichen Interessen. Zwischen beiden Motiven kann es zu Konflikten kommen, zum Beispiel, wenn die Vergütung von Managern an den Börsenwert eines Unternehmens geknüpft ist. Unter Umständen räumen Manager dann ihren eigenen Interessen Vorrang ein, zum Schaden des Unternehmens. Diese Gefahr versuchen gesetzliche Vorschriften zu begegnen, jedoch nicht immer mit Erfolg. Sie ist nicht nur eine Schwäche der Kapitalgesellschaften, sondern auch des Systems, dessen Struktur letztere bestimmen.

6.4.2 Das Patentrecht

Eine weitere wichtige Voraussetzung für das Funktionieren einer kapitalistischen Marktwirtschaft ist der Schutz des geistigen Eigentums. Patente schützen das persönliche geistige Eigentum an einer Erfindung, indem sie auf eine bestimmte Dauer das Recht der Verwendung oder Verwertung durch andere ausschließen. Das Erfordernis eines Patentschutzes entstand mit der industriellen Revolution, die ihrerseits die Folge einer Reihe bedeutender Erfindungen war. Erfindungen zu machen und anzuwenden, erfordert Investitionen. Da der Schutz des geistigen Eigentümers dem Inhaber eine Art Monopolstellung verschafft, schafft er einen Anreiz, in den technischen Fortschritt zu investieren.

Im Jahre 1877 wurde das deutsche Patentgesetz verabschiedet. Seine Grundzüge gelten bis heute. Der Schutz des geistigen Eigentums wird seit dem Abschluss des TRIPS-Abkommens im Rahmen der WTO in nahezu allen Ländern der Welt gewährt.

6.5 Die Rolle des Staates in der kapitalistischen Marktwirtschaft

6.5.1 Der Staat als Produktionsfaktor

Damit eine Wirtschaft funktionieren kann, muss der Staat bestimmte Infrastrukturen und Dienstleistungen bereitstellen. Dazu gehören Straßen, Brücken, Häfen und Kanäle, aber auch Schulen, Universitäten und Krankenhäuser, ebenso Gerichte, die Polizei und Gefängnisse, und schließlich auch das Militär. Freilich können Teile dieser Bereiche auch Privaten überlassen werden. Ganz ohne staatliche Infrastrukturen und Dienstleistungen geht es jedoch nicht. Ohne den Staat könnten Kapital und Arbeit in der Tat kaum etwas produzieren. An der Erwirtschaftung des Bruttoinlandsproduktes ist der Staat stets in irgendeiner Weise beteiligt. Man könnte daher den Staat als eigenständigen Produktionsfaktor betrachten.

6.5.2 Der Staat als Unternehmer

Die elementare Forderung des Wirtschaftsliberalismus ist die Freiheit wirtschaftlicher Betätigung. Diese Freiheit kann nur der Staat gewähren. Nur er kann sie schützen. Und nur er kann sie einschränken. Dabei gilt der Grundsatz, dass jede Einschränkung der Freiheit wirtschaftlicher Betätigung einer Abwägung der Interessen und einer stichhaltigen Begründung bedarf. Ein weiterer Grundsatz, der die Rolle des Staates im Bereich der Wirtschaft bestimmt, ist das Gebot, dass sich der Staat aus dem Wirtschaftsgeschehen heraushält. Doch gibt es zu der Frage, wie weit die Enthaltsamkeit des Staates als Unternehmer gehen soll, unter den Anhängern des Wirtschaftsliberalismus unterschiedliche Auffassungen.

Puristen sind der Meinung, jede Betätigung des Staates als Unternehmer sei mit einer marktwirtschaftlichen Ordnung unvereinbar. Sie begründen diese Ansicht damit, dass der Staat stets Wettbewerbsvorteile genieße. Dagegen lassen Pragmatiker unter den Wirtschaftsliberalen eine Beteiligung des Staates am Wirtschaftsleben unter der Voraussetzung zu, dass der Staat auf alles verzichtet, was ihm Wettbewerbsvorteile verschaffen könnte. Allerdings sehen sie in *jeder* unternehmerischen Betätigung der öffentlichen Hand einen Markteingriff, der einer Rechtfertigung bedarf. Daher sollten öffentliche Unternehmen nur immer einen öffentlichen Zweck, nämlich die Erfüllung öffentlicher Aufgaben, verfolgen. Bezwecken sie dagegen, Gewinne zu erzielen, so muss dieser Zweck dem öffentlichen Zweck untergeordnet sein.

Mitunter wird jedoch vom Grundsatz, der Staat solle sich als Unternehmer zurückhalten, eine Ausnahme gemacht. Wird durch die Zahlungsunfähigkeit großer Unternehmen die Wirtschaft eines ganzen Landes vor Probleme gestellt, springen Regierungen gewöhnlich ein und übernehmen die Schulden. Das kann so weit gehen, dass eine staatliche Beteiligung vereinbart wird. Der Grundsatz, dass sich der Staat nicht als Unternehmer betätigen soll, gilt also nicht ausnahmslos.

6.6   Der Staat als Aufpasser

In einer kapitalistischen Marktwirtschaft treffen die Beteiligten ihre Entscheidungen unabhängig voneinander. Oft treffen viele Unternehmen die gleiche Entscheidung in der gleichen Erwartung. Im Rückblick kann sich herausstellen, dass zu viele Unternehmer die gleiche Entscheidung getroffen haben. Infolgedessen entstehen zyklische Schwankungen des Grads der Auslastung der Produktionskapazitäten. Auf Perioden des Aufschwungs folgen solche des Nachlassens der Konjunktur. Es kann zu Rezessionen und zu Wirtschaftskrisen kommen.

Um sie zu vermeiden bzw. zu überwinden, muss der Staat mit den Mitteln der Wirtschaftspolitik eingreifen. Genau genommen widerspricht dies der reinen Lehre des Wirtschaftsliberalismus, gemäß der sich der Staat tunlichst aller Einmischung in die Wirtschaft zu enthalten hat. Offenbar stößt sie hier an eine Grenze.

6.6.1 Die antizyklische Finanzpolitik

Bis in die 1970er-Jahre waren die meisten Regierungen der Meinung, die beste Wirtschaftspolitik sei eine antizyklische Finanzpolitik, wie sie der britische Ökonom John Maynard

Keynes vorgeschlagen hatte. Eine solche Politik versucht, die Konjunktur durch die Höhe der staatlichen Einnahmen und Ausgaben zu steuern und auf diese Weise die Wirtschaft zu stabilisieren. Befindet sie sich in einer Rezession, soll sie dadurch angekurbelt werden, dass Steuern gesenkt oder die Ausgaben erhöht werden.

Dieses Konzept liegt dem Stabilitäts- und Wachstumsgesetz von 1967 zugrunde. Paragraf 1 dieses Gesetzes nennt vier Ziele, die öffentliche Haushalte bei ihren Entscheidungen verfolgen sollen:

* die Preisniveaustabilität,
* einen hohen Beschäftigungsstand,
* ein außenwirtschaftliches Gleichgewicht und
* ein stetiges und angemessenes Wirtschaftswachstum.

Diese Ziele in einem Gesetz zu erwähnen, ist nur deswegen notwendig, weil eine kapitalistische Marktwirtschaft keine Gewähr bietet, dass sie erreicht werden. Daher *muss* der Staat dafür sorgen. Diese Ziele werden als das „magische Viereck" der Wirtschaftspolitik bezeichnet. Der Begriff deutet an, dass sie sich in bestimmten Situationen gegenseitig behindern können.

In einer solchen Situation haben zwei der vier wirtschaftspolitischen Ziele den Vorrang, nämlich das Wirtschaftswachstum und die Vollbeschäftigung. Da das Wirtschaftswachstum als Voraussetzung für Vollbeschäftigung angesehen wird, ist es zum übergeordneten Ziel der Wirtschaftspolitik geworden. Dagegen wird das Ziel des außenwirtschaftlichen Gleichgewichts vernachlässigt. Seit Jahren übersteigt der Wert der deutschen Exporte bei weitem den Wert der Importe.[8]

---

[8] Siehe Abschn. 4.3.2.

6.6.2 Der Neoliberalismus

Zu Anfang der 1980er-Jahre wurde klar, dass die Mittel der antizyklischen Finanzpolitik nicht ausreichten, die Wirtschaftskrise zu überwinden, die durch die Ölpreiskrisen 1973 und 1979 ausgelöst worden war. Auch die USA waren nicht von diesen Krisen verschont geblieben. Um ihrer Wirtschaft auf die Sprünge zu helfen, griffen sie auf die Lehre des klassischen Wirtschaftsliberalismus zurück, die sie in ein neues Gewand kleideten, welches Neoliberalismus genannt wird. Daraus entstand das Konzept einer angebotsorientierten Wirtschaftspolitik, die auch Reaganomics genannt wird. Angesichts der anhaltenden Konjunkturschwäche der deutschen Wirtschaft entschied sich auch die 1982 gewählte Regierung Helmut Kohls für eine solche Wirtschaftspolitik.

Angebotsorientiert ist eine Politik, die den Renditen der Kapitaleigner Vorrang gewährt.[9] Sie bedeutet im Wesentlichen das Gegenteil der makroökonomischen Nachfragesteuerung, wie sie Keynes vorgeschlagen hatte. Während Keynes davon ausgegangen war, dass sich auf Märkten auch langfristig ein Ungleichgewicht einstellen kann, sind Vertreter des Neoliberalismus der Meinung, dass Märkte stets aus eigener Kraft zu einem Gleichgewicht finden können. Das gelte auch für die Wirtschaft als Ganze. Sie könne sich durchaus selbst stabilisieren. Diese Ansicht versuchen die Anhänger des Neoliberalismus wissenschaftlich zu begründen. Daher wollen wir uns im folgenden Kapitel näher mit der Wissenschaft von der Wirtschaft beschäftigen.

---

[9] https://de.wikipedia.org/wiki/Wirtschaftspolitik. Zugegriffen: 16.04.2023.

7

Die Wissenschaft von der Wirtschaft

7.1 Modell und Methoden

Gegenstand der Wirtschaftswissenschaft ist die Erforschung der Funktionsweise, Regeln und Zusammenhänge, die das Verhalten, das Zusammenspiel und die gegenseitigen Abhängigkeiten der Wirtschaftsakteure bei der Produktion, der Verteilung und des Konsums von Gütern und Dienstleistungen bestimmen, und entsprechende Theorien aufzustellen.[1] Dabei legt sie sich eine Beschränkung auf. Während Anthropologen die Gesellschaft der Mayas oder der alten Ägypter studieren, während sich Juristen mit römischem oder französischem Recht beschäftigen, befassen sich Wirtschaftswissenschaftler ausschließlich mit einem einzigen Wirtschaftssystem, nämlich der kapitalistischen Marktwirt-

---

[1] https://wirtschaftslexikon.gabler.de/definition/wirtschaftswissenschaften-48113#:~:text=und%20besondere%20Entwicklungen-,Gegenstand,zur%20Befriedigung%20menschlichen%20Bedarfs%20dienen. Zugegriffen: 16.04.2023.

© Der/die Autor(en), exklusiv lizenziert an Springer Fachmedien Wiesbaden GmbH, ein Teil von Springer Nature 2023
W. Plasa, *Der totalitäre Kapitalismus*,
https://doi.org/10.1007/978-3-658-41761-1_7

schaft. Aus ihrer Sicht scheint es keine Alternative zu geben, zumindest keine, die das Studium wert wäre.[2]

Da empirische Untersuchungen aufwendig und Laborversuche so gut wie unmöglich sind, beschäftigt sich die Wirtschaftswissenschaft vorwiegend mit theoretischen Überlegungen. Dabei stützt sie sich auf das Modell einer idealen Marktwirtschaft. Sie unterstellt, dass das reale Wirtschaftsgeschehen der gleichen Logik folgt, auf der das Modell beruht. Sie glaubt, mit dieser Logik das reale Wirtschaftsgeschehen erklären zu können.

7.2   Die Hypothesen

Ausgangspunkt aller wirtschaftswissenschaftlichen Überlegungen ist folgende Feststellung: *„Die Notwendigkeit zu Wirtschaften ergibt sich aus der Knappheit der Güter einerseits und der Unbegrenztheit der menschlichen Bedürfnisse andererseits".*[3] Diese Aussage wirft die Frage auf, wie sich beide Elemente zueinander verhalten. Ist die Knappheit der Güter eine Folge grenzenloser Bedürfnisse oder lässt die Unbegrenztheit der Bedürfnisse die Güter knapp werden?

7.2.1   Die Unbegrenztheit menschlicher Bedürfnisse

Unter einem Bedürfnis versteht die Wirtschaftswissenschaft einen subjektiv empfundenen Mangel. Ein Bedürfnis lässt den Wunsch entstehen, es zu befriedigen, d. h. den Mangel

---

[2] Während meiner Tätigkeit an der Universität Yale fragte ich einen befreundeten Professor, in welchem Umfang Kritik erlaubt sei. Er gab mir zu verstehen, dass es nicht angebracht wäre, die Marktwirtschaft als solche in Frage zu stellen.

[3] https://www.wikiwand.com/de/Wirtschaft. Zugegriffen: 16.04.2023.

zu beheben. Der Wunsch, etwas zu konsumieren, kann jedoch auch entstehen, ohne dass ein entsprechender Mangel empfunden wird. Darum bemüht sich die Werbung mit erheblichem Aufwand und Erfolg. Das aber bestätigt nicht die Annahme, menschliche Bedürfnisse seien unbegrenzt. Sie sind es nicht. Nur die Möglichkeit, Wünsche zu erwecken, ist es.

Die behauptete Unbegrenztheit menschlicher Bedürfnisse bezieht sich auf materielle Bedürfnisse. Es gibt jedoch auch andere Bedürfnisse. Gemäß der Theorie des Grenznutzens nimmt der Nutzenzuwachs durch die Befriedigung zusätzlicher Bedürfnisse ständig ab und kann sogar negativ werden. Zumindest insofern gibt es eine Grenze menschlicher Bedürfnisse materieller Art. Es scheint so, als hätten wir diese Grenze in mancher Hinsicht bereits erreicht. Die Annahme, materielle Bedürfnisse seien unbegrenzt, hält einer Hinterfragung kaum stand.

Gleiches gilt für die Knappheit der Güter. Knappheit besteht, wenn die Menge der Güter, die zur Befriedigung der menschlichen Bedürfnisse notwendig ist, deren Verfügbarkeit übersteigt.

Zwar herrschte bis vor wenigen Jahrzehnten noch ein Mangel an nahezu allem. Diese Situation hat sich jedoch seit der Mitte des 20. Jahrhunderts in ihr Gegenteil verkehrt. An die Stelle von Knappheit ist Überfluss getreten. Dennoch bleibt Knappheit der Ausgangspunkt aller wirtschaftswissenschaftlichen Theorien.

7.2.2 Das ökonomische Prinzip

Aus der Knappheit der Güter und der daraus entstehenden Notwendigkeit zu wirtschaften leitet die Wirtschaftswissenschaft eine weitere Annahme ab, nämlich die, dass sich jedermann bei seinen wirtschaftlichen Entscheidungen vernünftig verhält. Die Wirtschaftswissenschaft nennt dies das ökonomische Prinzip. Es

> *„bezeichnet die Annahme, dass Wirtschaftssubjekte aufgrund der Knappheit der Güter bei ihrem wirtschaftlichen Handeln die eingesetzten Mittel mit dem Ergebnis ins Verhältnis setzen und nach ihren persönlichen Präferenzen zweckrational eine Nutzenmaximierung (so private Haushalte) beziehungsweise Gewinnmaximierung (so Unternehmen) anstreben".*[4]

Das ökonomische Prinzip besagt, dass Wirtschaftssubjekte stets Entscheidungen treffen, die ihnen den größtmöglichen Nutzen bzw. Gewinn versprechen.[5] Tun sie das, sind Entscheidungen rational, d. h. „vernünftig". Dass Unternehmen Entscheidungen treffen, die in diesem Sinne rational sind, dürfte außer Frage stehen. Ob dies auch auf Individuen zutrifft, erscheint dagegen zweifelhaft. Denn Menschen sind keine Roboter.

Menschen, die jeden Pfennig zweimal umdrehen müssen, sind gezwungen, sich rational zu verhalten. Für viele Menschen ist die Notwendigkeit dazu jedoch entfallen. Sie können auch Bedürfnisse befriedigen, die nicht aus dem Gefühl eines Mangels entstehen. Je schwächer dieses Gefühl ist, je weniger klar ist der Zweck, an dem der Nutzen zu messen ist. Rationalität wird dann entbehrlich.

Andererseits müssen Verbraucher in der Lage sein, zu erkennen, was für sie am nützlichsten ist. Mitunter ist es nicht einfach, zwischen widerstreitenden Interessen abzuwägen. Das ist typischerweise der Fall, wenn zwischen kurzfristigen und langfristigen Zielen zu wählen ist. Darüber hinaus müssen Menschen, um sich rational zu verhalten,

---

[4] https://de.wikipedia.org/wiki/%C3%96konomisches_Prinzip.   Zugegriffen: 16.04.2023.

[5] Thommen, Jean-Paul, in https://wirtschaftslexikon.gabler.de/definition/oekonomische-rationalitaet-44883. Zugegriffen: 16.04.2023.

dazu bereit sein. Mit anderen Worten: Sie müssen sich rational verhalten *können* und *wollen*. Kaum ein Verbraucher macht sich die Mühe, Informationen zu allen Alternativen einzuholen, die ihm möglicherweise einen größeren Nutzen verschaffen würden.

Schließlich müssen sich Menschen, um sich rational zu verhalten, frei entscheiden können. Diese Voraussetzung ist theoretisch erfüllt. Praktisch unterliegt sie jedoch erheblichen Einschränkungen. Denn wir sind Einflüssen ausgesetzt, die auf dem Verhalten unserer Mitmenschen, Modeerscheinungen und der Werbung beruhen. Die Annahme, wir ließen uns bei unseren wirtschaftlichen Entscheidungen stets von der Absicht lenken, uns den größtmöglichen Nutzen zu verschaffen, ist reichlich weltfremd.

Das ökonomische Prinzip bezieht sich auf die Rationalität der Wahl der Mittel zur Verfolgung eines bestimmten Zwecks. Rationalität kann jedoch auch Maßstab der *Bewertung* eines Zwecks sein. In diesem Sinne bedeutet rational, dass ein Zweck selbst „angemessen" oder „vernünftig" ist.[6] Der Zweck wirtschaftlichen Handelns ist die Befriedigung eines Bedürfnisses. Die Frage ist dann nicht, *wie* es befriedigt wird, sondern *ob* es überhaupt befriedigt werden soll.

Lässt sich behaupten, dass wirtschaftliche Entscheidungen in diesem Sinne stets rational sind? Die Antwort ist nicht schwer. Wir erfüllen uns viele Wünsche, die alles andere als vernünftig sind. Doch liegen solche Überlegungen außerhalb des Blickfelds der Wirtschaftswissenschaft. Für sie ist die Wahl des Zwecks eine Frage der *persönlichen Präferenzen*, die zu bewerten sie sich enthält.

Die im ökonomischen Prinzip enthaltene Annahme erscheint auf den ersten Blick banal, bei genauerer Be-

---

[6] https://de.wikipedia.org/wiki/Rationalit%C3%A4t. Zugegriffen: 16.04.2023.

trachtung sogar trivial. Wenn Entscheidungen von persönlichen Präferenzen bestimmt werden, lässt sich die Frage, ob sie tatsächlich rational sind, nicht beantworten. Die Geltung des ökonomischen Prinzips lässt sich also weder beweisen noch widerlegen. Dennoch ist die Wirtschaftswissenschaft von seiner Geltung überzeugt. Der Grund dürfte sein, dass sie Voraussetzung ist für weitere theoretische Überlegungen. Dazu gehört vor allem die Vorstellung, Märkte könnten sich selbst regulieren.

7.3   Die Selbstregulierung der Märkte

Sie ist die zentrale These der ökonomischen Theorie. Nach dieser Vorstellung ist die Marktwirtschaft ein selbstregulierendes und selbstoptimierendes System. In diesem System stellt ein freier Wettbewerb das optimale Steuerungsinstrument der Wirtschaft dar. Die Selbstregulierung erfolgt über den Preis, den der Markt und der Wettbewerb bestimmen. In der Modellvorstellung der Marktwirtschaft sind Märkte vollkommen und der Wettbewerb frei. Um vollkommen zu sein, muss ein Markt folgende Voraussetzungen erfüllen:[7]

* ein freier und fairer Wettbewerb;
* vollständige Markttransparenz;
* Gleichwertigkeit der angebotenen Güter und Dienstleistungen;
* Bereitschaft der Marktteilnehmer, sich Marktentwicklungen anzupassen.

---

[7] https://www.juraforum.de/lexikon/markt. Zugegriffen: 16.04.2023.

7.3.1 Der Wettbewerb

Theoretisch könnte sich ein freier Wettbewerb auf eine Regel beschränken, nämlich die, dass es keine Regeln gibt. Praktisch sind jedoch für das Funktionieren von Märkten gewisse Regeln erforderlich. Gewöhnlich können diejenigen, die am stärksten sind, Regeln durchsetzen, die sie begünstigen.[8] Oder sie bestehen auf einem möglichst freien Spiel der Kräfte, um ihre Überlegenheit ausspielen zu können. In beiden Fällen wird das Recht des Stärkeren zur Regel.

Ein Forum, in dem dies deutlich in Erscheinung tritt, ist die Welthandelsorganisation (WTO), die 1994 aus dem GATT hervorgegangen ist. Sie bemüht sich um einen möglichst freien Welthandel. Dessen Regeln wurden unter dem Einfluss der reichsten Länder ausgehandelt. Erst im Jahre 1979 waren sie bereit, Sonderregeln für Entwicklungsländer zu schaffen.[9] Dagegen setzten die USA bereits 1955 durch, dass ihre Agrareinfuhren von der Anwendung der GATT-Regeln ausgenommen waren, und konnten dieses Privileg bis 1994 aufrechterhalten.[10] Auch die Änderungen und Neuerungen der Regeln des Welthandels, die im gleichen Jahr als Ergebnisse der Uruguay-Runde angenommen wurden, berücksichtigen vor allem Interessen der Industrieländer.

Vergleichbare Situationen gibt es auch auf Binnenmärkten. Gewöhnlich erlauben es die dort geltenden Regeln den wirtschaftlich stärkeren Unternehmen, ihre Vorteile zu nutzen, oder begünstigen sie von vornherein. Infolgedessen haben auf vielen Märkten wenige Unter-

---

[8] Reich, Robert, *Rettet den Kapitalismus! Für alle, nicht für 1 %*, S. 17.

[9] https://www.wto.org/english/tratop_e/devel_e/dev_special_differential_provisions_e.htm. Zugegriffen: 16.04.2023.

[10] https://www.ers.usda.gov/webdocs/publications. Zugegriffen: 16.04.2023.

nehmen eine marktbeherrschende Stellung erlangt. Dort ist der freie Wettbewerb zu einer Fiktion geworden.

7.3.2 Markttransparenz und Gleichwertigkeit der Angebote

In der Praxis gibt kaum einen Markt, der die Voraussetzungen eines vollkommenen Marktes erfüllt. Oft mangelt es an Markttransparenz, oder es gibt Unterschiede zwischen den angebotenen Gütern. Wie soll ein potenzieller Autokäufer die Gleichwertigkeit zweier Modelle verschiedener Hersteller beurteilen können, wenn sich nicht einmal Fachzeitschriften darüber einig sind? Was die Bereitschaft der Marktteilnehmer betrifft, sich Marktentwicklungen anzupassen, so wird diese unterstellt – denn es gilt ja das ökonomische Prinzip. Praktisch hat besagte Bereitschaft ihre Grenzen, wo die Geltung dieses Prinzips ihre Grenzen hat.

7.3.3 Die optimale Selbstregulierung

In der Vorstellung der Wirtschaftswissenschaft erfolgt die Selbstregulierung der Märkte durch die Herstellung eines Gleichgewichts. Wo sich Menge und Preis von Angebot und Nachfrage treffen, entstehe ein Marktgleichgewicht. Der auf diese Weise bestimmte Preis wird als Gleichgewichtspreis bezeichnet, die auf diese Weise bestimmte Menge als Gleichgewichtsmenge.[11]

Diese Begriffe tragen den Stempel der Methodenlehre des 19. Jahrhunderts, die auf naturwissenschaftlichen Erkennt-

---

[11] https://www.bpb.de/kurz-knapp/lexika/lexikon-der-wirtschaft/19528/gleichgewichtspreis/. Zugegriffen: 16.04.2023.

nissen beruhte.[12] Die Vorstellung eines Gleichgewichts beruht auf einer Analogie mit den Gesetzen der Mechanik. Letztere sind über jeden Zweifel erhaben. Dagegen erscheint es zweifelhaft, ob überhaupt eine solche Analogie besteht.[13]

Betrachtet man das Geschehen auf einem Markt nur vom Ergebnis her, erscheint *jede* Marktentwicklung als Selbstregulierung. Nach Ansicht der Wirtschaftswissenschaft ist jede Selbstregulierung – zumindest eines vollkommenen Marktes – auch optimal. Das zu beweisen, ist unmöglich. Es zu widerlegen, auch. Die Ansicht, jede Selbstregulierung, die ohne äußere Eingriffe stattfindet, sei optimal, beruht allein auf der Annahme, dass freie Märkte die besten Ergebnisse liefern.

Ob eine Marktentwicklung auch unter Anlegung anderer – z. B. sozialer oder gesellschaftspolitischer – Kriterien optimal erscheint, ist eine Frage, die sich die Wirtschaftswissenschaft nicht stellt. Aus ihrer Sicht führt eine Selbstregulierung *per definitionem* zu optimalen Ergebnissen. Vor allem führe sie auch zu einer effizienten Allokation der Ressourcen.

7.4 Die effiziente Allokation der Ressourcen

Unter Allokation wird die Verwendung verfügbarer Mittel zur Produktion von Gütern und Dienstleistungen verstanden. Eine effiziente Mittelverwendung besteht gemäß der Wirtschaftstheorie darin, dass Produktionsmittel dem

---

[12] Pastreich, Emanuel, in https://www.globalresearch.ca/do-universities-teach-economics/5787837. Zugegriffen: 16.04.2023.

[13] Stadler, Wilfried, *Der Markt hat nicht immer recht: Warum Wertschöpfung wichtiger ist als Geldschöpfung*, S. 136.

bestmöglichen Zweck zugeführt werden.[14] Was aber ist der bestmögliche Zweck? Er ist erreicht, wenn *„die Nachfrager die Güter bekommen, die sie haben wollen und bezahlen können".*[15]

In der Tat orientieren sich Unternehmen an den Wünschen der Kunden, wenn sie über den Einsatz ihrer Mittel entscheiden. Denn sie investieren in der Erwartung, Produkte verkaufen und damit Gewinne machen zu können. Mittelbar entscheiden also die persönlichen Präferenzen der Verbraucher über die Allokation der Ressourcen. Sie ist effizient bzw. optimal, wenn sie den persönlichen Präferenzen der Konsumenten Rechnung trägt.

Dabei können Unternehmer jedoch Irrtümern unterliegen. Zudem verzögert sich bei einer dezentralen Wirtschaftsplanung unweigerlich der Informationsfluss. Wenn die Nachfrage nach einem Produkt abnimmt oder Verbraucher ein neues Produkt verschmähen, erfahren Unternehmer dies unter Umständen erst Wochen oder Monate, nachdem die entsprechenden Investitionen getätigt wurden. Wie effizient eine bestimmte Mittelverwendung tatsächlich war oder ist, lässt sich in der Praxis nicht feststellen. Daher begnügt sich Wirtschaftswissenschaft auch in dieser Hinsicht mit einer Annahme.

Ebenso wenig lässt sich feststellen, ob Nachfrager tatsächlich die Güter bekommen, *„die sie haben wollen und bezahlen können".* Daher behilft sich die Wirtschaftswissenschaft mit zwei weiteren Annahmen. Sie unterstellt, dass eine Entscheidung, die in Absicht einer Bedürfnisbefriedigung getroffen wird, etwa der Kauf einer Ware, tatsächlich diesen Erfolg hat. Und sie vermutet, dass die

---

[14] https://www.bwl-lexikon.de/wiki/allokation/#warum-ist-die-allokation-wichtig. Zugegriffen: 16.04.2023.

[15] https://de.wikipedia.org/wiki/Ressourcenallokation. Zugegriffen: 16.04.2023.

fragliche Entscheidung durch ein wirkliches Bedürfnis veranlasst wird.

Damit schließt sich der Kreis. Aufgrund der Annahme, die Güter seien knapp und menschliche Bedürfnisse seien unbegrenzt, ist davon auszugehen, dass sich Menschen in ihren wirtschaftlichen Entscheidungen stets rational verhalten. Tun sie das, ist zu erwarten, dass sich Märkte in optimaler Weise selbst regulieren und die vorhandenen Mittel in effizienter Weise Verwendung finden. Daher kommt es im Ergebnis zur bestmöglichen Befriedigung menschlicher Bedürfnisse. Also ist alles in Ordnung …

Theoretisch sind diese Annahmen durchaus plausibel. Zwar sind sie nicht beweisbar. Aus den gleichen Gründen sind sie aber auch nicht widerlegbar. Also darf behauptet werden, die kapitalistische Marktwirtschaft sei die beste Wirtschaftsordnung, die Menschen je ersonnen haben oder ersinnen könnten. Diese Überzeugung ist das Fundament der Wirtschaftswissenschaft.

7.5 Eine Wissenschaft im Dienste der Wirtschaft

Vermutlich haben die der Wirtschaftswissenschaft zugrundeliegenden Annahmen ihren Ursprung in der Aufklärung, die erwartete, dass die Menschen sich vernünftig verhalten werden, wenn ihnen die Freiheit dazu gewährt wird. Inzwischen hat jedoch die Erfahrung gezeigt, dass diese Erwartung zu optimistisch ist. Warum aber klammert sich die Wirtschaftswissenschaft weiterhin an ihre Modellvorstellungen?

Ein Grund könnte sein, dass sie es erlauben, sich mit gedanklichen Sandkastenspielen zu beschäftigen, die intellektuell attraktiv und bequemer sind als empirische Untersuchungen. Ein anderer Grund dürfte sein, dass es die Wirtschaftswissenschaft als ihre Aufgabe ansieht, die kapitalistische Marktwirtschaft zu rechtfertigen.

7.5.1 Politische Ökonomie

Was wir heute Wirtschaftswissenschaft nennen, hieß im 19. Jahrhundert „Politische Ökonomie". Diese Bezeichnung ist weit ehrlicher. Denn was als wissenschaftliche Forschung ausgegeben wird, war und ist in Wirklichkeit immer das Bemühen, Argumente für oder gegen bestimmte Zustände oder Politiken zu liefern.[16] Dieses Bemühen begleitet die Wirtschaftswissenschaft seit ihrem Entstehen im 18. Jahrhundert, seit den Arbeiten von François Quesnay, Adam Smith und David Ricardo. Seit ihren Anfängen ist Wirtschaftswissenschaft weniger positive Ökonomie, die beschreibt, „was ist", sondern eher normative Ökonomie, die vorschreibt, „was sein sollte".

In der Tat lassen ihre Theorien eine gewisse Voreingenommenheit erkennen. Sie versuchen, mit einem Modell, das auf der Annahme rationalen Verhaltens beruht, eine Wirklichkeit zu erklären, die irrationalem Verhalten Vorschub leistet. Sie versuchen, diese Wirklichkeit zu rechtfertigen, indem sie das Wörtchen „wenn" durch das Wörtchen „weil" ersetzt. Statt zu sagen, *wenn* wir uns rational verhalten, können sich Märkte selbst optimal regulieren und Ressourcen optimal verwendet werden, wird behauptet, *weil* wir uns rational verhalten, regulieren sich Märkte in optimaler Weise selbst und werden Ressourcen effizient verwendet.

Wirtschaftswissenschaft fehlt das für eine Wissenschaft erforderliche Bemühen um Objektivität. Obwohl unsere Wirtschaftsordnung zweifellos kapitalistisch ist, wird dieser Begriff vermieden, um sie gegen Kritik in Schutz zu nehmen.[17] Man nennt sie lieber Marktwirtschaft, obwohl dieser

---

[16] Steingart, Gabor, *Unser Wohlstand und seine Feinde*, S. 248.

[17] https://www.bpb.de/nachschlagen/lexika/lexikon-der-wirtschaft/19938/kapitalismus. Zugegriffen: 16.04.2023.

Begriff nichts über die Eigentumsverhältnisse aussagt, die für unsere Wirtschaftsordnung wesentlich sind. Und statt sie sachlich zu definieren, liefert man lieber eine Beschreibung ihrer Vorzüge.[18]

Dafür gab es während der Epoche des Kalten Krieges gute Gründe. Im Konflikt der Systeme war man verständlicherweise bemüht, die Überlegenheit unseres Systems herauszustreichen, und neigte daher zu einer einseitigen Darstellung. An diese Art der Darstellung haben wir uns gewöhnt. Obwohl besagte Gründe inzwischen weggefallen sind, hat sich an der Darstellung nicht viel geändert. Offenbar gibt es noch andere Gründe, die kapitalistische Marktwirtschaft in einem vorteilhaften Licht erscheinen zu lassen.

Wirtschaftswissenschaft ist keine Wissenschaft, sondern ein Programm. Das verrät bereits ihr Name. Das Wort Ökonomie setzt sich aus den beiden griechischen Wörtern *oikos* (Haus, Hauswirtschaft) und *nomos* (Gesetz) zusammen.[19] Wäre sie eine Wissenschaft, hätte man statt *nomos* das Wort *logos* (Sinn, Vernunft) verwendet – ähnlich wie in Wortprägungen wie Theologie, Anthropologie, Philologie usw. In der Tat gibt es auch die Kombination von *oikos* und *logos.* Sie ergeben Ökologie. Offenbar würde sie es eher verdienen, als Wirtschaftswissenschaft bezeichnet zu werden.

7.5.2   Ideologie und Dogma

In den vergangenen Jahrzehnten hat es in der Wirtschaftswissenschaft eine Rückbesinnung auf die klassische, liberale Theorie gegeben. Ähnlich wie der ursprüngliche Wirt-

---

[18] https://www.bpb.de/kurz-knapp/lexika/lexikon-der-wirtschaft/20089/marktwirtschaft/. Zugegriffen: 16.04.2023.
[19] https://www.wissen.de/wortherkunft/oekonomie. Zugegriffen: 16.04.2023.

schaftsliberalismus den Weg für den Hochkapitalismus des 19. Jahrhunderts geebnet hatte, ebnete der Neoliberalismus den Weg für den Kapitalismus, mit dem wir heute leben.

Sowohl der klassische Wirtschaftsliberalismus wie auch der Neoliberalismus fordern, dass sich der Staat aus dem Wirtschaftsgeschehen heraushält. Er fordert die Aufhebung gesetzlicher Vorschriften, die wirtschaftliche Tätigkeiten einschränken oder behindern. Darüber hinaus befürwortet er die Privatisierung staatlicher Unternehmen. Vor allem aber fordert er niedrige Steuern. Niedrigere Steuern würden zu vermehrten Investitionen, höherem Wirtschaftswachstum, mehr Stabilität und mehr Wohlstand führen. Die Gefahr, dass mehr zusätzliche Investitionen in Automatisierung auch Arbeitsplätze überflüssig machen können, wurde dabei geflissentlich verschwiegen.

Dass sich vor 200 Jahren die Ideen des Wirtschaftsliberalismus durchsetzen konnten, lag auf der Hand. Es war offensichtlich, dass die damals geltende Rechts- und Gesellschaftsordnung der wirtschaftlichen Entwicklung, die die Industrialisierung versprach, im Wege standen. Die Folgen waren jedoch ebenso offensichtlich: Es kam nicht nur zu einem enormen wirtschaftlichen Aufschwung, sondern auch zu einer unvorstellbaren Verarmung des größten Teils der Bevölkerung.

Dass die Ideen des Neoliberalismus Beachtung fanden, ist daher eigentlich kaum zu verstehen, denn es war vorauszusehen, dass dies eine Annäherung an die Zustände des Hochkapitalismus begünstigen würde. Verantwortungsvolle Wirtschaftswissenschaftler hätten sich daher gegen die simplistischen und wirklichkeitsfremden Thesen des Neoliberalismus wenden müssen. Wer das nicht tat, war entweder verantwortungslos oder kein Wissenschaftler.

Die Geburtsstätte des Neoliberalismus waren Universitäten in den USA. Das ist kein Zufall, denn der Kapitalismus der USA steht in der Tradition des Kolonialismus, dem soziale Gerechtigkeit fremd ist, der Ausbeutung als eine normale wirtschaftliche Betätigung betrachtet und der der Frage der Rechtmäßigkeit des Erwerbs wenig Bedeutung beimisst. Zwar haben sich auch die USA nach der Weltwirtschaftskrise von 1929 eine Sozialgesetzgebung nach europäischem Vorbild gegeben, doch wurde sie nach und nach immer weiter abgebaut. Damit waren die USA für eine Rezeption des Neoliberalismus gut vorbereitet.

Dass sich neoliberale Ideen durchsetzen konnten, dürfte vor allem daran liegen, dass sie ausgesprochen unternehmerfreundlich sind. Daher waren Unternehmer bereit, Wirtschaftswissenschaftler dafür zu bezahlen, Kapitalismus und Marktwirtschaft in einem möglichst günstigen Licht erscheinen zu lassen und eine wissenschaftliche Begründung ihrer Vorzüge zu liefern. Sie taten und tun das in Medien, als Mitarbeiter von Think-tanks oder als Professoren angesehener Universitäten, die ohne die Zuschüsse von Unternehmen kaum auskommen würden.[20] So konnten sich die Lehren des Neoliberalismus nach und nach zu einer Ideologie verfestigen. Spätestens dann hatten sie das Gebiet der Wissenschaftlichkeit verlassen.

Eine Ideologie ist der Glaube, dass die Verwirklichung einer bestimmten Idee Zustände herbeiführt, die als erstrebenswert betrachtet werden. Dieser Glaube kann so stark sein, dass darauf verzichtet wird, zu überprüfen, ob die gewünschten Ergebnisse tatsächlich eintreffen. Er kann sogar so weit gehen, dass die Augen geschlossen werden vor Ergebnissen, die den Erwartungen widersprechen. Genau

---

[20] Das US-Unternehmen Uber, das Online-Vermittlungsdienste zur Personenbeförderung anbietet, zahlte die 6stellige Summe für ein Gutachten, das behauptet, sein Geschäftsmodell habe gesamtwirtschaftliche Vorteile; https://www.theguardian.com/news/2022/jul/12/uber-paid-academics-six-figure-sums-for-research-to-feed-to-the-media. Zugegriffen: 16.04.2023. Tatsächlich nahm es unzähligen Taxiunternehmen und -fahrern die Existenzgrundlage.

das tun die Verfechter des Neoliberalismus. So konnte aus der Ideologie des Neoliberalismus ein Dogma werden.

Dieses Dogma spielt eine ähnliche Rolle wie der christliche Glaube zur Zeit der Kolonisierung Lateinamerikas: Es liefert die Rechtfertigung eines Systems der Ausbeutung. Wie die Kirche, deren in Latein veranstaltete Messen für den gewöhnlichen Sterblichen unverständlich waren, präsentieren Wirtschaftswissenschaftler zur Begründung ihres Dogmas Lehrsätze und Formeln, die nur Eingeweihten verständlich sind.

Offenbar sind auch unsere Regierungen diesem Dogma erlegen. Das zeigt Art. 127 Abs. 1 des Vertrags von Lissabon, der die Feststellung enthält, *eine offene Marktwirtschaft mit freiem Wettbewerb fördere eine effiziente Mittelverwendung.*[21] Wenn dies selbstverständlich wäre, wäre es überflüssig, es zu sagen. Es steht da, weil es nicht selbstverständlich ist. Es ist ein Glaubensbekenntnis. Ein Glaubensbekenntnis ist das äußere Zeichen einer Unterwerfung. In diesem Falle ist es Zeichen der Unterwerfung des Staates unter die Wirtschaft.

---

[21] Art. 127 Abs. 1: „*Das ESZB handelt im Einklang mit dem Grundsatz einer offenen Marktwirtschaft mit freiem Wettbewerb, wodurch ein effizienter Einsatz der Ressourcen gefördert wird.*"

8

Der Staat und die Wirtschaft

Eine kapitalistische Marktwirtschaft setzt voraus, dass bestimmte Freiheiten gewährt werden. Das legt die Vermutung nahe, Kapitalismus und Marktwirtschaft könne es nur in Verbindung mit einer freiheitlichen, demokratischen Verfassung geben. Diese Annahme geht fehl. Tatsächlich wurden Kapitalismus und Marktwirtschaft viel früher Wirklichkeit als Republik und Demokratie. Sie entstanden in einer Zeit autoritärer Herrschaft.[1]

---

[1] Für die Koexistenz von Marktwirtschaft und einem autoritären Staat gibt es auch jüngere Beispiele. Chile war zwischen 1973 und 1988 eine Diktatur. Gleichzeitig bestand in dem Land eine äußerst liberale Marktwirtschaft. Eine Diktatur steht einer kapitalistischen Marktwirtschaft nicht im Wege.

W. Plasa, *Der totalitäre Kapitalismus*, https://doi.org/10.1007/978-3-658-41761-1_8

8.1   Wirtschaftsliberalismus und politischer Liberalismus

Sowohl der Wirtschaftsliberalismus als auch der politische Liberalismus begannen als Opposition gegen die ständische Ordnung. Der in Frankreich im Jahre 1789 unternommene Versuch, die alte Ordnung – *l'ancien régime* – zu zerschlagen, war gescheitert. Er hatte die Herrscher Europas jedoch derart in Schrecken versetzt, dass sie während des ganzen 19. Jahrhunderts mit allen Mitteln bemüht waren, Forderungen nach mehr Bürgerrechten, Freiheiten und einer demokratischen Verfassung zurückzudrängen. Im 19. Jahrhundert gab es unter den Ländern, die an der industriellen Revolution teilnahmen, nur ein Land, das sowohl eine kapitalistische Wirtschaftsordnung wie auch eine demokratische Verfassung hatte: die Vereinigten Staaten von Amerika.

Das änderte sich nach dem Ersten Weltkrieg, als sich die meisten europäischen Staaten demokratische Verfassungen gaben. Sie erlaubten der Arbeiterschaft eine gleichberechtigte Teilnahme am politischen Leben. Das war ein Grund, aus dem Unternehmer diese Neuerungen ablehnten. Allerdings erkannten sie auch, dass demokratische Verfassungen privaten Interessen einzigartige Möglichkeiten der Beeinflussung des staatlichen Handelns bieten.

Von diesen Möglichkeiten haben Unternehmen seit der Schaffung der Demokratie weidlich Gebrauch gemacht. Wie gesagt, aus der ersten Wahl zur Deutschen Nationalversammlung im Januar 1919 ging die SPD als stärkste Partei hervor. Diese Entwicklung sah die politische Rechte mit Sorge. Sie veranlasste Industrielle unter Führung von Carl Friedrich von Siemens, vor der Wahl das „Kuratorium für den Wiederaufbau des deutschen Wirtschaftslebens" zu gründen, das konservative und liberale Parteien mit Wahlkampfspenden unterstützte. Ziel war es, „Männer des Wirtschaftslebens" in die Nationalversammlung zu entsenden, die dort die Interessen der Unternehmer vertreten sollten.[2]

Schon vor hundert Jahren haben Unternehmer erkannt, dass es eine Demokratie erlaubt, mit der Macht des Geldes den politischen Einfluss zu bewahren, den ihnen demokratische Wahlen zu nehmen drohen. Inzwischen ist es der Privatwirtschaft gelungen, den Staat zu einem Erfüllungsgehilfen der Wirtschaft zu degradieren.

8.2 Der Einfluss der Wirtschaft auf den Staat

Der Staat sind wir alle, vertreten durch die Regierung und das Parlament. Regierungen und Parlamente vertreten die ganze Bevölkerung. Dabei sollen sie nach den Interessen der Mehrheit handeln. Das ist jedoch keineswegs immer der Fall. Vielmehr haben Interessen der Wirtschaft regelmäßig Vorrang. Auch die Wirtschaft sind wir alle, denn wir sind alle Verbraucher und die meisten von uns auch Arbeitnehmer. Aber auch die Wirtschaft wird nicht von den Interessen einer Mehrheit bestimmt. Vielmehr haben Unternehmer – eine Minderheit also – das Sagen. Wer entscheidet, ist sie. Sie ist „die Wirtschaft".

Das hat, was staatliches Handeln betrifft, zweierlei Folgen. Einerseits werden Entscheidungen getroffen, die vor allem die Interessen von Unternehmen berücksichtigen. Dazu gehörte zum Beispiel der Abbau des Sozialstaates, der mit der Notwendigkeit begründet wurde, unsere Wirtschaft international konkurrenzfähiger zu machen. Sie hatte an Wettbewerbsfähigkeit verloren, weil der Welthandel libera-

---

[2] https://de.wikipedia.org/wiki/Wahl_zur_Deutschen_Nationalversammlung. Zugegriffen: 16.04.2023.

lisiert worden war – was seinerzeit ebenfalls auf Drängen der Wirtschaft erfolgt war. Andererseits bleiben politisch notwendige Entscheidungen, die nicht im Interesse der Wirtschaft liegen, aus. Die wohl bedeutendste Folge der staatlichen Abstinenz ist, dass nicht genügend für Nachhaltigkeit und Verteilungsgerechtigkeit gesorgt wird. Sowohl der Umwelt- wie auch der Verbraucherschutz sind nach wie vor völlig unzureichend.

8.2.1 Lobbyisten

Eine besonders unverblümte Methode der Einflussnahme ist die Beschäftigung von Lobbyisten. Nahezu alle Lobbyisten werden von Unternehmen bezahlt, und nur wenige von Gewerkschaften oder Verbraucherorganisationen. Man schätzt, dass in Deutschland 5000 Menschen hauptberuflich als Lobbyisten tätig sind. In Brüssel sind es mehr als 12.000.[3]

Ausweislich des deutschen Lobbyregisters ist unter den Lobbyisten der Finanzsektor am stärksten vertreten. Insgesamt investieren die größten zehn Unternehmen mehr als 42 Mio. € in die Tätigkeit von Lobbyisten.[4] Offenbar sind sie ihr Geld wert.

Lobbyisten haben die Aufgabe, Regierungsvertreter oder Abgeordnete dazu zu bewegen, den Interessen ihrer Auftraggeber nachzukommen. Wo Regierungsvertreter oder Parlamentarier das tun, ordnet sich der Staat der Wirtschaft unter. Dieses Kräfteverhältnis lässt sich auch an dem Spielraum erkennen, den der Staat den Tätigkeiten von Lobbyisten einräumt. Er geht sehr weit – nicht zuletzt aufgrund

---

[3] Ich hatte als Beamter der Kommission in Brüssel Gelegenheit, an Treffen mit Lobbyisten teilzunehmen. Ich erinnere mich an eine Begegnung mit Vertretern der Chemieindustrie, in der diese wie Auftraggeber der Kommission auftraten.
[4] Bayern 2 Nachrichten, 03.01.2023 08:00 Uhr.

erfolgreicher Bemühungen von Lobbyisten, ihn auszudehnen. Erst seit Jahresbeginn 2022 gibt es in Deutschland ein Lobbyregister. Außer der Einrichtung des Lobbyregisters unterliegen die Tätigkeiten von Lobbyisten praktisch keiner Kontrolle. Das erklärt, warum Lobbyisten so erfolgreich sind.

Im Jahre 2014 bemühten sich Lobbyisten um eine Zulassung des Geschäftsmodells des US-Unternehmens Uber, eines Online-Vermittlungsdienstes zur Personenbeförderung, für den europäischen Markt.[5] Das ging nicht ohne Änderungen der in den meisten Ländern geltenden Personenbeförderungsgesetze und Regeln für Taxiunternehmen. Diese Änderungen stießen auf massiven Widerstand bei Taxiunternehmen und -fahrern, die ihre Existenzgrundlage bedroht sahen. Offenbar hat der französische Präsident Macron in seiner Zeit als Wirtschaftsminister Uber geholfen, die erforderlichen Gesetzesänderungen durchzusetzen. In Deutschland soll sich der Bundestagsabgeordnete Fricke für Ubers Pläne eingesetzt haben. Auch die niederländische EU-Kommissarin Kroes soll sich für das US-Unternehmen eingesetzt haben. Sie bekam nach ihrem Ausscheiden in Brüssel einen Vertrag als Beraterin von Uber.[6]

8.2.2 Korruption

Lobbyismus grenzt an Korruption und überschreitet diese Grenze nicht selten. Gerade in letzter Zeit werden immer öfter immer schwerere Vorwürfe gegen höchste Staatsbeamte, Regierungsvertreter und Parlamentarier laut, die sich angeblich bestechen ließen. In manchen Fällen wie

---

[5] https://www.theguardian.com/news/2022/jul/11/uber-files-whistleblower-lobbyist-mark-macgann. Zugegriffen: 16.04.2023.
[6] Bayern 2 Nachrichten, 11.07.2022 07:00 Uhr.

z. B. dem Katar-Korruptionsskandal im Europäischen Parlament sind mehrere Politiker angeklagt worden, in anderen gibt es nur Vermutungen. In diesen Fällen erscheint es nicht angebracht, Namen zu nennen. Anderseits stützen sich die Vermutungen auf recht deutliche Indizien. Es steht in der Tat zu befürchten, dass die Unterordnung des Staates unter die Wirtschaft zu einem beträchtlichen Teil eine Folge zunehmender Korruption ist.

Eine immer beliebter werdende Form der Korruption ist die „nachträgliche Belohnung". Sie besteht darin, dass Politikern Vorteile in Aussicht gestellt werden, die sie erst nach Beendigung ihres Mandats erhalten, wenn sie sich während des Mandats so verhalten, wie von ihnen verlangt wurde. Als Belohnung winkt typischerweise ein Beratervertrag, das Honorar für ein Manuskript, das als Buch veröffentlich wird, oder für die Teilnahme an einem Film, wobei die Belohnung gewöhnlich ein Mehrfaches einer normalen Vergütung darstellt. Derjenige, der sich auf diese Weise bestechen lässt, braucht sich keine Sorgen zu machen, dass die Sache auffliegt, denn er enthält die Belohnung ja erst nachträglich. Er braucht sich auch keine Sorgen zu machen, dass er die Belohnung nicht erhält. Denn nur wenn derjenige, der ihn besticht, sein Wort hält, wird auch der Nachfolger des Bestochenen wiederum bereit sein, das gleiche Spielchen mitzumachen.

Da die Belohnung erst nachträglich erfolgt, ist der Tatbestand der Korruption nur schwer nachzuweisen. Doch ist das Missverhältnis zwischen deklarierter Leistung und Vergütung in manchen Fällen so eklatant, dass kaum eine andere Erklärung möglich ist. So hat z. B. der frühere britische Premierminister Boris Johnson, der für seine harte Linie im Brexit bekannt war, in den ersten fünf Monaten nach seinem Rücktritt im September 2022 Vergütungen in Höhe von insgesamt fast £ 5 Mio. allein für Vorträge erhalten. Ein solches Missverhältnis deutet darauf hin, dass diese Zahlungen noch andere Gründe haben. Sie legen den Schluss nahe, dass die Wirtschaft inzwischen mit der Politik machen kann, was sie will.

8.2.3 Berater

In jüngerer Zeit haben Regierung und Parlament selbst die Initiative dazu ergriffen, sich beeinflussen zu lassen, indem sie Unternehmensberater mit der Analyse bestimmter Probleme und der Ausarbeitung von Lösungsvorschlägen beauftragen. Ein in diesem Bereich prominentes Unternehmen ist BlackRock, das bereits erwähnt wurde.[7] In den USA war es bei nahezu allen staatlichen Rettungsaktionen während der Finanzkrise von 2007 beteiligt. Auch die Europäische Zentralbank ließ sich von BlackRock beraten. So entwarf die Firma das EZB-Kaufprogramm für Kreditverbriefungen (ABS), angeblich weil die Notenbank Fachwissen brauchte, das sie selbst nicht hatte.[8]

Ein anderer einflussreicher Unternehmensberater ist die ebenfalls in den USA ansässige Firma McKinsey, deren Hilfe die deutsche Regierung im Zusammenhang mit der Flüchtlingskrise 2015 und den Problemen der Bundeswehr in Anspruch nahm. Dabei wurde in Kauf genommen, dass bei der Analyse der Probleme die Objektivität und bei den Lösungsvorschlägen die Interessen der Mehrheit zu kurz kommen.

Eigentlich müssten Beamte in Ministerien diese Arbeiten ausführen. Der Einwand, sie seien dazu nicht in der Lage oder nicht zahlreich genug, zieht nicht. Denn Beraterfirmen sind meist nicht besser. Sie behaupten, Fachkompetenzen und Erfahrungen zu haben, die oft nur er-

---

[7] Siehe Abschn. 4.4.3.
[8] https://de.wikipedia.org/wiki/BlackRock. Zugegriffen: 16.04.2023.

funden sind.[9] Die Fälle häufen sich, in denen die Arbeiten von Beraterfirmen Anlass zu Kritik geben, und zwar sowohl hinsichtlich der Qualität als auch der Tendenz, Partikularinteressen Priorität zu geben.

Mitunter haben die Regierung und Parlamentsfraktionen private Rechtsanwaltskanzleien mit der Ausarbeitung von Gesetzesentwürfen beauftragt. Auch dies wird damit begründet, dass externe Berater über eine höhere Fachkompetenz verfügen und es gewohnt sind, ergebnisorientiert und zielgerichtet zu argumentieren – wozu Ministerialbeamte offenbar nicht in der Lage sind. Rechtlich wird diese Praxis damit verteidigt, dass die Entscheidung über Gesetzesentwürfe letztlich beim Parlament liegt.

Freilich orientiert sich die Debatte über einen Gesetzesentwurf in erster Linie an ihm selbst – auch, wenn er von Ministerialbeamten vorbereitet wurde. Gewöhnlich werden vor allem Fragen diskutiert, die in dem fraglichen Entwurf genannt werden – und auf die er bereits eine Antwort gibt. Doch ist es zumindest bedenklich, wenn privaten Rechtsanwaltskanzleien die Befugnis erteilt wird, dafür die Weichen zu stellen.

8.2.4 Der Erfolg des Regierens

Seit Jahren ist das Wirtschaftswachstum zum übergeordneten Kriterium der Beurteilung des Erfolgs einer Regierung geworden. Das ist letztlich paradox, denn gemäß der reinen Lehre soll sich der Staat aus der Wirtschaft heraushalten. Tut er das und floriert sie dennoch, kann er

---

[9] Ich hatte als Berater des Präsidenten Afghanistans die Aufgabe, das Angebot einer englischen Anwaltskanzlei zu überprüfen, die vorgab, einen Spezialisten für Fragen des internationalen Handels zu beschäftigen. Die Angabe war frei erfunden.

sich das daher kaum als Verdienst anrechnen. Verlangsamt sich dagegen das Wirtschaftswachstum, wird erwartet, dass der Staat etwas dagegen unternimmt. Dafür stehen ihm jedoch nur beschränkte Mittel zur Verfügung, denn er soll sich ja aus der Wirtschaft heraushalten. Deswegen kann man es einer Regierung kaum anlasten, wenn sie keinen Erfolg damit hat, die Wirtschaft anzukurbeln. Hat sie damit Erfolg, kann das auch auf Zufällen oder Glück beruhen. Daher ist es zweifelhaft, ob sie es überhaupt verdient, dass man ihre Leistung am Wirtschaftswachstum misst. Dass wir es dennoch tun, ist ein Zeichen der Abhängigkeit des Staates von der Wirtschaft.

8.3   Die Konsensbildung

Eine besondere Möglichkeit der Einflussnahme der Wirtschaft auf den Staat bieten eine Reihe privater Treffen von Vertretern der Wirtschaft, der Politik, des Militärs, der Medien, Hochschulen und Geheimdienste. Zweck dieser Treffen ist nicht, formelle Beschlüsse oder verbindliche Entscheidungen zu treffen. Vielmehr geht es darum, durch einen Gedankenaustausch einen Konsens über grundsätzliche Fragen der Wirtschaft und Politik zu erzielen.

8.3.1 Die Bilderberg-Konferenzen

Die ältesten Treffen dieser Art sind die Bilderberg-Konferenzen, die zum ersten Mal im Jahre 1954 im Hotel *de Bilderberg* in Oosterbeek, Holland, und seitdem etwa 60-mal an verschiedenen Orten stattfanden. Die „Bilderberger" sind keine formelle Organisation mit einer festen Mitgliedschaft, sondern ein wechselnder Kreis von Teilnehmern, die jeweils persönlich eingeladen werden.

Die Konferenzen bieten ihnen die Möglichkeit zu einer offenen Diskussion aktueller Probleme der Weltpolitik und -wirtschaft. Die Treffen sind vertraulich und finden unter Ausschluss der Öffentlichkeit statt. Themen und Teilnehmerlisten werden erst nachträglich bekanntgegeben. Die Ergebnisse werden nicht veröffentlicht. Daher ranken sich um die Bilderberg-Konferenzen einige Verschwörungstheorien. Sicher ist, dass sie den Eliten der Politik und der Wirtschaft Gelegenheit bieten, einen Konsens zu erzielen, bei dem die Interessen der Wirtschaft ausreichend Berücksichtigung finden.

Dabei geht es – so viel ist bekannt – vor allem um eine Förderung der transatlantischen Partnerschaft. In dieser Partnerschaft haben die USA den größeren Einfluss. Sie haben ihn vermutlich genutzt, um einen Konsens über die Agenda der Globalisierung herzustellen.

8.3.2   Die Münchner Sicherheitskonferenz

Eine ähnliche Veranstaltung ist die Münchner Sicherheitskonferenz, die seit 1963 jährlich stattfindet. Auf ihr diskutieren Staatshäupter, Minister, Diplomaten, Politiker, Vertreter der Streitkräfte, der Wirtschaft, von Nichtregierungsorganisationen und Experten Themen der Außen-, Sicherheits- und Verteidigungspolitik. Das Motto heißt „Frieden durch Dialog".

Die Sicherheitskonferenz ist die weltweit größte Tagung ihrer Art. Sie ist privat organisiert und auch sie dient dem Gedankenaustausch unter den Teilnehmern. Dabei haben Vertreter des Militärs und der Rüstungsindustrie die Möglichkeit, ihre Wünsche darzulegen und zu erfahren, was von ihnen erwartet wird.

Auf die enge Zusammenarbeit von Militär und Rüstungsindustrie und die sich daraus ergebenden Probleme hatte

US-Präsident Eisenhower bereits in seiner Abschiedsrede 1961 hingewiesen. Er nannte dies den „militärisch-industriellen Komplex". Dieser Begriff lässt erahnen, wie eng die Zusammenarbeit ist. Schon damals traf sich Politik und Wirtschaft auf Augenhöhe. Inzwischen ist das nicht mehr der Fall. Die Politik hat sich untergeordnet. Dass dies auch im Bereich der Verteidigung der Fall ist, ist besonders bedenklich.

8.3.3 Das Weltwirtschaftsforum

Einmal im Jahr wird der Konsens zwischen Politik und Wirtschaft festlich und förmlich besiegelt, und zwar beim Treffen des Weltwirtschaftsforums (World Economic Forum, WEF) in Davos. Das WEF ist eine in der Schweiz ansässige Stiftung und Lobbyorganisation, die es sich zur Aufgabe gemacht hat, „den Zustand der Welt zu verbessern". Das WEF will globale Entscheidungen gemeinsam mit multinationalen Konzernen und zivilgesellschaftlichen Organisationen treffen. Zu diesem Zwecke werden seit 1971 alljährlich Treffen mit Firmenchefs, Wirtschaftsexperten, Politiker, Wissenschaftler und Journalisten veranstaltet. Kritische Medien erhalten keinen Zugang.

Dem WEF gehören rund 1000 Mitgliedsunternehmen an, von denen die meisten Unternehmen mit einem Jahresumsatz von mehr als fünf Milliarden US-Dollar sind. Sie sind typischerweise Marktführer mit einem erheblichen Einfluss auf die Gestaltung der Zukunft ihrer Branche oder Region – und damit mittelbar auch der gesellschaftlichen Entwicklung. Das WEF war und ist einer der wichtigsten

Unterstützer der Globalisierung.[10] Die Teilnehmer des Forums haben stets entsprechende Bestrebungen gefördert.

Dem Weltwirtschaftsforum wird vorgeworfen, dass es die Interessen einer wohlhabenden Elite fördert. Ihre Initiativen dienten vor allem der Verschleierung oder Beschönigung wirtschaftlicher Interessen. Natürlich können Unternehmen Regierungen keine direkten Anweisungen geben. Sie können aber darlegen, was nach ihrer Ansicht die beste Politik wäre. Das nehmen Regierungsvertreter nicht nur zur Kenntnis. Gewöhnlich richten sie sich auch danach – und ordnen sich damit freiwillig der Wirtschaft unter.[11]

8.4   Gesetzgebung und Politik

8.4.1 Der Katechismus der Gesetzgebung

Die Unterwerfung des Staates unter die Wirtschaft geht so weit, dass er bestimmte ungeschriebene Regeln befolgt, deren Beachtung sie fordert. Diese Regeln betreffen auch die Wahl der Mittel, derer sich die Politik bedient. Diese Mittel umfassen:

* absolute Verbote,
* Gebote, Normen und Auflagen,
* Abgaben in Form von Steuern, Gebühren und Zöllen,
* die Vermarktung von Berechtigungen,
* Steuerbefreiungen,
* Subventionen.

---

[10] Ich hatte im Jahre 1991 Gelegenheit, mich als Teilnehmer des Forums davon zu überzeugen.

[11] Ich habe viele Jahre in der Generaldirektion für Handel der Europäischen Kommission gearbeitet und dort erfahren, was Lobbying in der Praxis bedeutet.

Diese Maßnahmen bilden eine Hierarchie. An der Spitze stehen Verbote. Gebote und Abgaben wirken wie Verbote, die aufgehoben werden können, wenn dafür bezahlt wird. Am unteren Ende stehen Steuerbefreiungen und Subventionen, die Anreize unterschiedlicher Intensität schaffen.

Nach Ansicht des Wirtschaftsliberalismus sollte der Staat nur dann in das Wirtschaftsleben eingreifen, wenn ein Eingriff unumgänglich ist. Darüber hinaus sollte er diejenige Maßnahme wählen, die den geringsten Eingriff bedeutet. Diese Gebote werden von der Politik respektiert, als wären sie in der Verfassung verankert. Das geht so weit, dass sich der Staat gewissermaßen ein Verbot der Verbote vorschreiben lässt.

Ein Beispiel dafür ist das Fehlen einer allgemeinen Geschwindigkeitsbegrenzung auf Autobahnen. Sie wurde im Oktober 2022 angesichts der Energiekrise vom Vorstandsvorsitzenden von Audi, Markus Duesmann, wieder ins Gespräch gebracht. Prompt kam die Antwort von der Präsidentin des Verbandes der Automobilindustrie, Hildegard Müller, die meinte, *„die Menschen wüssten selbst, wie man klug spare. Man solle Eigenverantwortung fördern und nicht mit Verboten und Belehrungen abschrecken"*.[12] Diese Einwände sind ebenso durchsichtig wie absurd.

Wie schwer es ist, der Wirtschaft Vorschriften zu machen, hat auch das Bemühen gezeigt, Produzenten von Handys, Tablets und Digitalkameras einheitliche Ladestecker vorzuschreiben. Es dauerte Jahre, bis diese Maßnahme, deren Vernünftigkeit offensichtlich ist, erlassen werden konnte. Erst im Oktober 2022 konnte sich das Europäische Parlament darauf einigen, dass Stecker künftig dem USB-C-Format Standard entsprechen sollen. Ab

---

[12] Bayern 2 Nachrichten, 26.10.2022, 16:00 Uhr.

Herbst 2024 wird die Neuregelung gelten – bei Laptops allerdings erst zwei Jahre später.[13]

8.4.2 Demokratie und Technokratie

Auch innerhalb der Grenzen, die die Wirtschaft dem staatlichen Handeln gezogen hat, ist der Staat nicht völlig frei zu entscheiden. Vielmehr haben sich die Belange der Wirtschaft in einer Weise verfestigt, dass sie zu Vorgaben in bestimmten Bereichen der Politik geworden sind. In diesen Fällen kann nur eine Entscheidung richtig sein, nämlich diejenige, die diesen Belangen Rechnung trägt.

Diese Entwicklung hat ganze Bereiche der Politik erfasst. Sie erlaubt es, Entscheidungen Spezialisten zu überlassen, die sich einerseits in dem fraglichen Bereich auskennen und andererseits bereit sind, nach den jeweiligen Vorgaben zu handeln und zu entscheiden. Man nennt diese Art des Regierens Technokratie und diejenigen, die damit beauftragt sind, Technokraten.

Ein Beispiel hierfür ist die gemeinsame Handelspolitik der Mitgliedstaaten der Europäischen Union, für die die Europäische Kommission verantwortlich ist. Die Kommission weiß, was Unternehmen wünschen, und berücksichtigt dies in ihren Vorschlägen. Und wenn sie sich nicht sicher ist, stehen Tausende von Lobbyisten bereit, eventuelle Zweifel auszuräumen. Sie selbst ist der Überzeugung, dass ihre Vorschläge die einzig vernünftigen Lösungen darstellen.

Bei dieser Sichtweise kann es tatsächlich nur eine richtige Antwort geben. Allerdings wird dabei übersehen, dass es nicht nur eine Sichtweise geben kann. Würde man andere Interessen als die der Unternehmen in Betracht ziehen,

---

[13] Bayern 2 Nachrichten, 04.10.2022, 14:00 Uhr.

würden möglicherweise andere Vorschläge bzw. Lösungen vernünftiger erscheinen. Das aber verhindert die Macht der Wirtschaft.

8.5   Privatisierungen

In den letzten Jahrzehnten ist es der Wirtschaft nicht nur gelungen, sich den Staat untertänig zu machen. Zu einem guten Teil hat sie ihn sogar ersetzt. Dazu hat vor allem die Welle der Privatisierungen beigetragen, die in den 1980er-Jahren unter dem Einfluss des Neoliberalismus ihren Anfang nahm. Sie erfasste nicht nur Unternehmen, die zuvor vom Staat in der Absicht betrieben worden waren, Einnahmen zu erzielen. Sie erstreckte sich auch auf Dienstleistungen der Grundversorgung, die zuvor vom Staat erbracht worden waren, damit sie überall zu erschwinglichen Preisen zur Verfügung stehen. Dessen ungeachtet forderte die Wirtschaft eine Privatisierung dieser Unternehmen.

In der Vorstellung der Befürworter dieser Politik waren Staatsbetriebe ineffizient. Daher wurde in Aussicht gestellt, dass nach einer Privatisierung Verbraucher weniger zu zahlen hätten. Ein weiterer Grund dafür, dass Regierungen bereit waren, den Forderungen nach Privatisierungen nachzugeben, war der, dass sie sowohl eine Entlastung der öffentlichen Haushalte als auch eine Verringerung der staatlichen Schulden durch die Verkaufserlöse versprachen.

Traditionellerweise erbringt der Staat Dienstleistungen im Bereich der inneren und äußeren Sicherheit, des Erziehungs- und Gesundheitswesens, der Altersfürsorge und des Verkehrs. Theoretisch kann fast jede dieser Dienstleistungen auch von der Privatwirtschaft erbracht werden. Inzwischen ist selbst in Bereich der öffentlichen

Sicherheit und Ordnung dem Staat eine private Konkurrenz erwachsen.

Eigentlich ist es Aufgabe des Staates, für Sicherheit und Ordnung zu sorgen. Zu diesem Zwecke besitzt er das Monopol der rechtmäßigen Anwendung von physischer Gewalt. Doch reicht der Schutz, den der Staat gewähren kann, offenbar nicht mehr aus. Es werden in Deutschland immer mehr private Sicherheitskräfte beschäftigt. Im Jahre 2010 waren es 170.000,[14] inzwischen sind es mehr als 260.000.[15] Das sind nicht viel weniger, als es Polizisten gibt.[16] Dieser Anstieg erklärt sich sicherlich zum Teil damit, dass es mehr zu überwachen gibt. Zum Teil ist aber auch das Risiko gestiegen, einem Angriff auf Leben oder Vermögen ausgesetzt zu sein. Das ist eine unmittelbare Folge der wachsenden Ungleichheiten. Statt sie zu bekämpfen oder zumindest selbst für mehr Schutz zu sorgen, überlässt der Staat dies dem privaten Sektor.

Noch in einem anderen Kernbereich staatlicher Aufgaben macht die Privatwirtschaft dem Staat Konkurrenz, nämlich in der Rechtspflege. Großunternehmen, die den Markt und damit auch den Verbraucher beherrschen, zwingen ihn zu einem Verzicht auf sein Grundrecht, im Falle von Streitigkeiten ordentliche Gerichte anrufen zu können. Stattdessen muss er sich einem privaten Schiedsverfahren unterwerfen. Staatliche Gerichte haben die Aufgabe, die Schwächeren zu schützen. Private Schiedsgerichte werden in der Regel von den wirtschaftlich Stärkeren kontrolliert. Wo der Staat dies zulässt, vernachlässigt er seine Aufgabe, Schwächere zu schützen.

---

[14] https://www.bpb.de/themen/innere-sicherheit/dossier-innere-sicherheit/76663/private-sicherheitsdienste/. Zugegriffen: 16.04.2023.

[15] https://de.statista.com/themen/1543/wach-und-sicherheitsdienste/#topicHeader__wrapper. Zugegriffen: 16.04.2023.

[16] https://testhelden.com/polizei-in-zahlen/. Zugegriffen: 16.04.2023.

8.6   Deregulierung

Ebenfalls in den 1980er-Jahren und ebenfalls unterstützt durch neoliberale Wirtschaftswissenschaftler begann eine Politik der Deregulierung. Damit ist eine Verringerung und Vereinfachung von staatlichen Vorschriften und Normen im Bereich der Wirtschaft gemeint. Sie betraf nicht nur den Arbeitsmarkt. Besonders verheerende Folgen hatte sie im Finanzsektor.

Die Notwendigkeit einer Regulierung dieses Sektors war angesichts der Weltwirtschaftskrise von 1929 deutlich geworden. Vor der Krise hatten Banken in den USA Verluste, die durch Fehlspekulationen entstanden waren, dadurch ausgeglichen, dass sie auf Kundeneinlagen zurückgriffen. Während der Krise gingen diese Einlagen verloren. Daher wurden 1932 und 1933 zwei Gesetze erlassen, die nach ihren Initiatoren Glass-Steagall-Act genannt werden. Sie sehen eine institutionelle Trennung zwischen Geschäftsbanken und Investmentbanken vor.

Ein Ergebnis der als Uruguay-Runde bezeichneten Verhandlungen über die Regeln des Welthandels im Rahmen des GATT war die Liberalisierung der Dienstleistungen, die auch den Finanzsektor betraf. Infolge der Globalisierung der Finanzmärkte entstand ein Wettbewerb nicht nur zwischen Unternehmen, sondern auch zwischen Ländern. Für Anleger sind diejenigen Länder attraktiver, die weniger oder niedrigere Regulierungsmaßnahmen haben. Das veranlasste den damaligen Präsidenten Bill Clinton, den Glass-Steagall Act 1999 außer Kraft zu setzen.

Dies war nicht der einzige Grund für die Wirtschaftskrise von 2008, aber ein wesentlicher Grund für deren katastrophale Folgen, die für weite Teile der Bevölkerung spürbar wurden. Wiederum hatten Banken auf Kundenguthaben zurückgegriffen und wiederum gingen die Einlagen vieler Sparer verloren. Diese Krise machte es überdeutlich, dass man mit der Deregulierung des Finanzsektors zu weit gegangen war.

8.7   Patente und Marken

Um das Gewinnstreben zu erleichtern, wurden nicht nur Vorschriften und Verbote abgeschafft, sondern auch neue Regeln geschaffen. In den vergangenen Jahrzehnten ist der Schutz des geistigen Eigentums kontinuierlich erweitert worden. Höhepunkt war der Abschluss des TRIPS-Abkommens, das eines der Verträge ist, welche im Jahre 1994 als Ergebnis der Uruguay-Runde von den Mitgliedern der Welthandelsorganisation (WTO) unterzeichnet wurden. Dieses Abkommen hat dazu geführt, Dinge zu Wirtschaftsgütern zu machen, die es zuvor nicht waren.

Neben dem Urheberrecht und dem Patentrecht hat auch das Markenrecht immer größere Bedeutung erlangt. Geschützte Geschmacksmuster, Gebrauchsmuster und Marken dürfen nur von denjenigen benutzt werden, die sie sich haben schützen lassen. Aufwändige Werbung kann beim Verbraucher die Vorstellung erwecken, die Produkte einer bestimmten Marke seien einzigartig. Dann sind Verbraucher unter Umständen auch bereit, überhöhte Preise zu zahlen. Solche monopolähnlichen Stellungen gibt es nur, weil der Staat die Voraussetzungen für sie geschaffen hat.

8.8   Der Staat und Schulden

Ein Bereich, der das Kräfteverhältnis zwischen Staat und Wirtschaft besonders deutlich erkennen lässt, ist der Bereich der staatlichen Finanzen. Fast alle Staaten – nicht nur Entwicklungsstaaten, sondern auch Industriestaaten – sind verschuldet, und manche hoch verschuldet. Andererseits sind fast alle Staaten bereit, Schulden von Privatunternehmen zu übernehmen, wenn dies erforderlich erscheint, um gesamtwirtschaftliche Schäden abzuwenden.

8.8.1 Die Verschuldung der Staaten

Die Mitgliedstaaten der Europäischen Union haben sich 1992 durch den Vertrag von Maastricht verpflichtet, dass die öffentlichen Schulden eines Landes einen Wert von 60 % seines nominalen Bruttoinlandsprodukts nicht überschreiten. Mit anderen Worten: Schulden bis zu 60 % gelten als normal. Die Verschuldung von sechs Mitgliedstaaten der EU beträgt mehr als das Doppelte, diejenige Griechenlands liegt bei 200 %.

Die Verschuldung von Staaten beruht darauf, dass Ausgaben bewilligt werden, weil sie als unbedingt erforderlich angesehen werden, aber keine entsprechenden Einnahmen gemacht werden. Das könnte der Staat ohne weiteres tun, denn er hat das Recht, die Höhe der Steuern festzulegen.

Doch verzichteten die meisten Regierungen darauf, von dieser Möglichkeit Gebrauch zu machen. Das taten sie nicht zuletzt unter dem Einfluss der Lehren des Neoliberalismus, die besagen, dass Besserverdiener und Unternehmen, wenn sie weniger Steuern zahlen, mehr Investitionen vornehmen und neue Arbeitsplätze schaffen. Da immer mehr Staaten diese Lehren befolgten, wurde der Druck auf die übrigen größer, Gleiches zu tun, um Wettbewerbsnachteile zu vermeiden. Die Angst der Regierungen davor, Steuern auf eine Höhe zu bringen, die die Ausgaben deckt, ist weitverbreitet. Sie illustriert die Schwäche des Staates gegenüber der Wirtschaft besonders deutlich.

Was dem Staat fehlt, haben die Privaten zu viel. Aus dieser Situation ist eine teilweise Privatisierung der Sozialpolitik entstanden. In vergangenen Jahrhunderten, bevor sich der Staat darum kümmerte, oblag es den Reichen und der Kirche, das Los der Armen durch Almosen zu lindern. Diese Aufgabe wurde vom Staat übernommen, wird aber nicht mehr in dem erforderlichen Maße wahrgenommen. Ein kleiner Teil der dadurch entstandenen Lücke wird durch private Spenden gefüllt – ähnlich wie vor 200 Jahren.

8.8.2   Die Übernahme privater Schulden durch den Staat

Seit mehr als zwei Jahrhunderten hat der Staat immer wieder Schulden pleitegegangener Unternehmen übernommen. Dazu ist es vor allem nach der Finanzkrise gekommen, die im Jahre 2008 in den Vereinigten Staaten ihren Anfang nahm und anschließend nahezu die ganze Welt erschütterte. Um zu vermeiden, dass sie in ein Chaos mündete, übernahm die amerikanische Regierung die Schulden von Banken, deren Bankrott Schäden für die gesamte Wirtschaft nach sich gezogen hätte. *Too big to fail* lautete die Devise, was recht zutreffend die Macht dieser Finanzinstitute beschreibt.

Ähnliches passierte auch in Deutschland, wo der Staat für über € 18 Mrd. ein Drittel der Anteile an der Commerzbank erwarb. In Europa wurden sogenannte Eurorettungsschirme geschaffen, die in Wirklichkeit Bankenrettungsschirme waren. Auch während der Coronakrise und nach Ausbruch des Krieges zwischen Russland und der Ukraine sah sich der Staat gezwungen, sogenannten systemrelevanten Unternehmen finanziell zu helfen. Inzwischen geht das so weit, dass sich der Staat über beide Ohren verschuldet, um die Wirtschaft überhaupt am Leben zu erhalten. Diese Politik wird zutreffend als „die Privatisierung der Gewinne und die Sozialisierung der Verluste" beschrieben. Sie bringt die

Unterordnung des Staates unter die Belange der Wirtschaft besonders deutlich zum Ausdruck.

In einer Situation wie derjenigen nach 2008 wäre es dem Staat möglich gewesen, die Wirtschaft in die Schranken zu weisen.[17] Er hätte seine Unterstützungsmaßnahmen davon abhängig machen können, dass sich die Wirtschaft bestimmten Regeln unterwirft, um ähnliche Krisen zu vermeiden. Diese Gelegenheit wurde weder in den USA noch in Europa wahrgenommen.

Zwar erließ die Obama-Regierung im Jahre 2010 ein Gesetz mit der Bezeichnung Dodd-Frank Act. Diese halbherzige Reform verstärkt zwar die Aufsicht der Banken, lässt ihnen aber den gleichen Spielraum wie zuvor. Zudem verzichtete man darauf, die Art von Spekulationsgeschäften zu verbieten, die die Krise ausgelöst hatte, wie man es nach 1929 getan hatte. Auch verzichtete man darauf, die Verursacher der Krise zur Rechenschaft zu ziehen. Der Staat hatte praktisch abgedankt.

8.9   Wirtschaft und Demokratie

Ein Wesenszug der Demokratie sind institutionelle Kontrollen. Diesen Kontrollen hat sich die Wirtschaft immer mehr entzogen, indem sie sich den Staat gefügig gemacht hat. Wie eingangs erwähnt, haben Unternehmer schon vor hundert Jahren erkannt, dass es eine Demokratie erlaubt, mit der Macht des Geldes den politischen Einfluss zu bewahren, den ihnen demokratische Wahlen zu nehmen drohen. Wahlen sind die oberste Instanz der demokratischen Kontrolle. Doch hat auch diese Kontrolle ihre Wirksamkeit zu einem guten Teil eingebüßt. Denn wir sind der Beein-

---

[17] Häring, Nobert, *Endspiel des Kapitalismus: Wie die Konzerne die Macht übernahmen und wie wir sie zurückholen*, S. 31 ff.

flussung durch Medien, durch Think-tanks und andere Nichtregierungsorganisationen in einem Maße ausgesetzt, das eine unabhängige und sachliche Meinungsbildung nahezu unmöglich macht.

In der Tat hat die Wirtschaft inzwischen eine Macht erlangt, die sich, ähnlich wie in früheren Zeiten die Macht der Kirche, mit der des Staates messen kann und ihr in mancher Hinsicht überlegen ist. Die Republik ist in weiten Bereichen keine *res publica*, keine „öffentliche Sache" mehr, sondern wird von Privatinteressen beherrscht.

Teil IV

Absolut, Autoritär und Totalitär

9

Der absolute Kapitalismus

Zu Beginn der Neuzeit waren fast alle Staaten in Europa Monarchien. Typischerweise stand ein gekröntes Haupt an der Spitze einer Hierarchie, die von ihm und drei Ständen gebildet wurde. Der Dritte Stand, dem die freien Bauern angehörten, hatte so gut wie keine politischen Rechte. Dagegen waren die ersten beiden Stände, der Adel und der Klerus, an der Ausübung der Macht durch den Monarchen beteiligt. In manchen Staaten wie zum Beispiel England gab es sogar schon Parlamente. Wichtige Entscheidungen konnten nur mit Zustimmung der Stände bzw. des Parlaments getroffen werden.

Während Adel und Kirche ihre Stellung gegenüber dem Dritten Stand behaupten konnten, vermochten sie das nicht im Verhältnis zum Staatsoberhaupt. Im 17. Jahrhundert gelang es den Herrschern einiger europäischer Staaten, einen Anspruch auf Alleinherrschaft durchzusetzen. Sie setzten die Mitspracherechte des Adels und des Klerus oder des Parlamentes und damit den einzigen politischen Kontroll-

W. Plasa, *Der totalitäre Kapitalismus*, https://doi.org/10.1007/978-3-658-41761-1_9

mechanismus außer Kraft, den es damals gab. Damit konnten sie ohne die Billigung ständischer oder demokratischer Institutionen entscheiden und handeln. Die Herrschaftsform, in der ein Monarch eine solche Machtvollkommenheit besitzt, wird absolute Monarchie genannt.

Etwas Ähnliches ist in den vergangenen Jahrzehnten im Bereich der Wirtschaft geschehen. Es ist ihr gelungen, sich immer mehr der staatlichen Kontrolle zu entziehen. Infolgedessen konnte sie sich nahezu ungehindert entwickeln. Es ist eine Art absoluter Kapitalismus entstanden.

Wie eingangs erwähnt, ist eine kapitalistische Marktwirtschaft außerordentlich dynamisch. Kann sie sich ungehindert entwickeln, so folgt ihre Entwicklung ihrer eigenen Dynamik. Das haben manche Beobachter bereits früh erkannt. So hatte Adam Smith vorausgesehen, dass es zu einer fortschreitenden Spezialisierung und Arbeitsteilung und infolgedessen zu einer Steigerung der Produktivität kommen würde. Eine Tendenz, auf die Karl Marx hingewiesen hat, ist die Akkumulation des Kapitals. Weitere Tendenzen lassen sich an den in Kapiteln 4 und 5 genannten Zahlen und Fakten ablesen. Auf sie wollen wir hier näher eingehen.

9.1   Das Wachstum der Wirtschaft

Die wohl augenscheinlichste Tendenz der kapitalistischen Marktwirtschaft ist ein Drang zum Wachsen. Ausgangspunkt ist das Gewinnstreben der Unternehmen. Wenn Unternehmen Gewinne machen, verwenden sie in der Regel einen Teil der Gewinne für neue Investitionen, um weitere Gewinne zu machen. Zudem haben erfolgreiche Unternehmen die Möglichkeit, Kredite für neue Investitionen aufzunehmen. Infolgedessen wird die Menge produzierter Güter ständig größer. Hierbei handelt es sich um einen Kreislauf, der in drei Varianten existiert.

Eine Variante besteht darin, dass Unternehmen einen Teil des mit der Herstellung eines Produkts gemachten Gewinns investieren, um mehr von dem gleichen Produkt herzustellen. In der zweiten Variante wird ein Teil des Gewinns in den technischen Fortschritt investiert, um Produkte zu verbessern oder um neue Produktionsbereiche zu erschließen. Auch in der dritten Variante wird ein Teil des Gewinns in den technischen Fortschritt investiert, in diesem Falle aber, um die Produktivität zu steigern. Auf diese Weise kann entweder billiger oder mehr hergestellt werden.

In allen drei Fällen kann mehr Gewinn gemacht werden. Gewinn kann von denen, die ihn machen, entweder konsumiert werden oder für neue Investitionen verwendet werden. In der Regel gehen die Einkünfte derjenigen, die Gewinne machen, über das, was sie konsumieren, hinaus. Gewöhnlich ist also Geld für Neuinvestitionen da.

Werden Gewinne neu investiert, wächst das betreffende Unternehmen. Werden sie konsumiert, ermutigt dies Unternehmen, Kredite für Neuinvestitionen aufzunehmen, mit denen wiederum mehr hergestellt werden kann. Dieser Kreislauf lässt Unternehmen wachsen. Und mit ihnen wächst auch die gesamte Wirtschaft. Dieses Wachstum folgt der gleichen Logik wie der Zinseszins. Es ist exponentiell, denn es wächst stets auch das, was gerade hinzugekommen ist. Wirtschaftswachstum trägt selbst zum Wirtschaftswachstum bei.

9.2   Wachstum und Konsum

Wirtschaftswachstum ist nur möglich, wenn der Konsum steigt. Daher sind Unternehmen bemüht, uns zu immer mehr Konsum zu verführen. Dafür bedienen sie sich verschiedener Methoden.

9.2.1 Technischer Fortschritt und Kommodifizierung

Unternehmen investieren in den technischen Fortschritt, um Produkte zu verbessern, neue Produktionsbereiche zu erschließen oder um die Produktivität zu steigern. Sie tun das mit dem Ziel, einen Wettbewerbsvorteil zu erlangen, mehr zu verkaufen und mehr Gewinne zu machen. Um wettbewerbsfähig zu bleiben, müssen andere nachziehen. Infolgedessen weist die kapitalistische Marktwirtschaft eine starke Tendenz auf, den technischen Fortschritt voranzutreiben.

Vermutlich würde es auch ohne sie einen technischen Fortschritt geben. Denn der technische Fortschritt ist älter als sie. Er war einer der Gründe, aus denen sich die Überzeugung durchsetzen konnte, dass eine Wirtschaftsordnung nach dem Muster der kapitalistischen Marktwirtschaft die größten Vorteile bieten würde.[1] Doch ist es ihr zu verdanken, dass in schneller Reihenfolge ständig neue Produkte angeboten und von einer Vielzahl von Menschen gekauft werden. Das trägt erheblich zur Steigerung des Konsums und damit zum Wachstum der Wirtschaft bei.

Ein ähnlicher Beitrag besteht darin, dass neue Dienstleistungen angeboten werden, die zuvor nicht gegen Entgelt verrichtet wurden. Ständig werden weitere Lebensbereiche in die Wirtschaft einbezogen. Dieser Prozess des „Zur-Ware-Werdens" wird Kommodifizierung oder Kommerzialisierung genannt. Er ist typisch für die kapitalistische Marktwirtschaft.

---

[1] Siehe Abschn. 2.1.

9.2.2 Wegwerfprodukte und Qualitätsminderung

Eine Möglichkeit, den Konsum zu steigern, ist billiger anzubieten. Das führt zwar zunächst zu einer Minderung der Gewinne, die aber in der Regel durch eine Steigerung der verkauften Mengen ausgeglichen wird. Andererseits schlägt sich eine Verbilligung des Angebots oft in einer Verminderung der Qualität der betreffenden Produkte nieder. Beispiele hierfür bieten eine Vielzahl von Nahrungsmitteln, die mit immer billigeren Zutaten hergestellt werden.

Der Nahrungsmittelbereich ist jedoch nicht der einzige, in dem eine Tendenz zur Qualitätsminderung besteht. Ähnliches lässt sich im Bereich von Bekleidung und Textilwaren feststellen. Sie werden immer billiger und schlechter, was dazu verleitet, sie schneller zu ersetzen oder einfach nur mehr davon zu kaufen. Das bewirkt eine Steigerung des Konsums, die sich positiv auf das Wirtschaftswachstum auswirkt.

9.2.3 Schnickschnack

Bei Waren, bei denen Qualitätsunterschiede leichter erkennbar sind, wie zum Beispiel Autos, Smartphones oder Fernsehgeräte, besteht hingegen eine gegenläufige Tendenz. Diese Produkte werden oft mit technischen Möglichkeiten ausgestattet, an denen der Verbraucher kaum Interesse haben kann und die er, wenn er die Geräte kauft, nie benutzt. Dennoch lassen sich viele Verbraucher durch solche Möglichkeiten zum Kauf motivieren. Und weil das so ist, weist die kapitalistische Marktwirtschaft eine Tendenz auf, Gadgets und Schnickschnack zu produzieren.

9.2.4 Werbung und Konsum

Das vermutlich wirksamste Mittel, den Verbraucher zu mehr Konsum zu veranlassen, ist die Werbung. Sie hat ganz neue Bereiche wirtschaftlicher Betätigung entstehen lassen. So schoss nach der Abschaffung des staatlichen Monopols für Rundfunk und Fernsehen eine Vielzahl von privaten Sendern aus dem Boden, die hauptsächlich von Werbung leben. Auch die sozialen Medien leben von Werbung, die die Auftraggeber bezahlen und die Benutzer über sich ergehen lassen, um sie unentgeltlich benutzen zu können. Offenbar ist der Trend zu immer mehr Werbung typisch für die kapitalistische Marktwirtschaft.

Werbung trägt selbst zum Wirtschaftswachstum bei. Die gesamten Ausgaben für Werbung in Deutschland beliefen sich im Jahre 2019 auf € 32,6 Mrd.. Das ist etwa 1 % des Bruttoinlandsproduktes. Ein Teil des wirtschaftlichen Wachstums beruht darauf, dass immer mehr in die Stimulierung der Nachfrage investiert wird. Auch das ist ein Trend der kapitalistischen Marktwirtschaft.

9.2.5 Die angebotsbestimmte Wirtschaft

Die Tendenzen, den technischen Fortschritt und die Kommodifizierung voranzutreiben, den Konsum von Wegwerfprodukten und solchen minderer Qualität zu steigern und immer mehr Werbung zu betreiben, entstehen aus dem Bemühen der Unternehmen, den Konsum zu steigern. Dieses Bemühen beherrscht unsere Wirtschaft, denn sie wird von Unternehmen beherrscht. Dieses Bemühen hatte seit Jahren einen durchschlagenden Erfolg. Wir leben in einer Überflussgesellschaft.

In einer Überflussgesellschaft wird das Wirtschaftsgeschehen vom Angebot bestimmt. Die heutige Form der kapitalistischen Marktwirtschaft ist strukturell *angebotsbestimmt*.

Dafür ist die Allgegenwart der Werbung das sichtbarste Zeichen. Werbung ist eine Form, Produkte und Dienstleistungen *anzubieten.* Die Vorstellung, die Wirtschaft würde durch Märkte gesteuert, ist eine Illusion. Sie wird durch das Angebot, d. h. vor allem durch Werbung gesteuert.

Der Trend zu einer immer mehr *angebotsbestimmten Wirtschaft* ist in den vergangenen Jahrzehnten durch eine *angebotsorientierte Wirtschaftspolitik* verstärkt worden, von der bereits die Rede war. Als angebotsorientiert wird, wie gesagt, eine Politik beschrieben, die die Renditeerwartungen der Kapitaleigner in den Mittelpunkt stellt. Das aber tut die kapitalistische Marktwirtschaft ohnehin.

9.3 Externe Kosten

Eine weitere Tendenz der kapitalistischen Marktwirtschaft ist diejenige, Kosten auf andere oder die Allgemeinheit abzuwälzen. Die Wirtschaftswissenschaft nennt dies externe Kosten. Sie können sowohl in der Produktion – Luftverschmutzung durch eine Fabrikanlage, Lärm – wie auch im Konsum – Verschlechterung der Luft durch Abgase von PKWs – entstehen. Kosten, die nicht internalisiert werden, steigern den Gewinn. Daher neigen Unternehmen dazu, soweit dies nicht verboten ist, Kosten zu „externalisieren". Diese Tendenz der kapitalistischen Marktwirtschaft schlägt sich vor allem in der zunehmenden Belastung der Umwelt und im Klimawandel nieder.

9.4 Monopole und Handelsketten

Die Freiheit, nach Gewinn zu streben, schafft den für die kapitalistische Marktwirtschaft typischen Wettbewerb. Daraus entsteht eine Tendenz, die sich auf den Wettbewerb selbst auswirkt. Gewöhnlich kommt es zu Einschränkungen des Wettbewerbs. Diese Entwicklung kann mit seiner Ausschaltung enden.

Sie beginnt mit der Unternehmenskonzentration, von der in Abschn. 4.4.2. die Rede war. Unternehmen, die durch Zusammenschlüsse anderer Unternehmen an Wettbewerbsfähigkeit verlieren, können sich veranlasst sehen, sich ihrerseits mit Konkurrenten zusammenzuschließen. Dieser Prozess der Unternehmenskonzentration findet seinen Höhepunkt in der Schaffung von Oligopolen und schließlich von Monopolen.

Er ist deutlich in der Geschichte der kapitalistischen Marktwirtschaft zu erkennen. Vor allem in den USA waren im 19. Jahrhundert in den Bereichen des größten wirtschaftlichen Wachstums riesige Monopole entstanden.[2] Und auch bei uns gibt es eine ganze Reihe von Beispielen für eine unaufhaltsame Unternehmenskonzentration.[3]

Eine Spielart der Unternehmenskonzentration ist die Expansion von Handelsketten, von denen einige bereits in Abschn. 4.4.1. genannt wurden. Ihr sind unzählige selbstständige Einzelhändler zum Opfer gefallen, von denen viele nach Aufgabe des eigenen Ladens diesen als Filiale des Unternehmens weitergeführt haben, an das sie verkauft haben. Eine ähnliche Entwicklung hat es auch im Hotel- und Gaststättengewerbe gegeben. Sie bewirkt eine Ausweitung des Anwendungsbereichs eines der Prinzipien des Kapitalismus, nämlich der Trennung zwischen Kapital und Arbeit. Auch sie gehört zu den der kapitalistischen Marktwirtschaft innewohnenden Tendenzen.

---

[2] Siehe Abschn. 2.5.
[3] Siehe Abschn. 4.4.2.

9.5 Kapital und Arbeit

Diese Tendenz ist so alt wie der moderne Kapitalismus, der die Lohnarbeit gewissermaßen selber schuf, indem er der handwerklichen Herstellung von Waren die Wettbewerbsfähigkeit nahm. Brotlos gewordene Handwerker sahen sich gezwungen, sich in den neuen Industrien als Lohnarbeiter zu verdingen. So entstand der „Arbeitsmarkt".

Ein Ende dieser Entwicklung ist nicht abzusehen. Sie hat inzwischen auch Arzt- und Zahnarztpraxen erreicht. Immer mehr Ärzte arbeiten als Angestellte in Kliniken und Praxen, die von Investitionsgesellschaften aufgekauft werden. Je weiter die Trennung von Kapital und Arbeit voranschreitet, umso stärker werden die weiteren Tendenzen, die sich aus dieser Trennung ergeben. Sie betreffen vor allem die Höhe der Löhne und die Arbeitsbedingungen.

9.5.1 Die Höhe der Löhne

Normalerweise übersteigt die Anzahl der Stellengesuche die der Stellenangebote. Es gibt ein Überangebot auf dem Arbeitsmarkt. Menschen, die darauf angewiesen sind, ihren Lebensunterhalt durch Lohnarbeit zu verdienen, können es sich nicht lange leisten, arbeitslos zu sein.[4] Daher befinden sich Arbeitnehmer grundsätzlich in einer schwächeren Position als Arbeitgeber. Dafür sind die Zustände während des Hochkapitalismus des 19. Jahrhunderts ein deutlicher Beweis.[5]

Vielfach kann der Produktionsfaktor Kapital auch den Produktionsfaktor Arbeit ersetzen. Wo das der Fall ist, gibt

---

[4] Darauf hatte bereits Adam Smith hingewiesen: Der Wohlstand der Nationen, Erstes Buch, Achtes Kapitel: Der Arbeitslohn.

[5] Siehe Abschn. 2.4.

es einen Wettbewerb zwischen den Anbietern beider Produktionsfaktoren. Das schwächt die Verhandlungsposition der Arbeitnehmer weiter. Daher können Löhne, wenn sie durch einen freien Wettbewerb bestimmt werden, sehr niedrig sein.[6] Und selbst wenn Unternehmen bereit wären, höhere Löhne zu zahlen, würde sie der Wettbewerb daran hindern. Es ist eine der kapitalistischen Marktwirtschaft innewohnende Tendenz, Löhne niedrig zu halten.

Seit langem klagt die Wirtschaft über einen Fachkräftemangel. Eigentlich müsste er dazu führen, dass Fachkräften eine höhere Vergütung angeboten wird. Sie würde mehr Menschen einen Anreiz bieten, sich zur Fachkraft ausbilden zu lassen. Dann gäbe es am Ende keinen Mangel mehr. Doch gelingt es diesem Sektor des Arbeitsmarktes offensichtlich nicht, sich selbst in einer Weise zu regulieren, die ein Gleichgewicht schafft. Vielmehr scheint die Tendenz, Löhne niedrig zu halten, auch dort zu bestehen, wo es kein Überangebot des Produktionsfaktors Arbeit gibt.

9.5.2　Die Arbeitsbedingungen

Ein Wettbewerb muss sowohl frei als auch fair sein. Das Gebot eines *fairen* Wettbewerbs kann zur Einhaltung gewisser Mindeststandards zwingen. So hat es nicht unwesentlich zur Abschaffung der Sklaverei im 19. Jahrhundert beigetragen. In den USA wehten sich Kapitaleigner in Staaten, in denen sie bereits verboten war, gegen die Konkurrenz aus Staaten, in denen es noch Sklaven gab, weil sie darin einen unfairen Wettbewerbsvorteil sahen. Schließ-

---

[6] Der britische Gelehrte John Stuart Mill hatte in der Mitte des 19. Jahrhunderts erkannt, dass der Markt bei der Einkommensverteilung weniger effizient ist, weshalb die Gesellschaft Markteingriffe durchführen sollte; https://de.wikipedia.org/wiki/Wirtschaftswissenschaft. Zugegriffen: 16.04.2023.

lich wurde die Sklaverei in (fast) allen Staaten der Welt abgeschafft.

Mittlerweile hat der Wettbewerb im Welthandel eine moderne Form der Sklaverei geschaffen, nämlich die der Lohnarbeiter in Entwicklungsländern, die bis zur Erschöpfung arbeiten müssen, um überleben zu können. Der Grund dafür ist der *freie* Wettbewerb. Multinationale Unternehmen kämpfen um Marktanteile, heimische Arbeitgeber versuchen, sich gegenseitig zu unterbieten, und Regierungen von Entwicklungsländern bemühen sich, mit möglichst geringen gesetzlichen Auflagen ausländische Investoren anzulocken.

Empirische Untersuchungen, die bestätigen, bestimmte Länder hätten sich mit einer *beggar-thy-neighbor-policy* auf ein *race to the bottom,* d. h. auf einen Unterbietungswettbewerb eingelassen, gibt es nicht. Zumindest in einem Land lässt sich das hingegen nachweisen, und zwar in Deutschland. Dort wurde das Problem unter dem Schlagwort „Standort Deutschland" diskutiert. Das Ergebnis war eine Lockerung des Kündigungsschutzes und eine Ausweitung von Leiharbeit und Werkverträgen. Grundsätzlich stehen der Wettbewerb innerhalb einer kapitalistischen Marktwirtschaft ebenso wie der Wettbewerb im Welthandel einer Sozialpolitik tendenziell im Wege.[7]

9.5.3   Die Vollbeschäftigung des Kapitals

Seit Jahrzehnten wird ständig mehr Kapital pro Arbeitsplatz eingesetzt. Eine Folge ist eine fortschreitende Automatisierung in der Produktion. Vor etwa 60 Jahren mehrten sich die Warnungen, dass sie Arbeitsplätze vernichten

---

[7] https://www.bpb.de/politik/hintergrund-aktuell/268127/textilindustrie-bangladesch. Zugegriffen: 16.04.2023.

würde. Vor etwa 50 Jahren gewann dagegen die Ansicht an Boden, dass neue Arbeitsplätze geschaffen werden, wenn mehr Geld in Automatisierung investiert wird. Inzwischen wissen wir, dass beide Thesen zutreffen. Zwischen 1999 und 2010 sind durch Automatisierung etwa 1,6 Mio. Jobs weggefallen. Doch gleichzeitig sind rund drei Millionen neue Arbeitsplätze geschaffen worden.[8]

Dass Investitionen Arbeitsplätze schaffen, ist nur eine Seite der Medaille. Die andere Seite ist, dass die Möglichkeiten für neue Investitionen ohne eine Zunahme der Anzahl der Beschäftigten langfristig an Grenzen stoßen würden. Offenbar neigt eine kapitalistische Marktwirtschaft dazu, die Verfügbarkeit des Produktionsfaktors Arbeit den Erfordernissen des Produktionsfaktors Kapital anzupassen.[9]

Dabei hilft die bereits erwähnte Tendenz, Löhne niedrig zu halten. Für Familien wird es immer schwieriger, mit dem Einkommen eines Familienmitglieds auszukommen. Daher müssen immer mehr Frauen berufstätig werden. Sie finden einen Job – weil Kapital da ist, das eine Anlage sucht. Allerdings reicht die Bevölkerung Deutschlands nicht aus, die steigende Nachfrage nach Lohnarbeit zu befriedigen. Daher werden seit mehr als 60 Jahren ausländische Arbeitnehmer angeworben, deren Zahl ständig zunimmt.[10] Darüber hinaus werden jedes Jahr ausländische Saisonarbeiter nach Deutschland geholt, um bei der Ernte zu helfen. So bleibt

---

[8] Gregory, Terry, Salomons, Anna und Zierahn, Ulrich, Studie des Forschungsinstituts zur Zukunft der Arbeit (IZA): *Racing with or against the machine? Evidence from Europe,* 2010.

[9] Sendung: Bayern 2 Nachrichten, 04.12.2022 08:00 Uhr: „*Die Wirtschaftsweise Grimm hat dafür geworben, beim Thema Fachkräftemangel umzudenken. Im BR-Fernsehen betonte sie, dass in Deutschland nicht nur qualifiziertes Personal fehlt sondern es ganz allgemein zu wenig Arbeitskräfte gibt. Jedermann werde gebraucht, so die Wirtschaftsprofessorin. Um den demografischen Wandel in den Griff zu bekommen, müssten 1,5 Mio. Menschen jährlich zuwandern.*"

[10] Siehe Abschn. 4.2.4.

es dabei, dass auf dem Arbeitsmarkt ein strukturelles Überangebot besteht. Und aus diesem Grunde gibt es immer noch ein Proletariat.

9.5.4 Wachsende Ungleichheiten

Eine weitere Tendenz der kapitalistischen Marktwirtschaft ist die Zunahme wirtschaftlicher Ungleichheiten. Ähnliches hatte es schon zu Zeiten des Feudalismus gegeben. Da die kapitalistische Marktwirtschaft die gleiche Regelung hinsichtlich des Eigentums an den Produktionsmitteln und der Gewinnverteilung enthält, ist es nicht erstaunlich, dass sie zu ähnlichen Ergebnissen führt.

Sie sind einerseits eine Folge des Drucks auf die Löhne, andererseits einer vergleichsweise höheren Entlohnung des Kapitals. Dazu hat der französische Wirtschaftswissenschaftler Thomas Piketty eine ausführliche und gründlich belegte Untersuchung vorgelegt. Zwar warnt er vor voreiligen Schlüssen. Doch bestätigt seine Arbeit, dass der Kapitalismus dazu neigt, wirtschaftliche Ungleichheiten zu verstärken.[11]

Diese Tendenz verstärkt sich infolge der Akkumulation des Kapitals.[12] Wer bereits ein Vermögen hat, kann damit ein passives Einkommen erzielen. Reicher zu werden, ist dann ein sich selbst beschleunigender Prozess. Wer dagegen auf den Lohn seiner Arbeit angewiesen ist, ist aus den genannten Gründen kaum dazu in der Lage. Reicher wird nur eine Minderheit. Die Folge ist ein Anwachsen der wirtschaftlichen Ungleichheiten.

---

[11] Piketty, Thomas, *Le capital au XXIe siècle*, S. 50.
[12] Siehe Abschn. 5.5.

# 9.6	Kurzfristigkeit und Krisenanfälligkeit

Eine Tendenz, die sich vor allem in den letzten Jahren verstärkt hat, ist das überproportionale Wachstum des Finanzsektors. Genaue Zahlen kennt niemand. Einige Experten nehmen an, die Finanzwirtschaft habe sich im Faktor eins zu zehn gegenüber der Realwirtschaft ausgeweitet, andere vermuten ein Verhältnis von eins zu fünfzig".[13] Die kapitalistische Marktwirtschaft ist dabei, zum Finanzkapitalismus zu mutieren. Diese Entwicklung wird in der wissenschaftlichen Diskussion auch „Finanzialisierung" genannt.[14] Sie hat mehrere erhebliche Folgen, und zwar auch auf die Wirtschaft selbst.

Einerseits kommt es zu einer fortschreitenden Abkoppelung der Finanzmärkte von der realen Wirtschaft. Sie erweckt den Anschein, dass zu viel in den Finanzsektor und zu wenig in die reale Wirtschaft investiert wird. Sicherlich werden mehr Geschäfte im Finanzsektor abgeschlossen, aber die Gewinne werden nicht in die Matratze gesteckt. Wo Investitionen Gewinne versprechen, ist Geld dafür da.

Eine weitaus wichtigere Folge besagter Abkoppelung ist die Verlagerung der Unternehmenspolitik zu kurzfristigeren Zielen. Familienunternehmen verfolgen in der Regel neben dem Gewinnstreben ein weiteres Ziel, nämlich die Schaffung und Bewahrung einer Existenzgrundlage für die Familie und möglichst auch für die folgende Generation. Das Bewusstsein der Verantwortung führt im Zweifel dazu, letzterem Ziel Vorrang vor kurzfristiger Gewinnmaximierung einzuräumen.

---

[13] https://www.deutschlandfunkkultur.de/geldpolitik-wie-das-finanzsystem-zur-ruhe-kommen-koennte.976.de.html?dram:article_id=296412. Zugegriffen: 16.04.2023.

[14] https://www.eth.mpg.de/4860688/news_2018_09_06_02. Zugegriffen: 16.04.2023.

Ähnliche Erwägungen galten ursprünglich auch für Kapitalgesellschaften. Unternehmenschefs waren – letztlich im Interesse der Aktionäre – bestrebt, einen Ausgleich zwischen langfristiger Stabilität und kurzfristigen Gewinnen zu schaffen. Diese Strategie hat sich zugunsten letzterer verschoben. Oft ist die Vergütung von Managern an den Börsenwert des Unternehmens geknüpft, was sie dazu veranlasst, kurzfristigen Erfolgen den Vorrang einzuräumen. Da der Börsenwert vom Finanzmarkt bestimmt wird, gewinnt dieser zunehmend Einfluss auf die Unternehmensstrategie. Finanzmärkten ist nicht nur das Gefühl einer Verantwortung fremd. Sie zwingen Unternehmen dazu, möglichst schnell möglichst viel Gewinn zu machen – also kurzfristig zu planen. Diese Tendenz der kapitalistischen Marktwirtschaft hat sich in den vergangenen Jahrzehnten deutlich verstärkt.

Sie geht mit einer weiteren Tendenz des Finanzsektors einher, nämlich zu immer spekulativeren Geschäften. Grundsätzlich sind Spekulationsgeschäfte – auch langfristig – Nullsummenspiele und sind insoweit harmlos. Ihre Folgen gehen jedoch oft viel weiter. Investmentfonds versprechen und machen überdurchschnittlich hohe Gewinne, indem sie überhöhte Risiken eingehen. Das kann zu Spekulationsblasen führen, deren Platzen verheerende Folgen haben kann. In der Tat lässt die Entwicklung der Finanzmärkte eine Tendenz entstehen, die möglicherweise wichtiger ist als alle bereits genannten: eine zunehmende Krisenanfälligkeit des Systems.

9.7 Die unkontrollierte Eigendynamik

Eine Wirtschaftsordnung nach dem Muster der kapitalistischen Marktwirtschaft lässt eine Volkswirtschaft entstehen, der eine starke Eigendynamik innewohnt. Diese Eigendynamik umfasst folgende Tendenzen:

* ein langfristiges Wirtschaftswachstum;
* ein stetiger technischer Fortschritt,
* eine zunehmende Kommodifizierung und Kommerzialisierung;
* eine Verminderung der Lebensdauer und Qualität der Produkte;
* ein Ausufern der Werbung;
* eine immer mehr von der Angebotsseite her bestimmte Wirtschaft;
* ein Hang, Kosten auf Dritte und die Allgemeinheit abzuwälzen;
* eine fortschreitende Unternehmenskonzentration;
* einen Druck auf die Löhne;
* eine Vollbeschäftigung des Kapitals;
* ein Anwachsen der Ungleichheiten;
* eine auf kurzfristigere Gewinnmaximierung zielende Unternehmenspolitik;
* eine zunehmende Krisenanfälligkeit des Systems.

Das Bestehen dieser Tendenzen ist seit langem bekannt. Auch über die Notwendigkeit, ihnen Einhalt zu bieten, besteht grundsätzlich Einigkeit. Daher gibt es Gesetze, die dies bezwecken. Die Wirkung dieser Gesetze wie zum Beispiel das Gesetz über den unlauteren Wettbewerb, das Gesetz gegen Wettbewerbsbeschränkungen, das Stabilitäts- und Wachstumsgesetz, Gesetze des Verbraucherschutzes und des Umweltschutzes, das Gesetz über den Mindestlohn usw. Die Wirkung dieser Gesetze nimmt jedoch ständig ab. Denn mit dem Wachsen der Wirtschaft verstärken sich auch manche der genannten Tendenzen. Ungleichheiten wachsen, wie gesagt, aufgrund der Tendenz, Löhne niedrig zu halten, in Verbindung mit Akkumulation des Kapitals. Das Wirtschaftswachstum bewirkt, dass immer mehr Kosten auf die Allgemeinheit abgewälzt werden und die Belastungen der Umwelt zunehmen.

Es läge also nahe, auf die Bremse zu treten. Doch tut man genau das Gegenteil. Seit Jahren wird versucht, Krisen durch Wachstum abzuwenden. Zu diesem Zweck wurde eine Wirtschaftspolitik betrieben, dank derer sich die Eigendynamik der kapitalistischen Marktwirtschaft immer freier entfalten konnte. Es ist der absolute Kapitalismus entstanden.

10

Der autoritäre Kapitalismus

Bestimmte Tendenzen, die die kapitalistische Marktwirtschaft kennzeichnen, können, wo sich ihre Eigendynamik frei entfalten kann, zu Zwängen werden. Manche von ihnen haben die Stärke, aber auch ähnliche Wirkung wie gesetzlicher Zwang. Anders als Gesetze, die auf demokratischem Wege zustande kommen, beruhen sie auf einem System, das Ähnlichkeiten mit einem autoritären Regime aufweist.

Politologen verstehen unter Autoritarismus eine diktatorische Herrschaftsform. Eine allgemein anerkannte Definition gibt es nicht. Hier wird unter autoritär und diktatorisch eine Art der Beherrschung verstanden, der sich die Unterworfenen nicht entziehen können. Sie *werden* kontrolliert. Autoritarismus bedeutet Fremdbestimmung. Die kapitalistische Marktwirtschaft hat Zwänge geschaffen, die unser Leben in diesem Sinne fremdbestimmen.

© Der/die Autor(en), exklusiv lizenziert an Springer Fachmedien
Wiesbaden GmbH, ein Teil von Springer Nature 2023
W. Plasa, *Der totalitäre Kapitalismus*,
https://doi.org/10.1007/978-3-658-41761-1_10

10.1   Der auf Regierungen ausgeübte Zwang

Wie erwähnt, hat sich das Verhältnis zwischen Wirtschaft und Staat in den vergangenen Jahrzehnten immer weiter zugunsten der Privatwirtschaft verschoben. Sie hat ihren Einfluss auf den Staat erheblich erweitern können. Darüber hinaus hat das System Zwänge geschaffen. Deren Existenz wird auch von offizieller Seite anerkannt, wenn von sogenannten Sachzwängen die Rede ist.

Mitunter ist der Verweis auf Sachzwänge eine Schutzbehauptung, mit der versucht wird, politisch unpopuläre Entscheidungen zu rechtfertigen. Zum Teil unterliegen Regierungen jedoch wirklichen Zwängen, die aus dem System entstehen, d. h. ohne von einzelnen Unternehmen oder Wirtschaftsakteuren ausgeübt zu werden. Dazu gehört vor allem die Notwendigkeit einer Wirtschaftspolitik, die auf Stabilität und Wachstum bedacht ist. In Krisenzeiten kann dies zu einem Zwang werden, Unternehmen zu stützen oder ganze Branchen zu retten.

Zwänge können nicht nur aus dem System entstehen, sondern auch aus dem Wettbewerb der Systeme, der aus der Globalisierung entstanden ist. Er kann zu Maßnahmen zwingen, an die sonst nicht zu denken wäre. Ein Beispiel hierfür ist die Agenda 2010, zu der sich die Regierung Schröder gezwungen sah, um die deutsche Wirtschaft wettbewerbsfähiger zu machen. Die Agenda 2010 steht im krassen Widerspruch zu den Zielen der SPD, die für die Mehrheit der Wähler Vorrang hatten. Schröder und Gewerkschaften sahen sich *gezwungen*, diese Ziele aufzugeben und sich selbst zu verraten.

10.2   Der auf Unternehmen ausgeübte Zwang

Man könnte meinen, die Geschicke der Wirtschaft lägen in der Hand der Unternehmer. Doch sind Unternehmer keineswegs in allen Entscheidungen frei. In der Praxis kann oft nur ein Unternehmen eine bestimmte Entscheidung in völliger Freiheit treffen. Hat es sie getroffen, müssen die Konkurrenten nachziehen, um wettbewerbsfähig zu bleiben. Dieser Druck ist umso stärker, je freier der Wettbewerb ist. Im Zuge der Liberalisierung des Welthandels hat sich der Druck verstärkt. Er ist in vielen Fällen zu einem unausweichlichen Zwang geworden.

Einige der im vorangegangenen Kapitel genannten Tendenzen der kapitalistischen Marktwirtschaft sind das Ergebnis von Zwängen, denen Unternehmen unterliegen. Das gilt nicht nur für Investitionen in den technischen Fortschritt, sondern auch für die Höhe der Löhne. Unternehmen können kaum höhere Löhne zahlen als die Konkurrenz. Das wirkt sich auch auf die Bedingungen aus, unter denen der Produktionsfaktor Arbeit Verwendung findet.

Ein unerbittlicher Wettbewerb ist ebenfalls verantwortlich für das Entstehen von Formen der Tierhaltung, die die Grenzen zur Tierquälerei überschreiten. Und er veranlasst Bauern, Dünge- und Pflanzenschutzmittel in einer Weise zu verwenden, die die Umwelt nachhaltig schädigt – auch, wenn sie lieber darauf verzichten würden. Wie groß dieser Zwang ist, lässt sich an der Schwierigkeit erkennen, diese Exzesse abzustellen.

Mitunter sehen sich Unternehmen, die durch die Expansion eines Konkurrenten oder durch Zusammenschlüsse anderer Unternehmen an Wettbewerbsfähigkeit verlieren, gezwungen, sich ihrerseits mit anderen Unternehmen zusammenzuschließen. Dieser Zwang entsteht durch den „freien Wettbewerb" und mündet in seine Ausschaltung.

Alle Zwänge, denen Unternehmen unterliegen, beruhen letztlich auf dem Wettbewerb. Aufgrund der Liberalisierung des Welthandels ist der Wettbewerb freier und der durch ihn ausgeübte Druck stärker geworden. Er hat die Freiheit, nach Gewinn zu streben, zu einem Zwang gemacht, nach Gewinn zu streben. Er hat dazu geführt, dass sich das Streben nach Gewinn an immer kurzfristigeren Kriterien orientiert. Ein immer schärferer Wettbewerb hat eine immer rücksichtslosere Geschäftspolitik und Unternehmenskultur entstehen lassen, die die heutige Form der kapitalistischen Marktwirtschaft prägt.

10.3   Der Zwang zur Lohnarbeit

Auch Arbeitnehmer unterliegen Zwängen. Arbeit muss erbracht werden, seitdem es Menschen gibt. In einer kapitalistischen Marktwirtschaft steht es den Menschen grundsätzlich frei, zu entscheiden, ob und gegebenenfalls welche Arbeit sie verrichten. Was die Entscheidung angeht, welche Arbeit verrichtet werden soll, so ist die Wahl auf die angebotenen Stellen beschränkt. Unter normalen Umständen kann ein Arbeitssuchender zwischen mehreren, möglicherweise sogar vielen Jobs wählen.

Was die Entscheidung angeht, ob Lohnarbeit verrichtet werden soll, so haben dagegen die meisten keine Wahl. Wer über kein Vermögen und keine andere Einkommensquelle verfügt, muss Lohnarbeit verrichten, um seinen Lebensunterhalt zu verdienen. Dazu sind inzwischen auch immer mehr Frauen gezwungen, wie das Ansteigen der Zahl der berufstätigen Frauen belegt.[1] Diese Situation freie Lohn-arbeit zu nennen, ist ein Euphemismus.[2]

Dies macht auch die Verwendung des Begriffs Arbeits-losigkeit deutlich. Eigentlich sind alle Menschen, die nicht arbeiten, arbeitslos. Als solche bezeichnet werden jedoch nur Menschen ohne Beschäftigungsverhältnis, die eine Arbeit suchen, weil sie gezwungen sind zu arbeiten. In der Tat unterliegen die meisten Menschen einem Zwang zur Lohnarbeit.

Arbeitnehmer unterstehen der Weisungsbefugnis ihrer Arbeitgeber. Daher wird Lohnarbeit auch als unselbst-ständige oder nicht selbstständige Arbeit bezeichnet. Sie be-deutet eine partielle Aufgabe der Entscheidungs- und Handlungsfreiheit, zu der Arbeitnehmer gezwungen sind. Dieser Zwang lässt von der Freiheit wirtschaftlicher Be-tätigung, die eigentlich ein Wesensmerkmal der kapitalisti-schen Marktwirtschaft ist, nicht viel übrig.

Wie zuvor angemerkt, ist das Gewinnstreben das Rezept des Erfolgs der kapitalistischen Marktwirtschaft.[3] Dafür bietet sie die Voraussetzung, indem sie die Freiheit wirtschaftlicher Betätigung gewährt. Sie umfasst die Unter-nehmerfreiheit, die ihrerseits die freie Wahl über den Ein-satz des Produktionsfaktors Kapital umfasst. Dagegen be-ruht der Einsatz des Produktionsfaktors Arbeit überwiegend auf Zwang. Würde dieser Zwang weniger weit gehen, wären die Möglichkeiten des Einsatzes von Kapital deutlich geringer.

---

[1] Siehe Abschn. 4.2.3.

[2] Ähnliches lässt sich von der üblichen Terminologie sagen. Als *Arbeitnehmer* wird derjenige bezeichnet, der den Produktionsfaktor Arbeit einbringt, also gibt, während *Arbeitgeber* genannt wird, wer das Kapital einbringt und die Arbeit eines Anderen in Anspruch nimmt. Im Grunde genommen stellen diese Begriffe die Tatsachen auf den Kopf.

[3] Siehe Abschn. 6.2.1.

Das Geheimnis des Erfolgs der kapitalistischen Marktwirtschaft ist also nicht allein die Freiheit, nach Gewinn zu streben, sondern auch die durch den Zwang zur Lohnarbeit geschaffenen Möglichkeiten der Nutzung dieser Freiheit. Mit anderen Worten: die Kombination der Freiheit der einen mit dem Zwang, dem andere unterliegen.

10.4   Der Zwang zum Konsum

Grundsätzlich hat in einer kapitalistischen Marktwirtschaft der Verbraucher die Freiheit, zu entscheiden, ob und wofür er sein Geld ausgibt. Doch unterliegt auch er bestimmten Zwängen. Zumindest die Grundbedürfnisse müssen gedeckt werden. Auch ein Leben ohne Auto, Computer und Telefon ist undenkbar. Diese Dinge müssen angeschafft werden.

Unserer Wirtschaft ist es gelungen, eine ganze Reihe weiterer Zwänge zu schaffen. Das wirksamste Mittel hierfür heißt Werbung. Mitunter geht deren Erfolg so weit, dass ein geradezu zwanghaftes Konsumverhalten entsteht. Konsum kann selbst Zwänge entstehen lassen. Wenn jemand, der unter Dickleibigkeit leidet, weiterhin eine Pizza nach der anderen verspeist, wenn jemand raucht, obwohl die Bilder auf der Packung ihm die Folgen des Rauchens vor Augen führen, und wenn jemand mehr Alkohol konsumiert, als auf Dauer verträglich sein kann, wenn jemand am Automaten spielt, bis er die Miete nicht mehr bezahlen kann, so handelt er aus Zwang. Immer mehr Minderjährigen geraten in eine Abhängigkeit von Computerspielen.[4] Zwänge dieser Art sind nicht neu. Neu ist hinge-

---

[4] BR24 Nachrichten, 14.03.2023 08:45 Uhr: *Die Mediensucht hat bei Kindern und Jugendlichen während der Corona-Pandemie stark zugenommen. Laut Krankenkasse DAK sind sechs Prozent der Minderjährigen abhängig von Computerspielen und sozialen Medien. Das sind 600.000 Mädchen und Jungen.*

gen, wie viele Menschen sie erfasst und wie viele Bereiche sie erobert haben.

Konsumzwang lässt Zwang zur Lohnarbeit entstehen, wo nur sie es erlaubt, die für den Konsum erforderlichen Einkünfte zu erzielen. Um den Gewinn zu steigern, ist das probate Mittel, den Verbrauch zu steigern. Darum ist unsere Wirtschaft mit allen erdenklichen Mitteln bemüht, Konsumzwänge entstehen zu lassen. Damit hat sie erheblichen Erfolg. Dieses Bemühen und sein Erfolg sind die bestimmenden Merkmale der modernen kapitalistischen Marktwirtschaft.

Sowohl als Arbeitnehmer wie auch als Verbraucher unterliegen wir Zwängen, die unser Leben in vieler Hinsicht bestimmen. Sich ihnen zu entziehen, ist so gut wie unmöglich, denn diese Freiheit gewährt die freie Marktwirtschaft nicht. Ohne dass uns das ganz bewusst ist, haben wir einen erheblichen Teil unserer Freiheit eingebüßt.

10.5   Der Drang und Zwang zum Wachstum

Wie gesagt, zeigt eine kapitalistische Marktwirtschaft einen deutlichen Drang zum Wachstum. Manche Autoren sind der Ansicht, es gäbe einen Zwang zum Wachstum.[5] Er ergäbe sich daraus, dass eine kapitalistische Marktwirtschaft ohne Wachstum in eine Abwärtsspirale münden würde. Andere sind der Ansicht, dass sowohl die öffentliche wie auch die private Verschuldung inzwischen so hoch sind, dass ohne Wachstum die für den Schuldendienst erforderlichen Mittel fehlen würden. Zumindest lässt sich sagen, dass aus dem Drang von Unternehmen, Gewinne zu machen, aufgrund des Wettbewerbs ein Zwang entstanden ist.

---

[5] Binswanger, Mathias, *Der Wachstumszwang: Warum die Volkswirtschaft immer weiter wachsen muss, selbst wenn wir genug haben.* S. 13.

Insofern lässt sich durchaus von einem Zwang zum Wachstum sprechen.

Wie weit die Zwänge gehen, die die kapitalistische Marktwirtschaft entstehen lässt, machen vor allem die Schwierigkeiten deutlich, den von ihr bestimmten Kurs zu korrigieren. Nicht wir kontrollieren sie, sondern sie bestimmt uns. Wir sind Gefangene des Systems. Wir leben mit einem autoritären Kapitalismus.

10.6   Zwänge und Beherrschung

Nicht zu Unrecht wird der Kapitalismus, da er Zwänge schafft, als ein System der Beherrschung beschrieben. Nur weil wir uns an diese Zwänge gewöhnt haben, nehmen wir sie hin und empfinden sie nicht einmal mehr als solche. Gleiches gilt für die Beherrschung.

Beherrschung durch Zwänge ist nicht nur ein Wesenszug unserer Wirtschaft, sondern auch unserer Gesellschaft. Der Kapitalismus hat, wie gesagt, seinen Ursprung in den Eigentumsverhältnissen des Feudalismus. Sie haben Auswirkungen bis heute, auch auf die moderne Gesellschaft, in der wir leben. Sie sind ein wesentlicher Bestandteil der westlichen Zivilisation. Sie sind die Grundlage eines Systems der Beherrschung.

Nach der Erfindung seetüchtiger Schiffe und der Entdeckung der Neuen Welt sind Strukturen der Beherrschung auch zwischen Völkern, Gesellschaften und Staaten entstanden. Sie werden als Kolonialismus bezeichnet. Formell nahm der Kolonialismus vor etwa 50 Jahren ein Ende, als die meisten Kolonien unabhängige Staaten wurden. Faktisch haben sich Strukturen der Beherrschung in den Beziehungen zwischen früheren Kolonialmächten und früherer Kolonien jedoch zu einem erheblichen Teil erhalten.

In jüngerer Zeit sind Kapitalismus und Kolonialismus eine Symbiose eingegangen, die als Globalisierung bezeichnet wird. Sie ermöglicht es Unternehmen aus Industrieländern, Rohstoffe und Menschen in weniger entwickelten Ländern zur Produktion von Waren auszubeuten, die zum Verbrauch in reicheren Ländern bestimmt sind. Daraus ist eine moderne Form der Beherrschung der weniger entwickelten Länder entstanden.

Beherrschung schafft ein Potenzial für Konflikte. Zu solchen Konflikten ist es durch die Anwendung der Prinzipien des Kapitalismus innerhalb von Gesellschaften gekommen. Ähnliche Konflikte können durch die Anwendung der Prinzipien des Kapitalismus und des Kolonialismus in den Beziehungen zwischen Staaten und Gesellschaften entstehen. Die Globalisierung hat dieses Konfliktpotenzial nicht entschärft, sondern auf eine neue Grundlage gestellt.

Im Gegensatz zu den genannten Zwängen und der auf ihnen beruhenden Beherrschung sind wir uns dieses Konfliktpotenzials durchaus bewusst, weil es uns in Erinnerung gerufen wird, um bestimmte politische Entscheidungen zu begründen. Dabei wird versucht, mit der Gefahr eines Konfliktes Maßnahmen der Kontrolle über uns zu rechtfertigen. Mit anderen Worten: Das sich aus der Beherrschung ergebende Konfliktpotenzial liefert den Grund dafür, die Beherrschung weiter auszubauen und voranzutreiben. Auch daran haben wir uns gewöhnt und nehmen es kaum noch wahr.

11

Der totalitäre Kapitalismus

Vor etwa 100 Jahren entstanden in Europa zwei Herrschaftsformen, die die uneingeschränkte Unterwerfung des Menschen unter den Staat verlangten. Eine war der Stalinismus, der sich in der Sowjetunion entwickelt hatte. Die andere war das Regime der Nationalsozialisten in Deutschland. Obwohl beide Systeme aus recht unterschiedlichen Ideologien entstanden, weisen sie eine Reihe von Parallelen auf.

Systeme dieser Art werden in der Politologie als totalitär bezeichnet. Auch der Begriff Totalitarismus wird nicht einheitlich definiert. Hier wird darunter ein System verstanden, das sowohl die Elemente des Absolutismus – das Fehlen institutioneller Kontrollen – wie auch des Autoritarismus – die Fremdbestimmung – enthält. Totalitarismus verlangt darüber hinaus eine *aktive Teilnahme der Unterworfenen.*

In den vergangenen Jahrzehnten hat sich die Wirtschaft nicht nur den Staat, sondern auch die Gesellschaft untertänig gemacht. Dabei sind Strukturen entstanden, die Pa-

© Der/die Autor(en), exklusiv lizenziert an Springer Fachmedien Wiesbaden GmbH, ein Teil von Springer Nature 2023
W. Plasa, *Der totalitäre Kapitalismus*,
https://doi.org/10.1007/978-3-658-41761-1_11

rallelen zum Totalitarismus aufweisen.[1] Diese Parallelen werden deutlich, wenn wir uns die Wesensmerkmale des Totalitarismus näher ansehen.

11.1 Die Wesensmerkmale des Totalitarismus

Das Ziel eines totalitären Systems ist die Gleichschaltung der Gesellschaft. Totalitäre Systeme stellen sich selbst als Bewegung dar und bezeichnen alles, was sie der Verwirklichung ihrer Ideale näher bringt, als Fortschritt. Die Gleichschaltung erfolgt, indem der Bürger angepasst und vereinnahmt wird. Dafür bedienen sich totalitäre Staaten der Erziehung, der Propaganda, der Verführung, der Überwachung, der Geheimhaltung und des Zwangs.

Typisch für den Totalitarismus ist es, dass er versucht, Menschen schon im Kindesalter zu formen. Manche totalitäre Regime sind so weit gegangen, dass sie Eltern ihre Kinder weggenommen und sie in Heimen erzogen haben. Die Propaganda ist meist allgegenwärtig und bedient sich aller Mittel, mit denen Menschen erreicht werden können. Die Verführung besteht darin, dass bestimmte Vergünstigungen als Belohnung für linientreues Verhalten angeboten wer-

---

[1] Diese Feststellung hat Pier Paolo Pasolini bereits 1975 getroffen; https://de.wikipedia.org/wiki/Konsumismus. In jüngerer Zeit haben Norbert Blüm (*Gerechtigkeit. Eine Kritik des Homo oeconomicus,* 2005*)*, Soshana Zuboff (*Die Google-Gefahr: Schürfrechte am Leben,* 2014) und Jon Kofas (*Neoliberal Totalitarianism and the Social Contract,* 2019*)* vor einem ökonomischen Totalitarismus gewarnt; https://de.wikipedia.org/wiki/. Zugegriffen: 16.04.2023.

Totalitarismus. Siehe auch: https://www.globalresearch.ca/stages-totalitarianism-america-moving-from-authoritarian-to-totalitarian/5797219. Zugegriffen: 16.04.2023. Rainer Mausfeld weist in seinem 2018 erschienen Buch *Warum schweigen die Lämmer?* auf gemeinsame Merkmale des Neoliberalismus und des Faschismus hin (S. 102).

den. Die Überwachung wird vom Staat und von den Unterworfenen selbst ausgeübt, indem sie sich gegenseitig bespitzeln und denunzieren.

Diese Mittel können erstaunlich erfolgreich sein. Totalitarismus kann durchaus auf „sanfte" Art entstehen. Bürger eines totalitären Staates fühlen sich nicht unbedingt unfrei. Die Manipulation der Massen kann so weit gehen, dass eine kollektive Begeisterung für das System entsteht. Zwang ist erst notwendig, wenn die Mittel der Erziehung, der Propaganda und der Verführung nichts bewirken.

Das wesentliche Merkmal des staatlichen Totalitarismus ist die Pflicht der Untertanen, ihre Billigung des Regimes und Zustimmung zu seinen Zielen *zum Ausdruck zu bringen*.[2] Diese Pflicht geht über die Anpassung hinaus, die in jeder sozialen Organisationsform besteht. Sie verlangt eine aktive Teilnahme an staatlichen Organisationen und Veranstaltungen – ähnlich, wie die Kirche früher den Besuch des Gottesdienstes und ein Glaubensbekenntnis verlangte. Es reicht also nicht, den Mund zu halten.

Totalitarismus ist nicht auf staatliche Organisationen beschränkt. Etwas Vergleichbares gibt es auch in kleineren Verbänden und Gruppen. So können z. B. in Familien, Studentenverbindungen oder Religionsgemeinschaften totalitäre Regeln des Zusammenlebens gelten.

In den vergangenen Jahrzehnten ist ein nicht-staatliches totalitäres System entstanden, das die Bevölkerung ganzer Länder umfasst und sogar über Ländergrenzen hinaus reicht. Jeder einzelne von uns unterliegt tagtäglich und in nahezu allen Bereichen seines Lebens Einflüssen der Wirtschaft, denen er sich nicht entziehen kann. Mehr noch: Er wird überwacht und er wird gehalten, mitzumachen. Es ist eine totalitäre Form des Kapitalismus entstanden.

---

[2] https://de.wikipedia.org/wiki/Totalitarismus. Zugegriffen: 16.04.2023.

11.2   Die Mittel des Wirtschaftstotalitarismus

Die Basis des totalitären Kapitalismus ist ein System, das von privaten Unternehmen mit Hilfe des Mobilfunks und des Internets geschaffen wurde. Es wird gewöhnlich als Vernetzung bezeichnet.

11.2.1   Die Vernetzung

Vernetzung bedeutet mehr als die Möglichkeit der Kommunikation. Vernetzung bewirkt eine Erziehung zu einem bestimmten Verhalten. Sie beginnt bereits im Kindesalter. Kleinkinder werden damit beruhigt, dass sie vors Handy gesetzt werden. Sobald sie schulpflichtig werden, bekommen sie ihr eigenes. Und damit gehen sie dann auch schlafen.

Vernetzung heißt, unablässig Werbung ausgesetzt zu sein. Die Allgegenwart der Werbung hat vieles gemeinsam mit der Propaganda, derer sich totalitäre Staaten bedienen. Propaganda und Werbung haben das gleiche Ziel, nämlich eine Manipulation der Menschen, an die sie sich richten. Sind sie erfolgreich, bemerkt der Betroffene es gar nicht, manipuliert zu werden.

Vernetzung heißt Verführung zur ständigen Nutzung des Internets. Viele Internetdienste werden gratis angeboten, aber durch Werbung bezahlt. Letztlich zahlt sie der Nutzer mit seiner Bereitschaft, sich der Beeinflussung auszusetzen. Wie weit die Verführung heute geht, lässt sich z. B. daran erkennen, dass acht von zehn Patienten im Wartezimmer ihr Handy benutzen. Wie groß die Begeisterung ist, die die Verführung entfacht, lässt sich an der Anzahl der Nutzer von Facebook, Twitter und ähnlichen Unternehmen ablesen. Nutzung bedeutet das Bekenntnis, mitmachen und dazu gehören zu wollen.

Vernetzung erlaubt Überwachung. Sie wird vom Staat ausgeübt, um sicherzustellen, dass sich Kritik und Ablehnung in Grenzen halten. Besteht der Verdacht, dass sie das nicht tun, wird dies als Berechtigung gewertet, die Überwachung über die normalerweise erlaubten Grenzen auszudehnen. Private Unternehmen überwachen Internetbenutzer mit dem Zweck, Werbung am Profil der Kunden auszurichten, was erleichtert, ihn zu manipulieren.[3] Das Ausmaß der Überwachung ist für den Einzelnen nicht erkennbar, und auch ihr Zweck nicht. Die dafür verwendeten Algorithmen werden geheim gehalten. Manchen Autoren sprechen inzwischen von einem *surveillance capitalism*.[4] Darüber hinaus überwachen sich alle gegenseitig, indem sie ihr Leben ins Netz stellen und das anderer verfolgen.

Vernetzung heißt Unterwerfung unter ein System ohne die Möglichkeit, es zu kontrollieren, und ohne auch nur zu wissen, wie weit dieses System in den persönlichen Bereich eingreift und wie weit diese Unterwerfung tatsächlich geht.[5] Sie erfolgt scheinbar freiwillig. Wer jedoch auf die Nutzung des Internets und Mobiltelefons verzichtet, wer Cookies nicht akzeptiert oder Werbung nicht erträgt, droht ausgeschlossen oder zumindest gemieden zu werden.

---

[3] Häring, Nobert, *Endspiel des Kapitalismus: Wie die Konzerne die Macht übernahmen und wie wir sie zurückholen*, S. 219 ff.

[4] Der Begriff wurde von der US-amerikanischen Wirtschaftswissenschaftlerin Shoshana Zuboff geprägt.

[5] Zumindest eine Gruppe junger Leute hat dies erkannt. Sie haben sich in der Piratenpartei zusammengefunden, deren Programm laut Wikipedia auf folgenden Beobachtungen beruht: „.... *im Zuge der digitalen Revolution aller Lebensbereiche durch eine alles durchdringende Vernetzung der Gegenstände des Alltages, die Allgegenwärtigkeit rechnergestützter Informationsverarbeitung und die Entwicklung hin zur Verwertbarkeit von Informationen im Web durch Computer [würden] die Würde und die Freiheit des Menschen in erhöhtem Maße gefährdet. Dies geschehe zudem in einem Tempo, das die gesellschaftliche Meinungsbildung und die staatliche Gesetzgebung ebenso überfordere wie den Einzelnen selbst. Gleichzeitig schwänden die Möglichkeiten dahin, diesen Prozess mit demokratisch gewonnenen Regeln auf der Ebene eines einzelnen Staates zu gestalten.*" https://de.wikipedia.org/wiki/Piratenpartei_Deutschland. Zugegriffen: 16.04.2023. Die Vorstellungen, die die Piratenpartei von der Lösung dieser Probleme hat, stimmen allerdings nicht mit denen des Verfassers überein.

Vernetzung lässt einen Zwang entstehen, die durch sie gebotenen Möglichkeiten der Kommunikation zu nutzen, also mitzumachen. In diesem Sinne hat der Bundesgerichtshof schon im Jahre 2013 anerkannt, dass das Internet zur Lebensgrundlage von Privatpersonen gehört.[6] Immer weitere Teile der Bevölkerung schätzen das Mobiltelefon und Internet als ein probates Mittel gegen Langeweile. Manipulation und Überwachung sind der Preis, den sie dafür zahlen. Sie stellen Eingriffe in die Privatsphäre und die sozialen Beziehungen dar, wie sie für totalitäre Systeme typisch sind.

11.2.2 Propaganda

Wer vor der Wende durch Warschau oder Ostberlin fuhr, war überrascht, dass es weder Neonreklame noch Plakatwände mit Außenwerbung gab. Stattdessen gab es Spruchbänder und Plakate, die die angeblich guten Absichten des Regimes kundtaten. Beide – die Werbung im Westen und die Propaganda im Osten – hatten nicht nur Äußerlichkeiten gemeinsam. Ein Teil der Werbung im Westen war und ist Propaganda.

> *„Propaganda bezeichnet die zielgerichteten Versuche, politische Meinungen oder öffentliche Sichtweisen zu formen, Erkenntnisse zu manipulieren und das Verhalten in eine vom Propagandisten oder Herrscher erwünschte Richtung zu steuern. Die verschiedenen Seiten einer Thematik nicht darzulegen sowie die Vermischung von Information und Meinung charakterisieren dabei die Propagandatechniken.[7]“*

Propaganda wird von Medien, Think-tanks und Universitäten vermittelt, die sich von Unternehmen dafür be-

---

[6] Urteil des III. Zivilsenats vom 24.01.2013 – III ZR 98/12.

[7] https://de.wikipedia.org/wiki/Propaganda. Zugegriffen: 16.04.2023.

zahlen lassen. Die Möglichkeiten der Propaganda sind mit der Privatisierung enorm gewachsen. Die Privatisierung des Rundfunks und des Fernsehens hat der Privatwirtschaft völlig neue Möglichkeiten der Beeinflussung der Massen eröffnet. Auch die Zahl der privaten Schulen und Universitäten wächst. Zwar unterstehen sie staatlicher Aufsicht, doch bietet sich gerade ihnen die Möglichkeit, die Freiheit der Meinungsäußerung als Freiheit zur Meinungsbildung ihrer Schüler bzw. Studenten zu verwenden.

Die Botschaft ist, die kapitalistische Marktwirtschaft sei die vernünftigste und segensreichste Wirtschaftsordnung, zu der es keine Alternative geben kann. Diese Propaganda hat ihren Ursprung in der Zeit des Kalten Krieges, als es galt, den Einflüssen kommunistischer Ideologie und Propaganda zu begegnen. Doch hat sie sich auch nach dem Zusammenbruch der UdSSR erhalten. Nunmehr geht es darum, das System vor Kritik zu schützen, die verlangt, seiner Eigendynamik Grenzen zu setzen.

Diese Propaganda wird bereits in der Wortwahl deutlich. Wir pflegen unsere Wirtschaftsordnung soziale Marktwirtschaft zu nennen, um seine Vorzüge herauszustreichen. Dabei wird so getan, als sei die soziale Seite systemimmanent. Das trifft nicht zu. Die soziale Marktwirtschaft wird erst sozial, wenn ihr eine entsprechende Sozialpolitik zur Seite gestellt wird, die ihre gesellschaftlich unakzeptablen Ergebnisse vor allem durch Umverteilung – also nachträglich – korrigiert.

Auch die soziale Marktwirtschaft ist eine *kapitalistische* Marktwirtschaft. Man könnte sie auch „sozialen Kapitalismus" nennen, doch verbietet sich dies aufgrund der negativen Wertung, die mit dem Begriff Kapitalismus verbunden ist. Dagegen wird der Begriff Marktwirtschaft eher positiv bewertet, da er mit Freiheit in Verbindung gebracht wird. Vor allem darauf stützt sich die Propaganda für unser System – wie gesagt, seit den Zeiten des Kalten Krieges.

Immer neue Generation lassen sich davon überzeugen, dass eine Wirtschaftsordnung, die die Freiheit wirtschaftlicher Betätigung gewährt, nur Vorteile bescheren kann. Für diese Propaganda werden Unsummen ausgegeben.[8] Ihr Erfolg liegt darin, dass Menschen nicht mehr in der Lage sind, ihre eigenen Interessen zu erkennen.[9]

11.2.3   Infotainment

Sich dieser Manipulation zu entziehen, ist schon deswegen nahezu unmöglich, weil sie nur schwer wahrzunehmen ist.[10] Seit etwa 20 Jahren haben Journalisten selbst seriöser Zeitungsverlage das Prinzip aufgegeben, in ihren Artikeln zwischen Berichterstattung und Kommentar zu trennen. Heute liefern nahezu alle Zeitungen Informationen, indem sie die Tatsachen in einem bestimmten Lichte schildern. Der Leser braucht sich also nicht mehr die Mühe zu machen, sich eine eigene Meinung zu bilden. Er glaubt vielmehr, was er liest, sei seine eigene Meinung. Liest er dann nach einiger Zeit wieder etwas Ähnliches, fühlt er sich in seiner Meinung bestätigt. Welche das ist, bestimmen die Eigentümer des jeweiligen Zeitungsverlages.

Seit der Verbreitung privater Radiosender und Fernsehkanäle werden Nachrichten immer mehr in der Form von Infotainment vermittelt. Darunter werden Sendungen ver-

---

[8] Zum Beispiel der Online-Vermittlungsdienst zur Personenbeförderung Uber, https://www.theguardian.com/news/2022/jul/12/uber-paid-academics-six-figure-sums-for-research-to-feed-to-the-media Zugegriffen: 16.04.2023. Der Milliardär Charles Koch hat in den USA ein einflussreiches Netzwerk von Stiftungen geschaffen, die einen Kapitalismus ohne Steuern und Sozialleistungen propagieren; https://de.wikipedia.org/wiki/Charles_G._Koch. Zugegriffen: 16.04.2023.

[9] Darauf machte Thomas Wieczorek bereits 2009 in seinem Buch „*Die verblödete Republik, Wie uns Medien, Wirtschaft und Politik für dumm verkaufen*" aufmerksam.

[10] Butschek, Felix, *Wirtschaftswachstum – eine Bedrohung?* S. 19.

standen, die sowohl informieren als auch unterhalten sollen. Die unmittelbare Absicht ist eine hohe Einschaltquote, denn von ihr hängt der Gewinn ab. Mittelbar geht es um eine Beeinflussung der Hörer und Zuschauer. Ziel ist entweder Werbung für bestimmte Produkte oder aber Meinungsmache.

11.2.4 Mitmachen und Abhängigkeiten

Das entscheidende Wesensmerkmal des Totalitarismus ist das Gebot des Mitmachens. Mitmachen erfolgt gewöhnlich in irgendeiner Form von Konsum. Dazu gehört vor allem die Inanspruchnahme von Dienstleistungen, die im Netz angeboten werden, und zwar in erster Linie von den *social media*.

In bestimmten Bereichen ist mittlerweile ein Zwang zum Mitmachen entstanden. Früher ging es nicht ohne Parteibuch. Heute geht es nicht ohne Facebook. Im Dritten Reich und in der DDR hatten verantwortungsbewusste Eltern Schwierigkeiten, ihre Kinder davor zu schützen, vom System vereinnahmt zu werden. Heue fällt es verantwortungsbewussten Eltern schwer, ihre Kinder davor zu bewahren, in eine Abhängigkeit vom Netz zu geraten. Fast 90 % der Jugendlichen im Alter zwischen 10 und 18 Jahren verbringen im Durchschnitt täglich zweieinhalb Stunden vor dem Computer, mit dem Smartphone oder der Spielkonsole.[11] Sie alle „machen mit".

Abhängigkeiten werden von Unternehmen künstlich geschaffen. Wer heute einen Computer mit einem Betriebssystem kauft, kann sein Gerät nur so lange benutzen, wie er die ständigen Aktualisierungen akzeptiert. Aus dem Kauf

---

[11] BR24 Nachrichten, 16.08.2022 12:45 Uhr; Quelle: Erhebung durch den Digitalbranchenverband Bitkom.

ist eine Art Abonnement geworden, ein andauerndes Vertragsverhältnis, das den Nutzer zwingt, sich dem Anbieter zu unterwerfen, um weiterhin eine bereits bezahlte Ware nutzen zu können. Die Zustimmung zu einer Aktualisierung bedeutet die Erlaubnis der Installierung von Apps zur Überwachung und des Zutritts zu allem, was der Computer an Informationen birgt. Der Nutzer wird zu einer Offenlegung seiner Privatsphäre gezwungen. Er muss mitmachen, um weiter mitmachen zu dürfen.

11.3 Der Idealtyp unserer Zeit

Im Gegensatz zum staatlichen Totalitarismus hat der Wirtschaftstotalitarismus kein konkretes Programm. Sein Ziel ist es, jeden von uns so weit wie möglich in die Entwicklung einzubinden, die von der Eigendynamik der kapitalistischen Marktwirtschaft bestimmt wird. Der Idealtyp ist jemand, der sich ihr anpasst, d.h. jemand, der sich dieser „Bewegung" anschließt.

Darauf wird er von Kindesbeinen an vorbereitet. Schon im Kindesalter steht Konsum und Unterhaltung an oberster Stelle der Werteskala. Das lähmt andere Interessen einschließlich des Interesses an Schule und Bildung. Der auf diese Weise geformte Mensch ist unkritisch, autoritätsgläubig und weniger gebildet als seine Vorfahren. Er hat die gleichen Meinungen und den gleichen Geschmack wie alle anderen Menschen seines Alters und Einkommens. Er ist konsumbesessen, bequem und übergewichtig. Und er will ständig unterhalten werden.

Damit unterscheidet sich der Idealtyp unserer Zeit erheblich von den Vorbildern, an denen sich unsere Vorfahren jahrhundertelang orientiert haben. Die Renaissance erfand den gebildeten, tugendhaften und freien Menschen. Die Reformation erfand den genügsamen, sittsamen und fleißigen Menschen. Die Aufklärung schließlich erfand den vernünftigen, verantwortungsvollen und moralischen Menschen. Der heutige Idealtyp ist jemand, der diese Werte vergessen hat. Er verzichtet auf Selbstbestimmung und Individualität, obwohl sie gerade in unserer Gesellschaftsordnung möglich wären. Er nimmt es hin, Objekt zu sein. Er begibt sich seiner Würde.[12]

Der Idealtyp lässt es sich gefallen, dass immer tiefer in sein Leben eingedrungen wird. Mithilfe des Internets und der sozialen Medien hat sich die Wirtschaft seine Privatsphäre und die Ebene seiner sozialen Kontakte erobert. Sie ist in seinem Leben allgegenwärtig und in diesem Sinne total. Doch verlangt sie mehr als nur ein Erdulden. Sie verlangt eine aktive Beteiligung am Wirtschaftsleben und dessen Weiterentwicklung, und zwar in der Richtung, die sie bestimmt. In diesem Sinne ist sie totalitär.

11.4 Anpassung und Kritik

11.4.1 Toleranz und Kritiklosigkeit

Totalitäre Systeme bedienen sich, wie gesagt, der Erziehung, der Propaganda, der Verführung, der Überwachung und des Zwangs. Das schließt nicht aus, dass sich doch Kritik rührt. Staatlicher Totalitarismus reagiert darauf mit Unterdrückung. Wirtschaftstotalitarismus versucht dagegen, Kritik im Keime zu ersticken. Er erzieht zu einem unkritischen Verhalten. Das geschieht unter dem Deckmantel einer Erziehung zur Toleranz.

Toleranz ist grundsätzlich begrüßenswert. Die Forderung, Minderheiten mit bestimmten sexuellen Orientierungen mit Toleranz zu begegnen, ist gewiss begründet.

---

[12] Sauer, Florian, in https://www.values-academy.de/wuerde/: Zugegriffen: 16.04.2023. *„Wer sich seiner Würde bewusst ist, ist nicht verführbar."*

Gleiches wird erwartet gegenüber Menschen, die an Fettleibigkeit leiden. Deren Zahl nimmt seit Jahren ständig zu. 2021 gab es in Deutschland ein Drittel mehr übergewichtige Kinder und Jugendliche als 2011.[13] Inzwischen ist beinahe ein Viertel der Bevölkerung fettleibig.[14] In den USA ist es sogar ein Drittel der Bevölkerung. Sicherlich erfordert es der Takt, ihnen mit Nachsicht zu begegnen. Doch lenkt das vom Thema ab.

Fettleibigkeit beruht in den meisten Fällen darauf, dass die betreffenden Menschen mit unserer Gesellschaft nicht zurechtkommen.[15] Zu einem guten Teil ist für sie auch die Art unseres Konsums verantwortlich, und zwar sowohl dessen Quantität als auch dessen Qualität. Doch sehen wir darüber hinweg. Aus der Toleranz gegenüber einzelnen Menschen ist eine allgemein unkritische Haltung gegenüber der um sich greifenden Fettleibigkeit – *einschließlich ihrer Gründe* – entstanden.

Und nicht nur hierzu, was nur ein Beispiel ist. Allgemein steht unsere Gesellschaft ihrer eigenen Entwicklung immer toleranter und damit immer kritikloser gegenüber. Kritiklosigkeit bedeutet mehr *Bereitschaft* zur Anpassung. Teil der Anpassung ist eine Erziehung zu immer mehr Anpassungsbereitschaft.

11.4.2 Anpassung und Gleichschaltung

Auch die Medien sind unkritischer geworden. Es gibt keinen kritischen Journalismus mehr. Vielmehr tönen alle aus ein und demselben Sprachrohr. Eine sachliche Diskussion

---

[13] https://www1.wdr.de/nachrichten/zucker-reduzieren-limo-cola-studie-100. html. Zugegriffen: 16.04.2023.

[14] https://de.statista.com/themen/1468/uebergewicht-und-adipositas/#topicHeader__wrapper. Zugegriffen: 16.04.2023.

[15] Pickett, Kate und Wilkinson, Richard, *Gleichheit ist Glück, Warum gerechte Gesellschaften für alle besser sind,* S. 110.

findet nicht mehr statt. Was verlautbart wird, unterliegt der Zensur, *politically correct* sein zu müssen.[16] Hier endet die Toleranz und schlägt in ihr Gegenteil um. Gleichzeitig wird die öffentliche Diskussion auf den Sport, das Leben sogenannter *Celebrities* und politisch nebensächliche Fragen gelenkt. Das macht es dem System leichter, der Kritik zu entgehen.

Einen wichtigen Beitrag hierzu leisten auch die sogenannten *Influencer*. Das sind Menschen, denen andere in den sozialen Netzwerken als ihre „Freunde" oder „Follower" folgen. In dieser virtuellen Welt geht es um Bestätigung. Mit einem Klick auf *like* bestätigt der Follower, dass er mit dem Influencer bzw. dessen Ansicht einverstanden ist. Jeder will sich bestätigt sehen und formuliert seine eigene Meinung entsprechend. Und jeder freut sich, wenn ein anderer ihn bzw. seine Meinung bestätigt. Für kritisches Denken ist in dieser virtuellen Welt kein Platz mehr. Sie bedeutet die Aufgabe der intellektuellen Unabhängigkeit.

Wer dagegen den Mut zum kritischen Denken aufbringt und dabei zu dem Schluss kommt, Kritik sei angebracht, stößt schnell auf die Grenzen der Toleranz. Freilich hat jeder das Recht auf freie Meinung und auf Äußerung derselben. Wer aber davon in einer Weise Gebrauch macht, die ihn als Andersdenkenden zu erkennen gibt, wird zum Außenseiter der Gesellschaft. Mit anderen Worten: man darf nicht mehr anderer Meinung sein. Genau das ist macht den Totalitarismus aus.

Diese Zusammenhänge hat der Psychoanalytiker und Sozialphilosoph Horst-Eberhard Richter bereits früh erkannt. In seinem 1974 erschienen Buch *Lernziel Solidarität* beschreibt er den Einfluss *„schwer abgreifbarer, anonymer*

---

[16] Dieser Ausdruck wurde bereits in den 1930er-Jahren verwendet, um das Bekenntnis zur Ideologie totalitärer Regimes zu bezeichnen, siehe https://en.wikipedia.org/wiki/Political_correctness. Zugegriffen: 16.04.2023.

Machtzentren" (2. Kapitel). In seinem 1976 veröffentlichten Wert *Flüchten oder Standhalten* weist er auf die Gefahr hin, *„dass wir uns in ein Spiegelbild der uns manipulieren Umwelt verwandeln"* (1. Kapitel) und wir daher lernen müssen, *„unsere Verführbarkeit zu kontrollieren".* Im Vorwort zu seinem 1996 erschienen Buch *Bedenken gegen die Anpassung, Psychoanalyse und Politik*, stellt er fest:

> *„Wer Anpassungszwängen taktisch nachgibt, wohl wissend, dass er ihnen mit vertretbarem Risiko widerstehen könnte und auch sollte, wird nach und nach die Unzumutbarkeit von Anpassungsforderungen gar nicht mehr wahrnehmen, d. h., die eigene Gefügigkeit auch nicht mehr als Fluchtreaktion durchschauen. Alles erscheint normal: die Verhältnisse, denen er sich ergibt, und der Verzicht auf Gegenwehr, den er eben gar nicht mehr erlebt."*

Anpassung wird nicht nur verlangt, sondern auch überprüft. Früher hingen Karriereaussichten vom richtigen Parteibuch ab. Heute schauen viele Unternehmen in Facebook nach, ob die Menschen, die sich für einen Job bewerben, dem Profil entsprechen, das gewünscht wird – mit anderen Worten: ob sie genügend angepasst sind. Das Ergebnis ist eine Gleichschaltung, die sich mit den Erfolgen totalitärer Regime messen kann.

11.5   Wie konnte es dazu kommen?

Und wieder stellt die Frage. Wie konnte es dazu kommen? Der wesentliche Grund ist das, was Adam Smith die unsichtbare Hand nannte. Dahinter versteckt sich weder Gott noch Vernunft noch Moral, sondern die Eigendynamik der kapitalistischen Marktwirtschaft. Kann sie sich entfalten, beschert sie einer Minderheit wirtschaftliche Vorteile. Sie sind umso größer, je stärker die Eigendynamik ist. Sie ist umso stärker, je freier eine Marktwirtschaft ist. Daher hat die Minderheit ein Interesse an einer besonders freien Marktwirtschaft. Inzwischen haben besagte Vorteile der Minderheit eine wirtschaftliche Macht verliehen, die es ihr erlaubt, die Geschicke des Staates entscheidend zu beeinflussen. Es ist ihr gelungen, den Staat dazu zu bewegen, die Wirtschaft sich weitgehend selbst zu überlassen.

Offenbar vermuten viele Zeitgenossen, dass dahinter eine Verschwörung steckt. Das lässt sich weder beweisen noch ausschließen. Doch wäre eine Verschwörung gar nicht erforderlich. Es genügt, dass diejenigen, die die Fäden ziehen, an einem Strang ziehen. Die Übereinstimmung der Interessen reicht, um die Aktionen zu koordinieren.

Deren Ziel war und ist es, dafür zu sorgen, dass sich der Staat immer weiter zurückzieht, sodass sich die Eigendynamik der kapitalistischen Marktwirtschaft immer freier entfalten konnte. Daraus entstanden Zwänge, die eine Korrektur immer schwieriger machten. Dazu war ein immer schwächerer Staat immer weniger in der Lage.

Schließlich hat die Entwicklung der Wirtschaft die Entwicklung der gesamten Gesellschaft erfasst, die ihr hilflos und schutzlos ausgesetzt ist. Denn sie nimmt sie kaum noch wahr. Gleichschaltung und Kritiklosigkeit hindern sie daran.

12

Entwicklung ohne Ziel und Grenzen

12.1   Sozialer Fortschritt

Die Entwicklung unserer Gesellschaft hat in den vergangenen Jahrzehnten eine Richtung eingeschlagen, die in mancher Hinsicht bedenklich erscheint. Immer mehr Menschen sind von Armut bedroht und die Ungleichheiten steigen. Doch nehmen wir das hin. Das ist insofern erstaunlich, als das Modell der sozialen Marktwirtschaft nach wie vor von einem breiten gesellschaftlichen Konsens getragen wird.

Auch Regierung und Parlament bekennen sich zu ihr. So wurde die soziale Marktwirtschaft im Vertrag zwischen der Bundesrepublik Deutschland und der DDR über die Währungs-, Wirtschafts- und Sozialunion vom 18. Mai 1990 ausdrücklich zur gemeinsamen Wirtschaftsordnung des wiedervereinigten Deutschlands bestimmt. Zu ihr bekennen sich auch die Mitgliedstaaten der EU. Dieses Bekenntnis findet sich in dem bereits erwähnten Art. 3 Abs. 3

© Der/die Autor(en), exklusiv lizenziert an Springer Fachmedien Wiesbaden GmbH, ein Teil von Springer Nature 2023
W. Plasa, *Der totalitäre Kapitalismus*,
https://doi.org/10.1007/978-3-658-41761-1_12

des Vertrags von Lissabon, der im Jahre 2009 in Kraft trat. Schauen wir uns seinen Wortlaut noch einmal an:

> *„Die Union ... wirkt auf die nachhaltige Entwicklung Europas auf der Grundlage eines ausgewogenen Wirtschaftswachstums und von Preisstabilität, eine in hohem Maße wettbewerbsfähige soziale Marktwirtschaft, die auf Vollbeschäftigung und sozialen Fortschritt abzielt ... Sie bekämpft soziale Ausgrenzung und Diskriminierungen und fördert soziale Gerechtigkeit und sozialen Schutz ... Sie fördert den wirtschaftlichen, sozialen und territorialen Zusammenhalt und die Solidarität zwischen den Mitgliedstaaten.“*

Dieser Artikel enthält das Wort „sozial“ sechs Mal, davon fünf Mal zur Beschreibung der Ziele der EU. Er stellt Wirtschaftswachstum und Preisstabilität als Voraussetzungen für die Erreichung dieser Ziele dar.

Diese Betrachtungsweise hat sich inzwischen gründlich geändert. Mittlerweile ist das Wirtschaftswachstum nicht mehr Voraussetzung, sondern das eigentliche Ziel. Denn es wird erwartet, bei genügend Wirtschaftswachstum würden auch alle anderen Ziele erreicht. Damit wurde jede Anstrengung zur Erreichung der übrigen im Vertrag von Lissabon genannten Ziele überflüssig. Es reicht, die Wettbewerbsfähigkeit zu fördern und die Wirtschaft sich selbst zu überlassen.

Die Erwähnung des Kampfes für soziale Gerechtigkeit und sozialen Schutz und gegen soziale Ausgrenzung und Diskriminierung ist inzwischen nur mehr ein Lippenbekenntnis. Es gehört in den Bereich der Scheinheiligkeit und Heuchelei, die so alt sind wie die Entwicklung Europas. Statt durch Bemühungen um sozialen Fortschritt wird unsere Entwicklung durch ein modernes *laissez-faire* bestimmt. Infolgedessen ist die EU keinem der als sozialen

Fortschritt bezeichneten Ziele nähergekommen. Schlimmer: Sie hat das Ziel aus den Augen verloren.

12.2 Entwicklung und Wirtschaftswachstum

Entwicklung bedeutet das Voranschreiten eines Prozesses, der zu Veränderungen führt. Dabei ist in der Regel entweder das Ziel oder die Richtung bestimmt. Als Fortschritt werden solche Veränderungen bezeichnet, die im Hinblick auf das Ziel oder die Richtung erwartet werden oder erwünscht sind. Aus dem Begriff Entwicklung selbst lässt sich nicht ableiten, was Ziel und Richtung ist. Sind sie nicht vorgegeben, werden als Entwicklung die Veränderungen betrachtet, die einen bereits begonnenen Prozess in der bereits eingeschlagenen Richtung fortsetzen.

Ein solcher Prozess ist das Wachstum der Wirtschaft. Gewöhnlich wird der Entwicklungsstand eines Landes an der Wirtschaftskraft pro Kopf der Bevölkerung gemessen. Dabei wird davon ausgegangen, dass die Entwicklung eines Landes an der Entwicklung seiner Wirtschaft abzulesen ist. Diese Sichtweise ist zwar recht einseitig, aber nicht ganz abwegig. Ohne wirtschaftlichen Erfolg sind die Möglichkeiten einer gesellschaftlichen Entwicklung recht begrenzt.

Wirtschaftliche Entwicklung ist jedoch nur ein Element, das die gesellschaftliche Entwicklung beeinflusst. Andere sind die Entwicklung der Ideen, diejenige von Naturwissenschaft und Technik und der staatlichen Ordnung, und schließlich die Entwicklung der Gesellschaft allgemein. Zwischen diesen Elementen findet ein Wechselspiel statt, in dem sie sich gegenseitig beeinflussen. Dabei sind zu verschiedenen Zeiten verschiedene Elemente bestimmend gewesen.

12.3   Die Ziele der Entwicklung

Seit dem 15. Jahrhundert waren Philosophen darum bemüht, das Ziel der gesellschaftlichen Entwicklung zu bestimmen, die sie als erstrebenswert betrachteten. Sie begann, wie gesagt, während der Renaissance mit der Vision einer Vervollkommnung des Individuums und der Gesellschaft. Man erwartete, dass eine Förderung der Bildung zum Fortschritt der Menschheit beitragen würde. Damit war zumindest die Richtung bestimmt, die die weitere Entwicklung nehmen sollte.

In ähnlicher Weise hing die Aufklärung der Vorstellung an, die Entwicklung der Menschheit würde Fortschritte machen, wenn Vernunft und Tugend regierten. Vor allem in zwei Bereichen hatten die Denker der Aufklärung konkrete Vorstellungen von dem, was vernünftig ist. Einer betraf die Organisation des Staates. Sie entwarfen die Ideen der Gewaltenteilung, der Menschenrechte, der Republik, der Demokratie und des Rechtsstaates. Was die Wirtschaft angeht, entwickelten sie die Lehren des Wirtschaftsliberalismus. Dazu gehört auch die Idee des *laissez-faire*.

Die Ideen des Wirtschaftsliberalismus wurden ab dem Beginn des 19. Jahrhunderts umgesetzt. Der dadurch ermöglichte wirtschaftliche Aufschwung schien die Annahme zu bestätigen, dass sich die Dinge von allein zum Besten regeln würden. Daher sei es am besten, wenn man ihnen freien Lauf lässt. Fortschritte im Bereich von Naturwissenschaft und Technik erweckten den Eindruck, der weiteren Entwicklung seien keine Grenzen gesetzt. Es entstand der Fortschrittsglaube. Er beseelt liberales Denken bis heute.

12.4 Entwicklung und Fortschritt

Der Fortschrittsglaube beruht auf einer Vorstellung von Entwicklung, die sich nicht an einem bestimmten Ziel orientiert. Vielmehr betrachtet er als Fortschritt jede Veränderung, die durch das „freie Spiel der Kräfte" bewirkt wird. Doch wurde schon bald nach der Verwirklichung der Ideen des Wirtschaftsliberalismus klar, dass nicht alles, was durch das freie Spiel der Kräfte bewirkt wird, als Fortschritt bezeichnet zu werden verdient. Man erkannte die Notwendigkeit von Korrekturen. Um sie durchzuführen, musste man sich über Ziel und die Mittel verständigen.

Der radikalste Weg bestand darin, die kapitalistische Marktwirtschaft durch eine Planwirtschaft zu ersetzen, wie es in der Sowjetunion geschah. Weniger radikal war der Versuch, die Wirtschaft in einen ordnungspolitischen Rahmen zu zwängen, wie ihn die Weimarer Republik unternahm. Nach dem Zweiten Weltkrieg ging man einen noch sanfteren Weg. Man einigte sich auf das Modell einer sozialen Marktwirtschaft. Damit hatte man ein klares Ziel vor Augen.

Diesem Ziel sind wir in den ersten Jahrzehnten nach dem Zweiten Weltkrieg recht nahe gekommen. Der Erfolg ließ das Gefühl entstehen, dass er auch mit weniger Anstrengung zu erreichen wäre. Der Fortschrittsglaube hatte auch den *sozialen* Fortschritt erfasst. In dieser Situation konnten Ideen Verbreitung finden, die ihm ein Ende setzen sollten.

12.5 Ohne Ziel und ohne Grenzen

Einerseits gab es eine Rückbesinnung auf den radikalen Wirtschaftsliberalismus. Man machte uns weis, die soziale Marktwirtschaft habe ihr Ziel erreicht und eine „freiere"

Marktwirtschaft würde noch „sozialer" sein. Andererseits redete man uns ein, Wirtschaftsliberalismus und Demokratie seien die Vollendung der menschlichen und gesellschaftlichen Entwicklung und mit ihnen hätten wir den höchstmöglichen Entwicklungsstand erreicht.[1] Das mache es entbehrlich, uns Gedanken darüber zu machen, ob es ein weiteres erstrebenswertes, noch nicht erreichtes Ziel gibt.

Statt eines Zieles beschränken wir uns darauf, die Richtung zu bestimmen. Die Richtung heißt „Wirtschaftswachstum". Darüber besteht Einigkeit, denn jeder verspricht sich etwas davon – oder hat Angst, ohne Wachstum etwas zu verlieren. Das Wachsen der Wirtschaft ist jedoch nur im Bereich der Statistiken ein offenbar sanft verlaufender Prozess. In der Realität bewirkt er viele unvorhersehbare und oft recht einschneidende Veränderungen, die wir ihm – und damit dem Zufall – überlassen.

Das haben wir getan, mit der Folge, dass unsere gesellschaftliche Entwicklung immer mehr durch die – weitgehend unkontrollierte – wirtschaftliche Entwicklung bestimmt wird. Und auch die Hierarchie der Ordnungen hat sich umgekehrt. Während früher die Gesellschaftsordnung die Wirtschaftsordnung bestimmt hat, wird heute die Gesellschaftsordnung durch die Wirtschaftsordnung bestimmt. Das wiederum hat eine Reihe von Folgen, die wir hinnehmen, weil wir sie entweder nicht bemerken oder uns damit abfinden. Das ist angesichts ihres Ausmaßes erstaunlich. Denn sie haben zu tiefgreifenden gesellschaftlichen Veränderungen geführt.

Dazu gehört zum Beispiel die Unternehmenskonzentration, von der in Abschn. 4.2.2. die Rede war. Sie hat nicht nur größere Firmen geschaffen. Sie hat auch viele kleinere Betriebe mit einem regionalen Einzugsbereich und

---

[1] Ausgelöst durch ein von Francis Fukuyama 1992 veröffentlichtes Buch mit dem Titel *The End of History and the Last Man* wurde diese These sehr populär. Er war der Ansicht, dass sich nach dem Zusammenbruch der UdSSR Demokratie und Marktwirtschaft endgültig und überall durchsetzen würden.

Verteilungsbereich verdrängt. Und sie hat sich nicht nur auf den Einzelhandel ausgewirkt. Sie hat auch zu einem erheblichen Strukturwandel im Bereich der Landwirtschaft geführt.

Auch der Trend, dass immer mehr Frauen berufstätig werden, hat zu erheblichen gesellschaftlichen Veränderungen geführt. Wenn verheiratete Frauen berufstätig werden, müssen sie die Betreuung der Kinder während der Arbeitszeit anderen überlassen. Dafür gibt es heute Kitas, die Kinder schon im zarten Alter von 16 Monaten während der meisten Zeit des Tages aufnehmen. Welche Änderungen das auf die Entwicklung dieser Kinder nehmen wird, lässt sich noch nicht absehen. Absehen lässt sich hingegen, dass die Deutschen immer weniger Kinder bekommen. Die Geburtenrate ist seit 1950 auf ziemlich genau die Hälfte gefallen, nämlich von 1.116.701 im Jahre 1950 auf 778.090 im Jahre 2019. Das hängt sicherlich auch damit zusammen, dass Frauen weniger Zeit dafür haben, Kinder aufzuziehen.

Ebenso führt auch die steigende Zahl ausländischer Arbeitnehmer zu gesellschaftlichen Veränderungen. Ob Ausländer bei uns glücklicher leben als in ihrem Heimatlande oder nicht, sei dahingestellt. Ob sie für unser Land eine Bereicherung darstellen oder nicht, auch. Feststeht dagegen, dass Ausländer ins Land geholt und beschäftigt werden, ohne dass die gesellschaftlichen Folgen bedacht werden.

12.6   Das Fehlen einer Vision

Entwicklungen dieser Art zu benennen, ist nicht schwierig, sie zu bewerten, dagegen sehr. Man kann der Auffassung sein, dass jede Veränderung einen Fortschritt bedeutet. Man kann auch der gegenteiligen Meinung sein, dass Veränderungen einen bedauernswerten Verlust des Bestehenden bewirken. Im Einzelfall geht es um eine Abwägung der Vor-

und Nachteile. Für den Handwerker, der aufgrund des technischen Fortschritts seine Erwerbsmöglichkeit verliert, ist dieser ein Fluch. Für die Mutter, deren Kind dank der Fortschritte der Medizin gesund wird, sind diese ein Segen.

Die Frage ist nicht, ob eine bestimmte Entwicklung unserer Gesellschaft gut oder schlecht ist. Die Frage ist, ob wir sie *wollen*. Das Problem ist, dass wir uns diese Frage gar nicht stellen. Vielmehr lassen wir der Entwicklung freien Lauf und nehmen ihre Folgen hin. Immer noch betrachten wir jede weitere Veränderung in der eingeschlagenen Richtung als Fortschritt. Denn wir haben keine klare Vorstellung vom Ziel unserer weiteren Entwicklung. Und es gibt keine Anstrengung mehr, irgendein bestimmtes Ziel zu definieren, geschweige denn anzustreben. Schlimmer noch: jedem Vorschlag, den Kurs der Entwicklung zu korrigieren, wird entgegengehalten, er bewirke einen unzulässigen Eingriff in die Freiheit des Individuums. So hat auch keine politische Partei mehr ein Programm, das die Vision einer gesellschaftlichen Entwicklung erkennen lässt. Vielmehr beschränkt man sich auf Vorschläge, wie man am besten mit den Folgen der Entwicklung fertig werden kann, denen wir ausgesetzt sind.

So schreiten wir auf dem eingeschlagenen Weg voran, ohne uns zu fragen, wohin er letztlich führt. Denn auch in unseren Köpfen hat sich ein *laissez-faire* eingenistet. Inzwischen sind wir so weit vorangeschritten, dass wir uns fragen müssen, ob wir nicht bereits über das Ziel hinausgeschossen sind.

12.7   Die Grenzen der Entwicklung

Früher oder später wird unsere Entwicklung auf Grenzen stoßen. Einer der ersten, der erkannte, dass es Grenzen gibt, war der englische Gelehrte Malthus. In seinem 1798 veröffentlichten Werk *An Essay on the Principle of Population* gelangte er zu dem Schluss, dass es aufgrund des Bevölkerungswachstums irgendwann nicht mehr möglich sein würde, alle Menschen zu ernähren. Zwar ist es gelungen, diese Grenze immer weiter hinauszuschieben. Inzwischen lässt sich erkennen, dass wir nicht mehr weit davon entfernt sind, in jeder Hinsicht die Endlichkeit unseres Planeten zu erfahren.

Darauf, dass es Grenzen des Wirtschaftswachstums gibt, hatte der Club of Rome 1972 hingewiesen. Grenzen bestehen hinsichtlich der auf dieser Erde verfügbaren Rohstoffe. Auch die Belastungen der Umwelt treffen irgendwo auf Grenzen. Offenbar sind auch den Möglichkeiten, die Weltbevölkerung zu ernähren, tatsächlich Grenzen gesetzt.[2] Dennoch konnte bisher nichts den Glauben daran erschüttern, dass sich wirtschaftliches Wachstum unendlich fortsetzen wird. Dieser Glaube wird durch eine Reihe von Beobachtungen genährt.

Eine ist die, dass sich immer wieder Gewinne machen lassen und daher immer wieder Kapital für neue Investitionen zur Verfügung steht. Ebenso erscheint der Vorrat an Lohnarbeit unerschöpflich. Wo ein Mangel entsteht, können Ausländer angeworben oder Flüchtlinge eingestellt werden. Auch für den technischen Fortschritt scheint es keine Grenze zu geben. Daher erscheinen auch die Möglichkeiten des Konsums unbegrenzt. Dafür sorgt nicht zuletzt eine Werbung, der selbst so gut wie keine Grenzen gesetzt sind. Schließlich scheint auch das Gewinnstreben als Motiv wirtschaftlicher Betätigung unerschöpflich zu sein.

Lassen wir den Dingen weiterhin freien Lauf, so steuern wir auf eine soziale Explosion und eine Umweltkatastrophe zu. Spätestens sie werden uns die Grenzen aufzeigen. Um sie zu vermeiden, müssten wir unserer Wirtschaft Grenzen setzen.

---

[2] Heuser, Manfred, *Zeitbombe Welthunger, Massengräber, Exodus oder Marshallplan.*

Teil V

Erfolge und Folgen

13

Die Erfolge der kapitalistischen Marktwirtschaft

Zu Zeiten, als es mehr als eine Wirtschaftsordnung auf der Welt gab, waren wir stolz auf die Überlegenheit unseres Systems. Es war leistungsfähiger und effizienter als die Planwirtschaft. Unser System war einfach besser. Wir waren uns sicher, dass es das einzig richtige war. Dieser Ansicht waren und sind auch nahezu alle Wirtschaftswissenschaftler. In der Tat scheint die kapitalistische Marktwirtschaft über jede Kritik erhaben.

Zweifellos hat sie ihr Versprechen gehalten, mehr Wohlstand zu schaffen. Mehr Wohlstand ist jedoch nicht das einzige Versprechen der kapitalistischen Marktwirtschaft. Wirtschaftswissenschaftler behaupten, dass sie eine effiziente Allokation der verfügbaren Ressourcen bewirke und sich Märkte in optimaler Weise selbst regulieren. Diese Annahmen sind wesentliche Aussagen der wirtschaftswissenschaftlichen Theorie, mit der sich Kap. 7 beschäftigt hat. Darüber hinaus verspricht der Wirtschaftsliberalismus, dass es dem Gemeinwohl diese, wenn es erlaubt ist, in eigennütziger Weise nach Gewinn zu streben.

© Der/die Autor(en), exklusiv lizenziert an Springer Fachmedien Wiesbaden GmbH, ein Teil von Springer Nature 2023
W. Plasa, *Der totalitäre Kapitalismus*,
https://doi.org/10.1007/978-3-658-41761-1_13

Der Erfolg der kapitalistischen Marktwirtschaft lässt sich nicht zuletzt daran messen, wie weit sie diese – ihre eigenen – Versprechen hält. Dieser Frage wollen wir hier nachgehen.

13.1   Wohlstand und Konsum

13.1.1   Die Konsumgesellschaft

Ohne Frage hat die kapitalistische Marktwirtschaft das Versprechen eingelöst, „den Wohlstand der Nationen" zu steigern. Die Wirtschaft ist seit zwei Jahrhunderten ständig gewachsen, und der technische Fortschritt war rasant. Infolgedessen trat eine bislang in der Geschichte der Menschheit unbekannte Situation ein. An die Stelle eines Mangels trat Überfluss. Es entstand die Konsumgesellschaft. Darunter wird eine Gesellschaft verstanden, in der einerseits möglichst viele menschliche Bedürfnisse dadurch befriedigt werden, dass dafür bezahlt wird, und andererseits dem Konsum und materiellen Besitz ein hoher gesellschaftlicher Stellenwert zukommt.

Die Fragwürdigkeit der Konsumgesellschaft und ihrer Folgen wurden frühzeitig erkannt und kritisiert. Als erste warnten Vertreter der Religionen vor einem fortschreitenden Materialismus, der sich in einer immer mehr auf Besitz und Gewinn bedachten Einstellung zum Leben ausdrückt. Anschließend prangerten Anhänger der Ökologiebewegung die mit exzessivem Konsum verbundene Ressourcenverschwendung und Umweltverschmutzung an. Heute weisen Psychologen und Soziologen darauf hin, dass übermäßiger Konsum zu Psycho- und Sozialpathologien führen und Süchte entstehen lassen kann. Dazu gehört auch Kaufsucht. Viele Menschen versuchen, innere Leere, Langeweile, Überdruss und Depressionen durch ungezügelten Konsum zu kompensieren. Dies ist auch einer der Gründe der

Zunahme der Zahl dickleibiger Menschen. Diese Entwicklungen beruhen vor allem darauf, dass wir einer all-
gegenwärtigen und grenzenlosen Werbung ausgesetzt sind.

13.1.2   Werbung ohne Grenzen

Die im Rahmen der kapitalistischen Marktwirtschaft gewährte Unternehmensfreiheit erlaubt es, alles anzubieten
und dafür zu werben. Jede Einschränkung dieser Freiheit
bedarf eines Gesetzes. Das erfordert eine Güterabwägung
zwischen der Unternehmensfreiheit und dem Schutz anderer Güter wie der Gesundheit oder der Umwelt. In der
Regel wird Unternehmerinteressen der Vorrang gegeben.

Die Geschichte des Verbots der Werbung für Zigaretten
bietet dafür ein beschämendes Beispiel. Seit 2007 verbietet
eine Richtlinie der EU Tabakwerbung im Internet, in Zeitungen und Zeitschriften.[1] Alle Mitgliedsstaaten außer
Deutschland haben Gesetze erlassen, die die Tabakwerbung
sowie Sponsoring grundsätzlich verbieten. Doch erst seit
2022 sind in Deutschland Werbeplakate auf öffentlichen
Plätzen verboten. Ein ähnlich beschämendes Beispiel bietet
die Diskussion über Beschränkungen der an Kinder ge-
richteten Werbung für Lebensmittel mit viel Zucker, Fett
und Salz. Experten rechnen damit, dass sich weltweit die
Zahl der Diabetiker bis 2040 verdoppeln wird. Dennoch
will das Bundesernährungsministerium ein entsprechendes
Werbeverbot nur an wenigen Stunden des Tages zulassen.

Von dem Grundsatz, dass für alles überall Werbung gemacht werden darf, werden nur wenige Ausnahmen gemacht, z. B. an der Autobahn und in Naturparks. Ansonsten
ist Werbung omnipräsent. Sie erscheint auf Anzeigetafeln, in
Zeitungen, im Kino, im Fernsehen, im Internet, kommt mit
der Post oder durchs Telefon. Jeder Bereich des Lebens und

---

[1] 2003/33/EG.

jedes Fleckchen der Erde werden genutzt, um Waren oder Dienstleistungen anzupreisen. In vielen Flughäfen führt der einzige Weg zum Gate *durch* den Duty-Free-Laden. Werbung scheint keine Grenzen zu kennen.

13.1.3   Die Manipulation des Verbrauchers

Früher stand Werbung in dem Verdacht, sie sei wegen minderer Qualität der fraglichen Produkte erforderlich. Heute gelingt es, mit Werbung die gegenteilige Vorstellung zu bewirken. Das geht so weit, dass sich Werbung selbst als Qualitätsmerkmal darstellt. Der Hinweis „bekannt aus der Rundfunk- und Fernsehwerbung" soll dem Käufer nicht nur Zweifel darüber nehmen, dass er das ersehnte Produkt in den Händen hält, sondern ihm auch suggerieren, dass es deswegen besonders gut ist, *weil so aufwendig dafür geworben wird.*

Eine beliebte Verkaufsstrategie besteht in der Verwendung eines Markennamens. Marken machen Produkte unverwechselbar, was so weit gehen kann, dass sie monopolähnliche Stellung erlangen. In der Vorstellung des Verbrauchers werden sie zum Symbol besonderer Qualität. Daher ist er unter Umständen bereit, für den Markennamen mehr zu zahlen, als die Sache selbst kosten würde. Darüber hinaus übernimmt er es unentgeltlich, für das von ihm gekaufte Erzeugnis, dessen Namen deutlich sichtbar auf dem Artikel angebracht ist, *selbst* Reklame zu machen.

Bedürfnisse können entstehen, nur weil neue Güter oder Dienstleistungen angeboten werden, die sie befriedigen können. Das wird von der Wirtschaft weidlich genutzt. Inzwischen ist sie bemüht, die Möglichkeiten der künstlichen Intelligenz zu nutzen, um „*(Kunden-) Wünsche und Anforderungen schon in Vorfeld erfassen zu können – noch bevor sich der Kunde selbst seiner Bedürfnisse bewusst ist.*"[2]

---

[2] Frick, Thomas W., in https://industrie-wegweiser.de/von-industrie-1-0-bis-4-0-industrie-im-wandel-der-zeit/. Zugegriffen: 16.04.2023.

Deutlicher lässt sich die Absicht, den Verbraucher zu manipulieren, kaum zum Ausdruck bringen.

Betrachtet man das Wirtschaftsgeschehen nur vom Ergebnis her, lässt sich durchaus sagen, dass *„die Nachfrager die Güter bekommen, die sie haben wollen und bezahlen können.“*[3] Haben wollen sie allerdings Vieles nur deswegen, weil dafür geworben wird. Mit anderen Worten: Nachfrager bekommen die Güter, die Unternehmen *ihnen verkaufen wollen.*

13.1.4 Irrationales Konsumverhalten

Ende der 1960er-Jahre regte sich unter jungen Leuten Widerstand gegen die Konsumgesellschaft. Sie brachten dies zum Ausdruck, indem sie sich schäbig kleideten. Das wurde in gewissen Kreisen eine Mode. Die Bekleidungsindustrie erkannte, dass sie diese Mode nutzen konnte, indem sie schäbige Kleidung in ihr Angebot aufnahm. Auf diese Weise wurden Jeans mit Löchern und ausgeblichenen Farben zu einem Modeartikel. Was zunächst gegen die Konsumgesellschaft gerichtet war, wurde anschließend zu einem Symbol des unsinnigen Konsums.

Ein gängiges Mittel, Verbraucher zu einem unvernünftigen Kaufverhalten zu verleiten, ist der Wechsel der Mode. So sehr wir zunächst von dem Design eines neuen Produkts fasziniert sind, so wenig attraktiv erscheint es uns, wenn es durch eine neue Serie abgelöst wird. Deren noch verführerisches Äußeres veranlasst uns nicht selten, durch einen Neukauf zu ersetzen, was uns noch lange gute Dienste leisten könnte. Das ist wenig rational.

Nicht weniger irrational verhalten sich viele Verbraucher beim Konsum von Nahrung und Getränken. Wenn alle paar Minuten auf dem Bildschirm des Fernsehers eine Pizza erscheint, an deren Rändern flüssiger Käse herunterläuft,

---

[3] https://de.wikipedia.org/wiki/Ressourcenallokation. Zugegriffen: 16.04.2023.

wird der Betrachter nicht nur dazu angehalten, beim nächsten Einkauf dem gezeigten Produkt den Vorzug zu geben, sondern auch dazu, schneller als sonst die nächste Pizza in die Mikrowelle zu schieben. Das hat zur Folge, dass bei vielen Menschen der Konsum weit über die Grenzen der Vernunft und bei vielen sogar bis an die Grenzen des Möglichen geht.

Mitunter treffen Verbraucher Entscheidungen, die geradezu absurd sind. Wenn jemand die ganze Nacht vor einem Apple-Shop kampiert, um unter den ersten zu sein, die das neue Modell eines i-Phones erwerben dürfen, so hat das mit Vernunft nichts zu tun. Manche Jugendliche meinen, den Neid ihrer Altersgenossen damit erregen zu können, dass sie besondere Kleidung und Schuhe zu maßlos überhöhten Preisen kaufen, die nur ein paar Minuten lang im Onlinehandel angeboten werden. Ein solches Konsumverhalten ist ganz einfach dumm.

13.1.5 Wohlstand und Wirtschaften

Unser Wohlstand ist sicherlich beeindruckend. Doch ist er nicht zuletzt eine Folge irrationalen Wirtschaftens. In der Tat ist unsere Wirtschaft allein deswegen noch nicht an sich selbst erstickt, weil uns unsere fünf Sinne und unser Standvermögen zu ungeheuren Leistungen auf dem Gebiet des Konsums befähigen und unser Verstand nicht daran hindert, diese auch zu erbringen.

Gewiss hat die kapitalistische Marktwirtschaft ihr Versprechen gehalten, mehr Wohlstand zu schaffen. In gewisser Weise werden wir jedoch zu einem recht unvernünftigen Wohlstand gezwungen. Ob dieser Wohlstand für sich in Anspruch nehmen kann, ein Erfolg zu sein, erscheint daher recht fraglich.

13.2 Die große Verschwendung

Wie erfolgreich ist unsere Wirtschaft mit der effizienten Allokation knapper Ressourcen? Das an der Zunahme des Bruttoinlandsprodukts abzulesende wirtschaftliche Wachstum legt die Vermutung nahe, dass sie großen Erfolg damit hat. In der Tat zeichnet sich die kapitalistische Marktwirtschaft durch einen hohen Grad von *Effektivität* aus. Das erweckt den Anschein, dass es auch einen hohen Grad von *Effizienz* gäbe.

Eine effiziente Allokation knapper Ressourcen liegt vor, wenn ein bestimmtes Ergebnis mit einem möglichst geringen Aufwand erreicht wird oder wenn mit den vorhandenen Mitteln möglichst viel erreicht wird. Im Grunde bedeutet sie nichts weiter als die Beachtung des Gebots der Sparsamkeit. Dieses Gebot wird seit langem vernachlässigt. Letztlich beruht der scheinbare Erfolg unserer Wirtschaft darauf, dass wir – statt zu wirtschaften – eine ungeheure Verschwendung von Ressourcen betreiben.

13.2.1 Werbung und Verschwendung

Aus der Sicht eines Unternehmens ist das Ziel die Maximierung von Gewinn. Da die Höhe des Gewinns vom Absatz abhängt, kann es zweckmäßig sein, Ressourcen dafür zu verwenden, Bedürfnisse zu erzeugen. Gemessen am eigentlichen Ziel des Wirtschaftens, nämlich einer planvollen und effizienten Verwendung knapper Ressourcen zur Befriedung menschlicher Bedürfnisse, bedeutet Werbung Verschwendung. Sie liegt nicht nur in der Verwendung von Mitteln für die künstliche *Erzeugung* von Bedürfnissen, sondern auch für die *Befriedigung* künstlich erweckter Wünsche, die eigentlich keine sind.

Dafür geben Unternehmen Unsummen aus. Die Ausgaben für Werbung in Deutschland beliefen sich 2019 auf insgesamt € 32,6 Mrd.[4] Das entspricht etwa 1 % des Bruttoinlandsproduktes. Während bei Investitionsgütern oder Dienstleistungen etwa 5 % vom Umsatz für Werbung ausgegeben werden, sind dies bei Konsumgütern oft 20 % und mehr.[5] In der Textilbranche betragen die Kosten für Werbung mitunter ein Vielfaches der Produktionskosten von in Billiglohnländern hergestellter Ware.[6]

Werbung führt zu einer Steigerung des Umsatzes. Wie groß sie ist, lässt sich nur schwer feststellen. Einzelstudien zu bestimmten Produkten kommen zu dem Schluss, dass Werbung eine Umsatzsteigerung in Höhe von 13 % bewirken kann.[7] Die Verschwendung, die darin besteht, künstlich erweckte Bedürfnisse zu befriedigen, ist also recht erheblich.

13.2.2 Konsum und Verschwendung

Eine andere Art der Verschwendung besteht darin, Dinge zu kaufen, um andere zu ersetzen, die noch gute Dienste leisten könnten. Dennoch werfen wir sie weg – oder trauen uns das nicht, eben weil wir uns dessen bewusst sind. Dann landen sie auf dem Boden und werden erst einige Jahre später entsorgt. Zu dieser Art von Verschwendung verleitet uns vor allem der technische Fortschritt. Natürlich haben manche technischen Weiterentwicklungen spürbare Vorzüge. Andere hingegen unterscheiden sich vom Vorgänger-

---

[4] Thieme, Thomas, in https://www.absatzwirtschaft.de/die-konzerne-und-branchen-mit-den-hoechsten-werbeausgaben-169751/. Zugegriffen: 16.04.2023.

[5] https://www.wirtschaftswissen.de/marketing-vertrieb/werbung/marketing-budgetplanung/so-ermitteln-sie-ihr-werbebudget-diese-4-methoden-sind-geeignet. Zugegriffen: 16.04.2023.

[6] Eigene Untersuchungen als Beamter in der Generaldirektion Handel der Europäischen Kommission.

[7] https://www.grin.com/document/505925#. Zugegriffen: 16.04.2023.

modell nur marginal. Dennoch legen wir letzteres zur Seite – oder verschenken es.

Verschwendung kann bereits in der Konzeption eines Produktes liegen, wenn nämlich der materielle Aufwand für seine Herstellung in keinem vernünftigen Verhältnis zu seiner Langlebigkeit steht. Diese Art der Verschwendung erreichte einen ersten Höhepunkt in den 1970er-Jahren, als Autos „schneller rosteten, als sie fuhren". Das gleiche Konzept findet sich heute in vielen Gebrauchsgegenständen wieder, wenn auch weniger sichtbar.

Verschwendung wird ebenfalls betrieben, wenn Dinge hergestellt werden, die nicht verkauft werden können, weil sie entweder dem Kunden nicht gefallen oder weil einfach zu viel hergestellt worden ist. Mitunter werden solche Produkte in Schlussverkäufen zu lächerlichen Preisen angeboten. Auch wenn Unternehmen sich das leisten können, lässt sich nicht übersehen, dass es Verschwendung war, sie herzustellen.

Verschwendung liegt auch vor, wenn Produkte Möglichkeiten der Verwendung bieten, die nie benötigt werden, oder die über das hinausgehen, was Menschen wahrnehmen oder in Anspruch nehmen können. Ein frühes Beispiel hierfür war die Perfektionierung von Stereoanlagen in den 1960er-Jahren. Sie lag deutlich jenseits der Grenzen hörbarer Qualitätsunterschiede. Heute erreichen viele Autos eine Höchstgeschwindigkeit von mehr als 200 km/h, die zu fahren aber nur in Deutschland erlaubt ist. Zudem sind viele Fahrzeuge mit technischen Vorrichtungen ausgestattet, die entweder überflüssig oder dem Käufer nicht einmal bekannt sind.

Eine der größten Verschwendungen kommt noch auf uns zu. Sie betrifft das sogenannte „autonome Fahren", also das Autofahren, ohne dass Menschen das fragliche Fahrzeug steuern müssen. Wenn Fahren, ohne lenken zu müssen, erstrebenswert wäre, hätte man vor 120 Jahren dem Schienenverkehr vor dem Straßenverkehr Vorrang geben müssen. Natürlich war nicht daran zu denken, Schienen bis vor jede Haustür, jeden Betrieb und jeden Acker zu legen. Aber man hätte zumindest den Güterverkehr der Schiene vorbehalten können. Dass dem Individualverkehr der Vorzug gegeben wurde, war eine ungeheuerliche Verschwendung – deren Folgen uns immer mehr belasten.

13.2.3   Die Lebensmittelverschwendung

Ein Bereich, in dem eine besonders große Verschwendung stattfindet, ist die Getränke- und Nahrungsmittelbranche. In fast allen Industriestaaten verderben ungeheure Mengen von Lebensmitteln oder werden vernichtet. Im Jahre 2015 wurden in Deutschland schätzungsweise 18 Mio. t Lebensmittel verschwendet, also etwa 222 kg pro Person.[8] Für diese Verschwendung sind zu etwa 60 % die Erzeuger und Anbieter und zu etwa 40 % die Verbraucher verantwortlich.[9]

Die Verschwendung beschränkt sich nicht auf die Vergeudung der fraglichen Nahrungsmittel als solche. Für die Herstellung von Lebensmitteln, die anschließend nicht verbraucht werden, werden Hunderttausende Tonnen Pestizide und Stickstoffdünger eingesetzt. Dabei werden Millionen Tonnen Treibhausgase freigesetzt. Darüber hinaus führt sie zu einem gesteigerten Energieverbrauch. All das ist Verschwendung.

---

[8] Noleppa, Steffen, und Cartsburg, Matti, *Das große Wegschmeißen*, https://www. wwf.de/fileadmin/fm-wwf/Publikationen-PDF/WWF_Studie_Das_grosse_ Wegschmeissen.pdf. Zugegriffen: 16.04.2023.

[9] https://www.tagesspiegel.de/politik/lebensmittelverschwendung-18-millionen-tonnen-fuer-die-tonne/21198094.html. Zugegriffen: 16.04.2023: Studie des Instituts für nachhaltige Ernährung der Universität Münster aus dem Jahre 2018.

13.2.4   Anpassungskosten

Markt und Wettbewerb sind nach Ansicht der Wirtschaftswissenschaft die Garanten für eine effiziente Mittelverwendung. Sie übersieht, dass gerade der Wettbewerb zu
einer Verschwendung führen kann. Wenn Firmen pleite
machen, weil sie dem Wettbewerb nicht standhalten, gehen
in der Regel Investitionen verloren, die eigentlich noch Verwendung finden könnten. Der Volkswirt nennt das be-
schönigend Anpassungskosten. Sie werden nicht in allen
Fällen durch die Einsparungen ausgeglichen, die die Über-
nahme der Produktion durch effizienter arbeitende Unternehmen ermöglicht.

Besonders hohe Anpassungskosten hat die Liberalisierung des Welthandels mit sich gebracht. Ganze Branchen
wurden von der Konkurrenz aus Billiglohnländern verdrängt. Das war vorauszusehen und wurde deshalb in bestimmten Bereichen verzögert. So schützte bis 2004 das
Welttextilabkommen die Textil- und Bekleidungsindustrie
in Industrieländern durch Importquoten vor der Konkurrenz durch Einfuhren aus Billiglohnländern. Nach 2004
stiegen die Importe aus China so stark an, dass China auf
Bitte der EU seine Exporte freiwillig begrenzte. Das konnte
der Bekleidungsindustrie Portugals allerdings nicht mehr
helfen. Sie wurde – wie vorausgesehen – ein Opfer des Frei-
handels. Dafür erhielt Portugal ein Trostpflaster aus dem
Sozialfonds und dem Regionalfonds der EU – als Ausgleich
für die Anpassungskosten.

Anpassungskosten erscheinen in keiner Buchhaltung
und keiner Statistik. Denn dafür gibt es keinen Buchungs-
posten. Gäbe es ihn, würde die These, Märkte führten zu
einer optimalen Verwendung knapper Ressourcen, vermutlich ins Wanken geraten.

13.2.5   Die Verschwendung freier Güter

Eine weitere Art der Verschwendung, die in keiner Bilanz erscheint, betrifft den Verbrauch freier Güter. Freie Güter sind, wie gesagt, solche, die von der Natur unbegrenzt zur Verfügung gestellt werden und daher unentgeltlich genutzt werden können. Weil sie frei sind, haben Unternehmen von manchen freien Gütern wie sauberer Luft oder sauberen Wassers in einem Umfang Gebrauch gemacht, der sie zu knappen Gütern hat werden lassen. Im Rückblick erscheint das in vieler Hinsicht als Verschwendung.

13.2.6   Mangelnde Flexibilität

Eine effiziente Allokation knapper Ressourcen kann natürlich nicht heißen, dass überall und stets der höchste Grad der Effizienz erreicht wird. In der Praxis heißt es, dass man sich darum bemüht. In der Tat finden Unternehmen ständig neue Möglichkeiten, Kosten zu sparen und die Produktivität zu steigern. Im Rückblick war dann die frühere Mittelverwendung weniger effizient.

Während der Coronakrise wurde deutlich, dass man seit Jahrzehnten Mittel ohne jede Notwendigkeit eingesetzt hatte. Aufgrund der Unmöglichkeit der Benutzung von Büros waren Unternehmen plötzlich bereit, ihre Angestellten von zu Hause aus arbeiten zu lassen. Man erfand das *home office*. Diese Regelung erlaubt eine ungeheure Einsparung an Transportkosten und an Zeit. Sie hat sich als machbar erwiesen und wurde in vielen Bereichen seitdem auch ohne Notwendigkeit zur Regel. Man hätte sie auch schon früher ausprobieren können. Das nicht getan zu haben, bedeutet im Rückblick eine ungeheure Verschwendung. Grund dafür ist die für die kapitalistische Marktwirtschaft typische Beziehung zwischen Arbeitgeber und Arbeitnehmer, die von letzterem eine sehr weit gehende Unterordnung verlangt. Fälschlicherweise hatte man sich davon die größere Effizienz versprochen.

13.2.7 Nachhaltigkeit und Kurzfristigkeit

Mit den verfügbaren Mitteln zu wirtschaften, erfordert auch, an die Zukunft zu denken. Freilich lässt sich nicht genau voraussagen, welche Bedürfnisse in Zukunft bestehen. Doch ist schon jetzt abzusehen, dass es bald nicht mehr möglich sein wird, Bedürfnisse im gleichen Umfang zu befriedigen, wie dies zurzeit geschieht. Unsere Ressourcen sind begrenzt und wir nähern uns immer mehr den Grenzen. Der Grund ist, dass wir zu viel produzieren und konsumieren, was wir gar nicht brauchen.[10] Mit anderen Worten: Weil wir verschwenden, statt zu wirtschaften. Wir betreiben Verschwendung in einem Maße, das die Behauptung, die kapitalistische Marktwirtschaft sorge für eine effiziente Verwendung knapper Mittel, ins Reich der Fabeln verweist.

13.3   Die Selbstregulierung der Märkte

Die Wirtschaftswissenschaft behauptet ferner, dass sich Märkte in optimaler Weise selbst regulieren können. Allerdings räumt sie ein, dass diese Annahme nur für vollkommene Märkte gilt, die es in der Praxis kaum gibt.[11] Die theoretischen Voraussetzungen eines vollkommenen Mark-

---

[10] Pickett, Kate und Wilkinson, Richard, *Gleichheit ist Glück, Warum gerechte Gesellschaften für alle besser sind,* S. 252.
[11] Siehe Abschn. 7.3.

tes sind in Abschn. 7.3. untersucht worden. Darüber hinaus gibt es noch weitere Voraussetzungen, denen die Wirtschaftswissenschaft weniger Bedeutung beimisst:

* keine Partei darf unter Zwang stehen, ein Geschäft abzuschließen;
* beide Parteien müssen bereit sein, mit der jeweils anderen zu verhandeln.

Liegen diese Voraussetzungen nicht vor, ist für die Vorstellung, Preise würden bestimmt, indem – ähnlich wie auf einer Waage – ein Gleichgewicht entsteht, kein Platz. Wo diese Voraussetzungen nicht vorliegen, ist die Annahme, Märkte können sich in optimaler Weise selbst regulieren, kaum berechtigt.

13.3.1   Verbrauchermärkte

In Deutschland machen private Konsumausgaben etwa die Hälfte des Bruttoinlandproduktes aus.[12] Die Hälfte der Volkswirtschaft spielt sich auf Verbrauchermärkten ab. Auf ihnen treffen sich zwei Parteien völlig unterschiedlicher Stärke. Die einen – die Anbieter – sind Spezialisten auf dem Markt des fraglichen Gutes. Sie produzieren und verkaufen es in großer Zahl. Sie sind Professionelle. Die anderen – die Nachfrager – kaufen das fragliche Produkt nur einmal oder nur selten. Sie sind gewöhnlich Laien. Allein aufgrund dieser Unterschiede werden Verbrauchermärkte in der Regel von Anbietern beherrscht.

Das wirkt sich in erster Linie auf den Preis aus. Auf den meisten Verbrauchermärkten gibt es ein Überangebot an

---

[12] https://de.statista.com/statistik/daten/studie/161797/umfrage/konsumausgaben-und-bruttoinlandsprodukt-in-deutschland-im-vergleich/.   Zugegriffen: 16.04.2023.

Waren. Daher müsste gemäß der Theorie der Preis der betreffenden Waren fallen. Das ist jedoch nicht der Fall, denn viele Preise werden einseitig von den Anbietern festgelegt. Die Preise der meisten Waren bestimmen sich nach den Herstellungskosten und der in der Branche üblichen Gewinnspanne. Auch ohne dass Unternehmen Absprachen treffen, weichen Preise für gleiche oder ähnliche Produkte meist wenig voneinander ab. Im Dienstleistungsbereich sieht das nicht anders aus. Vertragsangebote von Mobilfunkanbietern, Energieversorgern und Fitnessstudios unterscheiden sich nur wenig voneinander.

Seit Juni 2021 stieg die Inflationsrate in Deutschland und in vielen anderen Industrieländern über die anvisierten 2 %. Das wurde zunächst mit dem Krieg in der Ukraine erklärt. Inzwischen hat die Präsidentin der Europäischen Zentralbank, Christine Lagarde, klargestellt, dass die Inflation zu zwei Dritteln auf Preiserhöhungen beruht, mit denen Unternehmen ihre Gewinne steigern konnten. Offenbar stehen Verbraucher solchen Preiserhöhungen machtlos gegenüber. Der Grund dafür ist, dass es zwischen wenigen Anbietern nur wenig, zwischen Verbrauchern überhaupt keinen Wettbewerb gibt. Letztere haben lediglich die Wahl, ein Produkt zu dem vom Anbieter festgelegten Preis zu kaufen oder darauf zu verzichten. Diese Situation als einen Markt zu beschreiben, ist absurd.

Stellen Sie sich vor, Sie möchten sich ein neues Handy kaufen und einen Vertrag mit einer Telefongesellschaft abschließen. Sie gehen in einen Handyshop und erklären ihr Anliegen. Man zeigt Ihnen die Tarife, zwischen denen Sie wählen können. Möglicherweise findet sich darunter keiner, der Ihnen passt. Also machen Sie einen Vorschlag für einen Handyvertrag nach Ihren Vorstellungen. Die Antwort wird sein, dass das nicht möglich ist. Nur die von der Telefongesellschaft festgelegten Tarife sind möglich, Verhandlungen darüber jedoch nicht. Sie verlassen den Laden und freuen sich, weil Sie gegenüber eine Filiale der Konkurrenz erblicken. Doch machen Sie dort die gleiche Erfahrung. Das Angebot der Konkurrenz unterscheidet sich nur hinter dem Komma, und Verhandlungen darüber sind ausgeschlossen.

Das ist die Situation auf den meisten Verbraucher-märkten. Anbieter können die Annahme eines Vertrages von der Annahme ihrer Bedingungen abhängig machen. Verbraucher haben die Wahl, diese Bedingungen zu akzeptieren oder auf den Abschluss eines Vertrages zu verzichten. Sie haben keine Möglichkeit, in irgendwelche Verhandlungen einzutreten. In der Regel sind es einige wenige Anbieter, die die Märkte beherrschen und *damit auch regulieren*. Sie sind es, die sich bei der angeblichen Selbstregulierung hinter dem Wörtchen „selbst" verstecken. Wenn man bereit ist, darüber hinwegzusehen, kann man freilich auch dies als Selbstregulierung bezeichnen.

13.3.2   Preisabsprachen

Je weiter die Marktbeherrschung geht, desto weniger kann man von Selbstregulierung sprechen. Marktbeherrschung kann besonders weit gehen, wenn illegale Preisabsprachen getroffen werden. Diese Fälle häufen sich. So erreichen die Bußgeldzahlungen, die die Europäische Kommission in ihrer Funktion als europäische Kartellbehörde und das Bundeskartellamt in den vergangenen Jahren auferlegt haben, die Milliardenhöhe. Sie wurden unter anderem gegen ein LKW-Kartell, ein Bildröhrenkartell, ein Autoglaskartell, ein Bankenkartell, ein Aufzugs- und Fahrtreppenkartell, ein Wälzlagerkartell, ein Vitaminkartell, ein Luftfrachtkartell, ein Wachskartell, Flachglaskartell, ein Gipsplattenkartell, ein Sanitärkartell, ein Bleichmittelkartell, ein Wurstkartell, ein Bierkartell, ein Zementkartell, ein Waschmittelkartell, ein Reißverschlusskartell, ein Zuckerkartell und ein Flüssiggaskartell verhängt.[13]

Die Anzahl und die Höhe der Bußen zeigen nicht nur, wie sehr sich die Praxis illegaler Preisabsprachen verfestigt hat. Sie legt auch die Vermutung nahe, dass es eine erhebliche Dunkelziffer gibt. Das wiederum lässt erahnen, was von der *Markt*wirtschaft in der Praxis übrig geblieben ist.

13.3.3   Strukturelle Über- und Unterangebote

Stellen Sie sich vor, dass Sie für die erwähnte Telefongesellschaft arbeiten möchten. Sie fahren zum Bürogebäude der Gesellschaft und bitten am Empfang um ein Gespräch mit dem Personalchef. Sie möchten ihm sagen, dass sie für das Unternehmen arbeiten möchten und was ihre Vorstellungen über Gehalt und Arbeitszeit sind. Natürlich wird der Personalchef Ihnen ein solches Gespräch nicht gewähren, denn dafür hat er keine Zeit. Wenn er sich die Zeit dafür nähme, würde er Ihnen sagen, dass Gehalt und Arbeitszeit allein von ihm bestimmt werden. Was Sie erwartet, kann Ihnen der Herr am Empfang sagen.

Eine solche Situation ist typisch für die meisten Bereiche des Arbeitsmarktes. Grund der Verhandlungsschwäche von Arbeitnehmern ist einerseits der bereits erwähnte Zwang zur Lohnarbeit, andererseits ein strukturelles Überangebot des Produktionsfaktors Arbeit. Aufgrund dieser Verhandlungsschwäche wäre die Höhe von Löhnen auf einem freien Arbeitsmarkt alles andere als optimal.

Das bedarf einer Korrektur. Sie kann erfolgen, indem ein Mindestlohn gesetzlich festgelegt wird. Eine andere Lösung besteht darin, dass sich Arbeitnehmer zu Gewerkschaften

---

[13] https://de.wikipedia.org/wiki/Liste_der_h%C3%B6chsten_Strafen_wegen_Wettbewerbsverst%C3%B6%C3%9Fen_in_der_EU. Zugegriffen: 16.04.2023.

zusammenschließen. Gewerkschaften sind genau genommen Kartelle, deren Mitglieder sich verpflichten, sich nicht in einem Preiskampf zu unterbieten. Sowohl die Festsetzung von Mindestlöhnen wie auch die Zulassung von Gewerkschaften schränken den Wettbewerb ein. Sie bedeuten die stillschweigende Anerkennung, dass ein freier Wettbewerb auf dem Arbeitsmarkt zu suboptimalen Ergebnissen führt.

Auf der anderen Seite gibt es Märkte, auf denen ein strukturelles Unterangebot besteht. Ein Beispiel dafür ist der Immobilienmarkt. Grund und Boden stehen nur in bestimmten Grenzen zur Verfügung.[14] Daher übersteigt die Nachfrage nach Wohnungen vielerorts deutlich das Angebot. Auch hier agiert eine Partei unter Zwang, denn wer keine Wohnung sein eigen nennt, *muss* sich eine mieten. Dabei konkurriert die Nachfrage nach Immobilien für gewerbliche Nutzung auch mit der Nachfrage nach Wohnraum. Nachfrager nach Immobilien für gewerbliche Nutzung können meist diejenigen nach Wohnraum überbieten. Bleibt der Immobilienmarkt sich selbst überlassen, können Preise und Mieten für viele private Käufer bzw. Mieter unerschwinglich werden.[15] Die Lösung heißt Mietbremse. Wird sie gezogen, so bedeutet das das Ende des freien Wettbewerbs – und implizit die Anerkennung, dass ein freier Immobilienmarkt zu suboptimalen Ergebnissen führt.

---

[14] Schon Anfang des 19. Jahrhunderts sah der britische Gelehrte David Ricardo einen *„Konflikt zwischen Grundbesitzern einerseits und Arbeit und Kapital andererseits"* voraus. Er postulierte, dass *„das Wachstum der Bevölkerung … die Renten in die Höhe treibt und die Löhne … niedrig hält."* https://de.wikipedia.org/wiki/Wirtschaftswissenschaft. Zugegriffen: 16.04.2023.

[15] 2020 machten die Ausgaben für Wohnungsmieten fast 30 % der gesamten privaten Konsumausgaben aus; https://de.statista.com/statistik/daten/studie/868855/umfrage/mietkostenanteil-an-konsumausgaben-privater-haushalte--in-deutschland. Zugegriffen: 16.04.2023.

13.3.4   Externe Kosten

Auch wo ansonsten alle Voraussetzungen für einen vollkommenen Markt vorliegen, ist nicht gewährleistet, dass die Selbstregulierung funktioniert. Denn sie setzt voraus, dass alle Kosten in den Preis einer Sache einbezogen werden. Das ist jedoch keineswegs immer der Fall. Manche Kosten werden Dritten oder der Allgemeinheit aufgebürdet. Daher werden sie von der Wirtschaftswissenschaft als „externe Kosten" bezeichnet. Da externe Kosten nicht in die Kostenrechnung der verursachenden Betriebe eingehen, verfälschen sie den Wettbewerb. Deshalb erkennt die Wirtschaftswissenschaft grundsätzlich die Notwendigkeit an, sie zu „internalisieren."[16] Fälle, in denen das nicht erfolgt, bezeichnet sie als Marktversagen. Bei näherer Betrachtung wird klar, dass diese Art des Marktversagens weit verbreitet ist. Auch das widerspricht der Vorstellung, dass sich Märkte in optimaler Weise selbst regulieren können.

13.4   Die Anfälligkeit des Systems

Wenn es in einer Marktwirtschaft eine funktionierende Selbstregulierung gäbe, müsste das auch für die gesamte Wirtschaft gelten. In der Tat geht die ökonomische Theorie von dieser Erwartung aus:

„Planung und Koordination der Wirtschaftsprozesse erfolgen dezentral. Die einzelnen Verwendungspläne der Haushalte und Unternehmen (Einkommen- und Gewinnverwendung) und der Entstehungspläne (Gewinnbildung und Einkommensentstehung) werden durch Marktpreise koordiniert. ... Über

---

[16] Merkwürdigerweise wird dies als Voraussetzung für das Bestehen eines vollkommenen Marktes in der Regel nicht erwähnt; siehe https://www.juraforum.de/lexikon/markt. Zugegriffen: 16.04.2023.

Marktpreise werden die Einzelpläne der Wirtschaftssubjekte aufeinander abgestimmt und über die Verknüpfung der Märkte in einen gesamtwirtschaftlichen Rechnungszusammenhang gestellt".[17]

Offenbar klappt das nicht immer. Denn in einer kapitalistischen Marktwirtschaft kommt es immer wieder zu Rezessionen und Wirtschaftskrisen. Wie verträgt sich die Annahme, Märkte könnten sich selbst regulieren, mit der Anfälligkeit des Systems?

13.4.1   Konjunkturzyklen

In einer kapitalistischen Marktwirtschaft kommt es regelmäßig zu Konjunkturschwankungen. Auf Perioden des Aufschwungs folgen solche des Nachlassens der Konjunktur. Neoliberale Wirtschaftswissenschaftler betrachten diese Abfolgen als eine Art globale Selbstregulierung der Wirtschaft. Der Meinung kann man sein, wenn man bereit ist, alle Folgen einer Rezession zu akzeptieren. Dazu aber sind Regierungen gewöhnlich nur bis zu einer gewissen Grenze bereit. Ist sie erreicht, versucht der Staat, die Wirtschaft durch Maßnahmen der Konjunkturpolitik wieder anzukurbeln. Derartige Maßnahmen bedeuten eine stillschweigende Anerkennung des Umstands, dass eine kapitalistische Marktwirtschaft nicht fähig ist, sich global selbst zu regulieren.

Versuche, die Wirtschaft durch Maßnahmen der Konjunkturpolitik anzukurbeln, sind nicht immer erfolgreich, und zwar aus zwei Gründen. Einerseits ist es der Wirtschaftswissenschaft nicht gelungen, Konjunkturzyklen vollständig zu erklären. Es gibt mindestens fünf mehr oder weniger anerkannte Theorien, die sich gegen-

---

[17] https://de.wikipedia.org/wiki/Marktwirtschaft. Zugegriffen: 16.04.2023.

seitig widersprechen.[18] Daher besteht auch Uneinigkeit darüber, ab wann und mit welchen Mitteln Konjunkturpolitik zu betreiben ist. Andererseits wird Konjunkturpolitik durch die Lehren des Wirtschaftsliberalismus behindert, welche, *damit* sich Märkte selbst regulieren können, Eingriffe des Staates ablehnen. Daher reichen die Mittel der Konjunkturpolitik oft nicht aus oder werden zu spät eingesetzt. Dann kann es zu einer Wirtschaftskrise kommen.

13.4.2   Wirtschaftskrisen

Unter einer Wirtschaftskrise versteht die Volkswirtschaftslehre eine länger andauernde negative Entwicklung des Wirtschaftswachstums. Solche Krisen sind seit dem Beginn des modernen Kapitalismus in nahezu regelmäßigen Abständen aufgetreten. Zu ihnen kam es 1799 in Hamburg und 1815 in Großbritannien.[19] Es gab sie in den USA und Großbritannien zwischen 1837 und 1843, wiederum 1847 in Großbritannien, 1857, ausgehend von den USA, in der ganzen Welt,[20] und 1873 in Deutschland und Österreich.[21] Die bislang schwerwiegendste Krise entstand 1929 in den USA.[22] Zu Wirtschaftskrisen kam es wieder in den 1980er-Jahren in den USA[23] und 1991 in Japan.[24] Im Jahre 2000 platzte die Dotcom-Blase. Im Jahre 2008 kam

---

[18] https://de.wikipedia.org/wiki/Konjunkturtheorie. Zugegriffen: 16.04.2023.

[19] https://de.wikipedia.org/wiki/Wirtschaftskrise. Zugegriffen: 16.04.2023.

[20] https://de.wikipedia.org/wiki/Wirtschaftskrise_von_1857.   Zugegriffen: 16.04.2023.

[21] https://de.wikipedia.org/wiki/Gr%C3%BCnderkrach. Zugegriffen: 16.04.2023.

[22] https://de.wikipedia.org/wiki/Weltwirtschaftskrise. Zugegriffen: 16.04.2023.

[23] https://de.wikipedia.org/wiki/Savings-and-Loan-Krise. Zugegriffen: 16.04.2023.

[24] https://de.wikipedia.org/wiki/Ushinawareta_Nij%C5%ABnen.   Zugegriffen: 16.04.2023.

es nach dem Platzen einer Immobilienblase in den USA erneut zu einer Krise weltweiten Ausmaßes.

Wirtschaftskrisen gehören offenbar zum Wesen einer kapitalistischen Marktwirtschaft. Sie bedeuten eine Situation, die sie nicht aus eigener Kraft überwinden kann. Ihre Existenz belegt, dass die Behauptung, Märkte könnten sich in optimaler Weise selbst regulieren, jeder Grundlage entbehrt.

13.4.3   Märkte und Spekulation

Das ökonomische Prinzip besagt, dass Wirtschaftssubjekte stets Entscheidungen treffen, die ihnen den größtmöglichen Nutzen bzw. Gewinn versprechen. Es gilt für die Entscheidungen von Individuen, die diese in der Absicht treffen, ein Bedürfnis zu befriedigen, ebenso wie für Entscheidungen von Unternehmen, die diese in der Absicht treffen, Gewinne zu machen. Werden Entscheidungen in dieser Absicht getroffen, ist – gemäß der Theorie – zu erwarten, dass sich Märkte in optimaler Weise selbst regulieren. Das ist jedoch offenkundig nicht der Fall. Allein deswegen ist zu vermuten, dass das ökonomische Prinzip nur begrenzt gilt. In Wirklichkeit ist die Rationalität, die dieses Prinzip behauptet, weit begrenzter, als es den Anschein hat.

Sie bezieht sich ursprünglich auf die Situation, in der sich jemand etwas kauft. Natürlich ist davon auszugehen, dass sich ein Käufer überlegt, ob er die fragliche Sache tatsächlich braucht, welchen Preis er dafür zu zahlen bereit wäre und wo er sie am billigsten bekommt. Solche Überlegungen sind in der Tat rational. Wenn die Sache nicht eilig ist, kommt möglicherweise eine weitere Überlegung hinzu: Wäre es vielleicht vorteilhafter, den Kauf ein paar Wochen oder Monate hinauszuschieben? Würde die Sache dann billiger sein? Diese Überlegung ist bei einem alltäglichen Kauf gewöhnlich irrelevant. Bei bestimmten Geschäften steht sie dagegen im Mittelpunkt der Entscheidung.

Solche Geschäfte werden als Spekulationsgeschäfte bezeichnet. Unter Spekulation versteht die Wirtschaftswissenschaft eine „mit einem Risiko behaftete Ausnutzung von Kurs-, Zins- oder Preisunterschieden innerhalb eines bestimmten Zeitraums zum Zwecke der Gewinnmitnahme". Der simpelste Fall eines Spekulationsgeschäfts ist der Kauf einer Sache in der Absicht, sie später zu einem höheren Preis zu veräußern. Letztlich beruhen alle wirtschaftlichen Entscheidungen, deren Erfolg erst zeitlich versetzt eintritt, auf Spekulation. Das gilt auch für alle Investitionen.

Die Absicht, auf diese Weise Gewinne zu machen, ist grundsätzlich rational. Das bedeutet aber nicht, dass auch jede in dieser Absicht getroffene Entscheidung rational sein müsse. Im Gegenteil: Unzählige Spekulationsgeschäfte haben sich im Nachhinein als völlig irrational erwiesen. In der Tat ist die Rationalität, die das ökonomische Prinzip behauptet, weit begrenzter, als es den Anschein hat. Das ist ein wesentlicher Grund dafür, dass es – statt zu einer Selbstregulierung der Märkte – zu Krisen kommt.

13.5 Die Förderung des Gemeinwohls

Vor 250 Jahren sprach Adam Smith die Erwartung aus, dass es den Wohlstand der Nationen fördern würde, wenn allen Menschen die Freiheit wirtschaftlicher Betätigung gewährt wird. Es käme zu einer Arbeitsteilung und in ihrer Folge zu einer Steigerung der Produktivität und des Wohlstands. Sie käme allen zugute:

„Eben die große durch die Arbeitsteilung bewirkte Vervielfältigung der Produkte in allen verschiedenen Künsten ist es, die in einer wohlregierten Gesellschaft jene allgemeine Wohlhabenheit hervorbringt, die sich selbst bis zu den untersten Klassen des Volkes erstreckt. Jeder Arbeiter hat über das Quantum seiner

*eigenen Arbeit hinaus, welches er selbst braucht, noch einen gro-
ßen Teil zur Verfügung, … und es verbreitet sich eine allgemeine
Fülle über alle verschiedenen Stände der Nation".[25]*

Dieses Versprechen wurde zu verschiedenen Zeiten in verschiedene Metapher gekleidet. In den Jahren des Wirt-
schaftswunders verglich man das Wirtschaftswachstum mit
einem Kuchen, von dem, wenn er größer wird, jeder ein
größeres Stück erhält. An die Stelle dieses Gleichnisses ist in
den 1980er-Jahren die *trickle-down-theorie* getreten, die behauptet, dass vom Wohlstand der Reichsten einer Gesellschaft nach und nach etwas in die unteren Schichten
„durchsickert", weil mehr investiert wird und neue Arbeitsplätze geschaffen werden.[26]

Die Frage ist also: Hat sich diese Erwartung bestätigt?
Hat das Wirtschaftswachstum das Gemeinwohl gefördert?
Um diese Frage zu beantworten, muss zunächst geklärt wer-
den, was unter Gemeinwohl zu verstehen ist.

13.5.1 Gemeinwohl als Summe von Partikularinteressen

Unter Gemeinwohl kann man die Summe der Partikularinteressen der Mitglieder einer Gemeinschaft verstehen.[27] Bei
dieser Betrachtungsweise hängt die Antwort auf die Frage
davon ab, wie erfolgreich jeder Einzelne bei der Verfolgung
seiner eigenen wirtschaftlichen Interessen war und ist.

---

[25] Smith, Adam, *Der Wohlstand der Nationen*, Buch 1, Kapitel 1, Absatz 10.

[26] Diese Theorie wird im deutschen Sprachraum „Pferdeäpfeltheorie" genannt, in
Anspielung darauf, dass ein Pferd, dem man mehr Hafer gibt, mehr auf die
Straße fallen lässt, was die Spatzen füttert. Diese Bezeichnung ist durchaus an-
gemessen, denn die Vorstellung eines „Durchsickerns" ist menschenverachtend.
Durchsickern wäre bestenfalls ein Nebeneffekt des eigentlichen Ziels einer Be-
vorteilung der Reichen.

[27] https://www.bpb.de/kurz-knapp/lexika/politiklexikon/17540/gemeinwohl/.
Zugegriffen: 16.04.2023.

Den allermeisten von uns geht es heute besser als früheren Generationen. Dabei ist gewiss auch etwas „durchgesickert". Doch hat sich die „allgemeine Wohlhabenheit nicht bis zu den untersten Klassen des Volkes erstreckt". Vielmehr ist sie sehr ungleich verteilt, wie die in Kap. 5 genannten Zahlen zeigen. Denn jedes Kuchenstücks ist bestenfalls proportional zu seiner ursprünglichen Größe gewachsen. Daher sind mit der Größe des Kuchens auch die Unterschiede gewachsen. Während Unternehmen erhebliche Gewinne gemacht haben, hat die Höhe der Löhne stagniert.[28]

Kann man dieses Ergebnis als Förderung des Gemeinwohls betrachten? Nach Ansicht der Anhänger des Wirtschaftsliberalismus ist die Antwort ja. Denn Fragen der Verteilung des Wirtschaftswachstums liegen außerhalb ihres Gesichtsfeldes. Sie begnügen sich mit der Feststellung, dass es fast allen besser geht.

Versteht man unter Gemeinwohl lediglich die Summe individueller Erfolge bei der Verfolgung wirtschaftlicher Interessen, kann unsere Wirtschaft für sich in Anspruch nehmen, das Gemeinwohl zu fördern. So verstanden wäre die These von Adam Smith jedoch banal. Denn wirtschaftlicher Erfolg kommt dann nur denen zugute, die ihn erreichen, nicht aber der Gemeinschaft. In diesem Sinne kommt dem Begriff Gemeinwohl keine eigenständige Bedeutung zu.

13.5.2   Gemeinwohl als gemeinsame Interessen einer Gesellschaft

Sie erhält er erst, wenn damit das *allgemeine* Wohl oder *gemeinsame* Interesse einer Gesellschaft gemeint sein. Wenn man Gemeinwohl in diesem Sinne versteht, wie erfolgreich ist unsere Wirtschaft mit seiner Förderung? Um diese Frage

---

[28] Siehe Abschn. 5.4.1.

zu beantworten, bedarf es zunächst einer weiteren Klärung: Was sind die gemeinsamen Interessen einer Gesellschaft?

Nach überwiegender Ansicht gibt es auf diese Frage keine allgemeingültige Antwort. Dafür spricht einerseits die Untauglichkeit der Begriffsbestimmungen, die sich auf die göttliche Weltordnung, die Vernunft oder andere metaphysische Überlegungen stützen. Auch die Auffassung der Utilitaristen, Gemeinwohl sei *„das größtmögliche Glück der größtmöglichen Zahl"*, hilft nicht weiter, weil die Frage offenbleibt, wem im Zweifel Vorrang gebührt: dem größtmöglichen Glück oder der größtmöglichen Zahl?

Andererseits sind Versuche, das Gemeinwohl zu definieren, erst dann von praktischer Bedeutung, wenn sich die betreffende Gemeinschaft auf sie einigt. Die Frage ist also nicht, was das Gemeinwohl *ist*, sondern was als Gemeinwohl *gilt*. Mit anderen Worten: wie die betreffende Gesellschaft es definiert. Wikipedia definiert das Gemeinwohl als das Wohl, *„welches aus sozialen Gründen möglichst vielen Mitgliedern einer Gemeinschaft zugutekommen soll".*[29] Eben das hatte Adam Smith erwartet. In seiner „Theory of Moral Sentiments" schrieb er:

> *„Mag man den Menschen für noch so egoistisch halten, es liegen doch offenbar gewisse Prinzipien in seiner Natur, die ihn dazu bestimmen, an dem Schicksal anderer Anteil zu nehmen, und die ihm selbst die Glückseligkeit dieser anderen zum Bedürfnis zu machen. … Jene ganze Erklärung der menschlichen Natur jedoch, welche alle Empfindungen und Neigungen aus der Selbstliebe ableitet …, scheint mir aus einem verworrenen Missverständnis des Sympathiesystems entsprungen zu sein".*[30]

---

[29] https://de.wikipedia.org/wiki/Gemeinwohl. Zugegriffen: 16.04.2023.

[30] Smith, Adam: *The Theory of Moral Sentiments*, in: Kurz, Heinz. D.: *Adam Smith. Ein Werk und seine Wirkungsgeschichte*, S. 81. Der volle Titel des Buches lautet*: Theorie der ethischen Gefühle oder: Versuch einer Analyse der Grundveranlagungen, mit deren Hilfe die Menschen natürlicherweise das Verhalten und den Charakter zunächst ihrer Mitmenschen und sodann ihrer selbst beurteilen.*

Offenbar ging Smith von der Annahme aus, dass das eigennützige Streben nach Gewinn inhärente Grenzen habe. Er glaubte, dass Menschen, die wirtschaftlich Erfolg haben, auch das Glück anderer am Herzen liegt und sie deshalb bereit wären, ihren Erfolg mit ihnen zu teilen. Das würde gewiss dem Gemeinwohl dienen. Doch hat die Verwirklichung seiner Ideen diese Annahme widerlegt – ähnlich wie der real existierende Sozialismus die Annahme von Karl Marx widerlegt hat, dass sich die Menschen in eine klassenlose Gesellschaft fügen würden, wenn der Staat für sie sorgt.

13.5.3 Eigennutz und Sozialpolitik

Die Erkenntnis, dass die kapitalistische Marktwirtschaft das Gemeinwohl nicht ausreichend fördert, war der Grund für die Schaffung der sozialen Marktwirtschaft. Sie bezweckt eine Steigerung des Gemeinwohls durch eine Umverteilung der Einkommen. Voraussetzung dafür ist, dass jeder einzelne, der durch seine Beteiligung am Wirtschaftsleben Vorteile erlangt, einen Teil derselben an die Gemeinschaft abführt, also Steuern bezahlt. So verstanden ist die These von Adam Smith keineswegs banal. Denn eine Steigerung der Gesamtwirtschaftsleistung führt auch zu höheren Steuereinnahmen. Ob Adam Smith an diese Möglichkeit gedacht hat, das Gemeinwohl zu steigern, erscheint allerdings zweifelhaft.

Die soziale Marktwirtschaft ergänzt Wirtschaftspolitik mit Sozialpolitik, um sicherzustellen, dass tatsächlich dem Gemeinwohl gedient ist, wenn Menschen die Freiheit gewährt wird, in eigennütziger Weise nach Gewinn zu streben. Sie beruht auf dem Gedanken, dass es allen besser geht, wenn es jedem Einzelnen besser geht. Auch wenn unsere Anstrengungen, diese Ziele zu erreichen, nachgelassen haben, besteht nach wie vor ein gesellschaftlicher

Konsens darüber, dass ihre Verfolgung ein gemeinsames Interesse ist. Das ist es, was hierzulande unter Gemeinwohl verstanden wird.

Hat die kapitalistische Marktwirtschaft dazu beigetragen, diese Ziele zu erreichen? Ja und nein. Ihre Ergebnisse haben es *notwendig* gemacht, sie zu korrigieren. Andererseits haben sie es *ermöglicht*, die erforderlichen Korrekturen vorzunehmen. Eine Förderung des Gemeinwohls findet also erst auf diesem Umweg statt.

Besagten Zielen waren wir bereits näher gekommen. Doch hat uns der Abbau des Sozialstaates davon wieder entfernt. Wir sind zu einer Form der kapitalistischen Marktwirtschaft zurückgekehrt, die den Anspruch, das Gemeinwohl zu fördern, nicht erfüllt.

13.6 Corporate Social Responsibility

Diese Erkenntnis hat eine Diskussion der ethischen Aspekte wirtschaftlicher Betätigungen veranlasst, die unter der Überschrift *Corporate Social Responsibility* stattfindet. Sie unterstreicht die gesellschaftliche Verantwortung von Unternehmen. *Corporate Social Responsibility* fordert, dass Unternehmen bei der Verfolgung ihrer wirtschaftlichen Ziele nicht nur die Gesetze beachten, sondern auch zu einer nachhaltigen Entwicklung beitragen. Darüber hinaus sollen sich die Beziehungen zu Mitarbeitern und Kunden nach ethischen Grundsätzen richten.

Auf den ersten Blick scheinen diesen Forderungen dem Ziel der Profitmaximierung zu widersprechen. Das ist in der Tat der Fall, wenn es darum geht, kurzfristig die größten Gewinne zu machen. Langfristig kann dagegen eine Strategie erfolgreicher sein, mit der Kunden zufriedengestellt werden, um sie an sich zu binden. Offenbar beruht die Idee der *Corporate Social Responsibility* auf dieser Überlegung. Das verweist sie in den Bereich der Scheinheiligkeit, von der bereits die Rede war.

Allein die Tatsache, dass besagte Forderungen Gegenstand einer Diskussion sind, zeigt, dass ihre Erfüllung offenbar nicht gewährleistet ist. Versteht man Gemeinwohl in einem Sinne, der diese Forderungen einbezieht, so kommt man zu dem Schluss, dass die kapitalistische Marktwirtschaft, wenn man sie sich selbst überlässt, keine Gewähr bietet, das Gemeinwohl zu fördern.

14

Ausnutzung und Ausbeutung

Die kapitalistische Marktwirtschaft hat ihr Versprechen gehalten, den Wohlstand zu heben, wie die in Kap. 4 genannten Zahlen belegen. Andere Erwartungen hat sie dagegen nicht erfüllen können, wie in Kap. 13 näher ausgeführt wurde. In einigen Ländern, die sich erst in jüngerer Zeit industrialisiert haben, ist es sogar zu Missständen gekommen, wie sie während des Hochkapitalismus des 19. Jahrhunderts in Europa aufgetreten waren. Die Neigung der kapitalistischen Marktwirtschaft, Menschen auszubeuten, ist in diesen Ländern deutlich zu erkennen. Aber auch in Industrieländern ist davon etwas zu spüren.

© Der/die Autor(en), exklusiv lizenziert an Springer Fachmedien Wiesbaden GmbH, ein Teil von Springer Nature 2023
W. Plasa, *Der totalitäre Kapitalismus*,
https://doi.org/10.1007/978-3-658-41761-1_14

14.1 Gewerkschaften und die Internationale Arbeitsorganisation

14.1.1 Die Vereinigungsfreiheit und das Recht auf Kollektivverhandlungen

Das klassische Mittel, sich gegen die Ausbeutung seiner Arbeitskraft zu schützen, ist die Bildung von Gewerkschaften Das Recht, sich gewerkschaftlich zu organisieren, wird Vereinigungsfreiheit genannt. Sie wird ergänzt durch das Recht auf Kollektivverhandlungen, das es Gewerkschaften erlaubt, ihre Mitglieder bei Verhandlungen mit Arbeitgebern zu vertreten und Tarifverträge abzuschließen. Vereinigungsfreiheit und Kollektivverhandlungen sind geeignete Mittel, um die Interessen von Lohnarbeitern zu wahren. Der Anwendung dieser Mittel sind jedoch Grenzen gezogen, weil die Macht von Gewerkschaften an den Landesgrenzen aufhört.

Um sie zu überwinden, bedarf es einer internationalen Zusammenarbeit. Dafür gibt es verschiedene Wege. Ein Weg wurde im Manifest der Kommunistischen Partei aus dem Jahr 1847 vorgeschlagen, in dem die Proletarier aller Länder dazu aufgerufen wurden, sich zu vereinigen. Dazu ist es allerdings nur ansatzweise gekommen.

14.1.2 Die Internationale Arbeitsorganisation (ILO)

Ein anderer Weg wurde nach dem Ersten Weltkrieg eingeschlagen. Er besteht darin, internationale Arbeitsstandards in Form von völkerrechtlich verbindlichen Übereinkommen und Empfehlungen auszuarbeiten. Damit wurde die Internationale Arbeitsorganisation (IAO, auf Englisch ILO) beauftragt, die 1919 gegründet wurde. Die Verfassung der ILO ist ein Anhang zum Versailler Vertrag. Sie beginnt mit den Worten: „*Der Weltfriede kann auf Dauer nur auf sozialer Gerechtigkeit aufgebaut werden.*"

Die ILO hat heute 187 Mitgliedstaaten.[1] Aufgabe der ILO ist es, internationale Arbeitsstandards in Form von völkerrechtlich verbindlichen Übereinkommen und Empfehlungen auszuarbeiten. Das geschah zum einen in der Absicht, soziale Konflikte zu vermeiden. Die Regierung des Staates, der die Initiative zur Schaffung dieser Organisation ergriffen hatte, nämlich die USA, war jedoch weniger an sozialer Gerechtigkeit als vielmehr daran interessiert, seine Unternehmen vor der Konkurrenz durch Importe aus Billiglohnländern zu schützen.

14.1.3 Die Kernarbeitsnormen

Im Jahre 1998 haben die Mitgliedstaaten der ILO eine *Erklärung der grundlegenden Prinzipien und Rechte bei der Arbeit* verabschiedet. Sie umfassen die Vereinigungsfreiheit, das Recht auf Kollektivverhandlungen, die Beseitigung der Zwangsarbeit, die Abschaffung der Kinderarbeit und das Verbot der Diskriminierung in Beschäftigung und Beruf. Die Erklärung fordert zudem eine Entlohnung, die zur Bestreitung der Lebenshaltungskosten ausreicht, eine Begrenzung der Arbeitszeit auf 48 Wochenstunden, keinen Zwang zu Überstunden und Sicherheit am Arbeitsplatz. Diese Mindestnormen werden *core labor standards* (Kernarbeitsnormen) genannt. Sie sind in acht Übereinkommen definiert, deren Einhaltung von allen Vertragsstaaten ver-

---

[1] https://www.ilo.org/global/about-the-ilo/lang%2D%2Den/index.htm. Zugegriffen: 16.04.2023.

langt wird, einschließlich derer, die die fraglichen Übereinkommen nicht ratifiziert haben.

Die *Erklärung der grundlegenden Prinzipien und Rechte* bei der Arbeit erkennt das Recht von Arbeitern an, „*einen gerechten Anteil an dem Wohlstand zu fordern, zu dessen Schaffung sie beigetragen haben, und ihr menschliches Potenzial voll zu verwirklichen*".[2] Ein Jahr später, 1999, hat die ILO diese Erklärung durch eine *Agenda für menschenwürdige Arbeit* ergänzt.[3] Darunter wird eine Tätigkeit verstanden, für die ein „*gerechtes Einkommen bezogen und bei der Sicherheit am Arbeitsplatz und Sozialschutz gewährt wird*".[4]

14.2   Mindestlöhne

Wie erwähnt, neigt die kapitalistische Marktwirtschaft dazu, Löhne niedrig zu halten. Aus diesem Grunde gibt es in 90 % der Mitgliedstaaten der ILO gesetzliche oder vertragliche Mindestlöhne. Die ILO ist selbst nicht befugt, ihren Mitgliedsstaaten Mindestlöhne in einer bestimmten Höhe vorzuschreiben. Daher sieht das ILO-Übereinkommen C131 über Mindestlöhne lediglich vor, dass sie im Wege eines Dialogs zwischen den Sozialpartnern festgelegt werden und sie die Bedürfnisse der Arbeiter und ihrer Familien sowie wirtschaftliche Faktoren berücksichtigen sollen.[5] Doch ist das keineswegs in allen Ländern der Fall.

---

[2] https://www.ilo.org/declaration/thedeclaration/textdeclaration/lang%2D%2Den/index.htm. Zugegriffen: 16.04.2023.

[3] https://www.ilo.org/berlin/arbeitsfelder/kinderarbeit/WCMS_627790/lang%2D%2Dde/index.htm. Zugegriffen: 16.04.2023.

[4] https://www.ilo.org/wcmsp5/groups/public/%2D%2D-dgreports/%2D%2D-dcomm/documents/publication/wcms_090711.pdf. Zugegriffen: 16.04.2023.

[5] https://www.ilo.org/wcmsp5/groups/public/%2D%2D-dgreports/%2D%2D-dcomm/documents/publication/wcms_762302.pdf. Zugegriffen: 16.04.2023.

14.2.1   Mindestlöhne in armen Ländern

Im Jahre 2019 betrug der Medianwert der monatlichen Mindestlöhne in der Welt, auf Grundlage der Kaufkraftparität berechnet, $ 486 pro Monat.[6] In Afrika beträgt der Medianwert der Mindestlöhne $ 220. Am niedrigsten ist der Mindestlohn in Uganda, wo er auf $ 5 festgelegt ist. Auf dem amerikanischen Kontinent erreicht der Medianwert der Mindestlöhne $ 668. In Mexiko beträgt er allerdings nur $ 289. In Asien und dem pazifischen Raum beläuft sich der mediane Mindestlohn auf $ 381, in Bangladesch beträgt er nur $ 48. Mindestlöhne sind besonders niedrig in der Textilbranche. Er beträgt in der Ukraine € 80, in Rumänien € 133 und in Bulgarien € 139.

Ein gesetzlicher oder vertraglicher Mindestlohn allein bietet keine Gewähr, dass er auch eingehalten wird. Mehr als 327 Mio. Menschen arbeiten für Löhne unterhalb des in dem jeweiligen Lande geltenden Mindestlohns. Das sind etwa 19 % aller Lohnarbeiter der Welt.

In acht Ländern unterschreitet der Mindestlohn den Betrag, der von der Weltbank als Armutsgrenze definiert wird, nämlich $ 3,20 pro Person pro Tag. In fünf Ländern ist der Mindestlohn sogar geringer als die Grenze extremer Armut, die bei $ 1,90 pro Person pro Tag liegt. Extreme Armut bedeutet, dass ein Mensch nicht in der Lage ist, seine Grundbedürfnisse zu befriedigen. $ 1,90 pro Tag gilt als das Minimum, das ein Mensch dafür braucht. Etwa 840 Mio. Menschen arbeiten für einen Lohn, der niedriger ist.

Mindestlöhne in dieser Höhe stellen gewiss kein gerechtes Einkommen und keinen gerechten Anteil an dem Wohlstand dar, zu dessen Schaffung die betreffenden Lohn-

---

[6] International Labour Office, Global Wage Report, 2020 – 21, Wages and Minimum Wages in the time of COVID-19.

arbeiter beitragen – wie die *Erklärung über grundlegende Prinzipien und Rechte bei der Arbeit* es fordert. Ebenso wenig berücksichtigen sie die Bedürfnisse der Arbeiter und ihrer Familien – wie ILO-Übereinkommen C131 es vorsieht. Denn viele Lohnarbeiter müssen eine Familie ernähren.

In Entwicklungsländern beträgt die durchschnittliche Familiengröße etwas mehr als vier Personen. Unter Zugrundelegung der Armutsgrenze von $ 3,20 pro Person pro Tag lebt eine vierköpfige Familie, die über ein Einkommen von $ 12,80 pro Tag verfügt, an der Armutsgrenze. Das entspricht einem Monatslohn von $ 384. Der Medianwert der Mindestlöhne in der Welt beträgt, wie gesagt, $ 486 pro Monat. Mit anderen Worten: In fast der Hälfte aller Länder der Welt leben die Familien mit nur einem Ernährer, der den Mindestlohn bezieht, unterhalb der Armutsgrenze.

Diese Situation ist so weit verbreitet, dass man einen eigenen Begriff für die von ihr betroffenen Menschen geprägt hat: sie werden als *working poor* bezeichnet. Wer unter solchen Verhältnissen arbeitet, zahlt im Grunde drauf. Einige Wirtschaftswissenschaftler versuchen das damit zu erklären, dass die Produktivität der Arbeit sehr niedrig ist. Sie weisen darauf hin, dass eine Beschäftigung für einen Hungerlohn besser sei als keine Beschäftigung.[7] Andere meinen, dass Hungerlöhne notwendig sind, um das Kapital zu schaffen, das notwendig ist, um die Produktivität zu steigern, was schließlich auch denen zugutekommt, die zunächst dafür gelitten haben. Das mag sein, liefert aber keine Rechtfertigung.

---

[7] Flanagan, Robert J., *Globalization and Labor Conditions, Working Conditions and Worker Rights in a Global Economy*, S. 44.

14.2.2   Der Mindestlohn in den USA

In den USA liegt der landesweite Mindestlohn derzeit bei
$ 7,25.[8] Wer dafür 40 Stunden in der Woche arbeitet, trägt
am Ende des Monats etwas mehr als $ 1000 nach Hause.
Das ist in einem Land mit einem durchschnittlichen jähr-
lichen Bruttoinlandsprodukt pro Kopf der Bevölkerung
von beinahe $ 70.000 beschämend. Es lässt sich durchaus
als Ausbeutung bezeichnen.

Der Grund ist vor allem das Fehlen starker Gewerkschaften, die es in den USA gegeben hat, die aber ihren
Einfluss verloren haben. Die USA haben weder das Übereinkommen C87 über Vereinigungsfreiheit noch das Übereinkommen C98 über das Recht auf Kollektivverhandlungen
ratifiziert. Sie berufen sich darauf, dass die Gesetze der USA
entsprechende Garantien böten und daher eine völker-
rechtliche Verpflichtung überflüssig sei. Diese Behauptung
ist unwahr.[9]

Seit Jahren stemmt sich der Online-Händler Amazon
gegen die Gründung einer Gewerkschaft, wobei er davon
profitiert, dass die fraglichen Abkommen in den USA nicht
gelten. Amazon werden unerträgliche Arbeitsbedingungen
vorgeworfen. Die Beschäftigten sind offenbar einem hohen
Arbeitsdruck und einer permanenten Kontrolle ausgesetzt.
Angeblich haben sie nicht einmal Zeit für Toilettenpausen,
während sie Pakete ausliefern.[10] Auch in Deutschland

---

[8] https://www.br.de/nachrichten/deutschland-welt/usa-biden-verfuegt-
erhoehung-des-mindestlohns-fuer-hunderttausende,SVm8ioL.   Zugegriffen:
16.04.2023

[9] Reich, Robert, *Rettet den Kapitalismus! Für alle, nicht für 1 %*, S. 61.

[10] Beutelsbacher, Stefan, in https://www.welt.de/wirtschaft/article229252309/
Brisante-Vorwuerfe-Muessen-Amazon-Mitarbeiter-in-Flaschen-urinieren.html.
Zugegriffen: 16.04.2023.

kämpft die Gewerkschaft Verdi seit Jahren für einen Tarifvertrag für die Amazon-Beschäftigten.[11]

Ähnliche Vorwürfe werden gegen die Firma Apple erhoben. Ob sie berechtigt sind, ist nicht erwiesen. Bekannt
ist hingegen, dass der Inhaber von Amazon, Jeff Bezos, ein
Vermögen in der Größenordnung von $ 200 Mrd. besitzt.
Das legt die Vermutung nahe, dass der Vorwurf, er beute
seine Arbeiter aus, nicht aus der Luft gegriffen ist.

14.2.3   Der Mindestlohn in Deutschland

2019 erhielten deutschlandweit 1,4 Mio. Personen den
gesetzlichen Mindestlohn. Das entspricht 3,5 % aller Beschäftigten.[12] Im Jahre 2021 betrug der Mindestlohn in
Deutschland € 1584 pro Monat. Seit Oktober 2022 beträgt
er € 12 pro Stunde. Das entspricht – bei einer Arbeitszeit
von 160 Stunden pro Monat – einem Monatslohn
von € 1920.

Die Armutsgrenze für einen Haushalt mit zwei Er-
wachsenen und zwei Kindern unter 14 Jahren beträgt
€ 2255, mit zwei Kindern über 14 Jahren € 2685. Das
heißt, dass eine vierköpfige Familie mit nur einem Ernährer,
der einen Monatslohn auf Basis des Mindestlohnes bezieht,
über ein Einkommen verfügt, das – je nach Alter der Kinder – zwischen € 335 und € 765 *unterhalb* der Armutsgrenze liegt. Mit anderen Worten: *Beide Eltern müssen
arbeiten.* Das war auch im 19. Jahrhundert so. Damals
nannte man das Ausbeutung.

---

[11] BR24 Nachrichten, 01.04.2022 13:45 Uhr.

[12] https://www.bpb.de/nachschlagen/zahlen-und-fakten/soziale-situation-in-
deutschland/61749/vermoegen-und-einkommen. Zugegriffen: 16.04.2023.

14.3 Die Arbeitsbedingungen

14.3.1 Die Arbeitsbedingungen in Industrieländern

Diese Art der Ausbeutung schien bei uns und in anderen Industrieländern seit 100 Jahren im Wesentlichen überwunden. Gerade in den vergangenen Jahrzehnten ist es zu erheblichen Kürzungen der Arbeitszeit gekommen. Dennoch arbeiten wir auch heute noch mehr Stunden, als zu irgendeiner Zeit vor dem Entstehen des modernen Kapitalismus gearbeitet wurde. Eine Arbeitszeit von acht Stunden besetzt die gesamte Zeit, während der der Mensch über seine volle Spannkraft, Konzentration und Kreativität verfügt. Es bleiben damit für alle anderen Seiten des Daseins nur Stunden, in denen das Bedürfnis nach passiver Beschäftigung, nach Ruhe und Abschalten überwiegen muss.

Gewiss werden heute weitreichende Möglichkeiten angeboten, die Arbeitszeit flexibel oder kürzer zu gestalten. Wer allerdings beruflich vorankommen möchte, wird tunlichst darauf verzichten, die Möglichkeit einer Halbtagsbeschäftigung in Anspruch zu nehmen. Auch wer daran gewöhnt ist, in dem Umfang zu konsumieren, der heute zur Norm geworden ist, wird es nicht in Betracht ziehen, sich mehr Freizeit zu „erkaufen". Im Gegenteil: Er wird es möglicherweise vorziehen, Überstunden zu machen.

14.3.2 *Burn-out*

Die vom Arbeitnehmer zu erbringende Leistung wird gewöhnlich nach Zeit gemessen und entlohnt. Dabei wird verlangt, dass während der gesamten Arbeitszeit eine volle Leistung erbracht wird. Besonders wo Löhne attraktiv und die Arbeitsbedingungen angenehm sind, können Arbeitgeber erwarten, dass sich die Beschäftigten anstrengen. Aufgrund des Wettbewerbs sehen diese sich gezwungen, besagte Erwartung zu erfüllen.

In der Tat hat sich der Druck zur Leistung in den vergangenen Jahrzehnten enorm gesteigert. Das lässt sich an den Zahlen von sogenannten Burn-outs ablesen, die als Reaktion auf Stress, Überforderung und Überlastung am Arbeitsplatz auftreten. Allein im letzten Jahrzehnt hat sich die Anzahl der Fälle von Arbeitsunfähigkeit infolge von Burn-out nahezu verdoppelt. Im Jahre 2019 zählte die AOK durchschnittlich 5,9 Fälle je 1000 Mitglieder. Insgesamt gab es 2019 rund 185.000 Burn-out-Kranke. Auch die Schwere der Fälle hat zugenommen. Während im Jahre 2005 noch 13,9 Krankheitstage je 1000 Mitglieder anfielen, waren es 2019 bereits 129,8.[13]

Burn-out beschreibt einen Zustand tiefer emotionaler, körperlicher und geistiger Erschöpfung. Nicht alle Fälle sind berufsbedingt. Und manche Fälle mögen selbst verschuldet sein, weil die betreffenden Personen selbst zu hohe Erwartungen und Ansprüche an sich stellen. Bis vor kurzem wurde Burn-out noch als „Probleme mit Bezug auf Schwierigkeiten bei der Lebensbewältigung" diagnostiziert.[14] Inzwischen hat man die Eigenständigkeit des Krankheitsbildes und seiner Ursache erkannt. Sie ist eine Überforderung am Arbeitsplatz. Sie ist die Folge einer modernen Form der Ausbeutung.

---

[13] https://de.statista.com/statistik/daten/studie/239872/umfrage/arbeitsunfaehigkeitsfaelle-aufgrund-von-burn-out-erkrankungen. Zugegriffen: 16.04.2023.

[14] https://gesund.bund.de/icd-code-suche/z73. Zugegriffen: 16.04.2023.

14.3.3 Die Arbeitsbedingungen in armen Ländern

Die Ausbeutung der Lohnarbeiter, die den Hochkapitalismus prägte, ist nicht überall verschwunden. Es gibt sie – noch oder wieder – in Entwicklungsländern, die angefangen haben, sich zu industrialisieren. Die Liberalisierung des Welthandels hat die Voraussetzungen dafür geschaffen, dass ohne den Einsatz von Gewalt Handelsströme entstehen, wie es sie zu Zeiten des Kolonialismus gegeben hat.

Dabei sind Hungerlöhne nicht das einzige Problem. Außergewöhnlich starke Arbeitsbelastung, lange Arbeitszeiten sowie Mängel hinsichtlich der Arbeitssicherheit, des Arbeitsschutzes und des Gesundheitsschutzes sind ebenfalls in vielen Billiglohnländern die Regel. Diese Probleme werden jedoch nur dann von der Welt zur Kenntnis genommen, wenn sich Katastrophen ereignen. Zu einer solchen Katastrophe ist es im Jahre 2013 in Bangladesch gekommen.

Am 24. April 2013 stürzte in Dhaka, der Hauptstadt Bangladeschs, das *Rana Plaza*, ein achtgeschossiges Gebäude, ein. Darin befanden sich mehrere Textilfirmen, die vor allem für den Export nach Europa und den USA produzierten. Schon am Tag zuvor waren Risse in dem Gebäude entdeckt worden. Obwohl die Polizei den Zutritt zu dem Gebäude verboten hatte, hielten sich zur Zeit des Unglücks mehr als 3000 Menschen darin auf, größtenteils Textilarbeiterinnen, die trotz der Mängel gezwungen worden waren, ihre Arbeit fortzusetzen. 1136 Menschen starben, über 2000 wurden verletzt.[15]

In Bangladesch gibt es mehr als 3600 Werkstätten, die als Zulieferer für die internationale Modebranche tätig sind.

---

[15] https://de.wikipedia.org/wiki/Geb%C3%A4udeeinsturz_in_Sabhar. Zugegriffen: 16.04.2023.

Der Textilsektor erwirtschaftet etwa 20 % des Brutto-inlandsprodukts und stellt 80 % aller Exporte. Bangladesch ist einer der Hauptlieferanten der Billigware, die von Unternehmen importiert werden, welche bei uns Ladenketten betreiben. Obwohl nach dem Unglück in Bangladesch die gesamte Textilindustrie in die Kritik geriet, haben sich die Arbeitsbedingungen nicht merklich verbessert.

Bei genauerer Betrachtung wird deutlich, dass nicht nur Lohnarbeiter in armen Ländern ausgebeutet werden, sondern diese Länder auch als Ganze. Zwar ist im Zuge der Globalisierung ein nahezu weltumspannender Freihandel entstanden. Doch hat dies nicht zu einer Angleichung der Kaufkraft verschiedener Devisen geführt. Währungen wie der Dollar oder der Euro haben eine ungleich größere Kaufkraft als diejenigen armer Länder. Daher können reiche Länder in armen Ländern verhältnismäßig billig einkaufen – was darauf hinausläuft, dass sie diese Länder ausbeuten.

14.3.4   Kinderarbeit

In vielen Ländern, in denen die Löhne der Eltern nicht reichen, um eine Familie zu ernähren, müssen auch die Kinder arbeiten. Während des Hochkapitalismus war Kinderarbeit auch bei uns verbreitet. Diese Zustände sind bei uns seit langem überholt, doch keineswegs auch in allen anderen Ländern.

Nach Untersuchungen der ILO gab es 2016 etwa 150 Mio. Kinderarbeiter, von denen etwa die Hälfte weniger als 11 Jahre alt war.[16] Diese Zahlen entsprechen rund 9 % aller gleichaltrigen Kinder in der Welt. Etwa 70 % der Kinderarbeiter sind in der Landwirtschaft beschäftigt, was

---

[16] International Labour Office: *Global estimates of child labour: Results and trends, 2012–2016.*

man als „normal" ansehen kann. 12 % arbeiten in der Industrie. Dabei handelt es sich um 18 Mio. Kinder.[17] Sie werden „wirtschaftlich ausgebeutet", wie der zitierte Text es nennt.

14.4 Die Ausbeutung des Verbrauchers

Das Wirtschaftswachstum der vergangenen Jahrzehnte hat vor allem in Industrieländern eine deutliche Zunahme der Einkommen bewirkt. Sie hat früheren Formen der Ausbeutung der Lohnarbeiter weitgehend ein Ende gesetzt. Gleichzeitig ließ sie ein neues Phänomen entstehen, das durch die Steigerung der Einkommen ermöglicht wurde: Die Ausbeutung der Menschen als Verbraucher.

Die Vorstellung, als Verbraucher ausgebeutet zu werden, klingt absurd, denn man sollte meinen, dass die Entscheidungsfreiheit der Konsumenten es erlaubt, sich jeglicher Ausbeutung zu entziehen. Das wäre theoretisch auch möglich. Praktisch hindert sie jedoch daran der Zwang zum Konsum, von dem bereits die Rede war.

14.4.1 Immobilien und Konsum

58 % der Deutschen besitzen keine Wohnung.[18] Sie müssen zur Miete wohnen. Das ist eine Art des Konsums. Mehr als die Hälfte der deutschen Bevölkerung ist zu dieser Art des Konsums gezwungen.

Die Höhe der Mieten wird vor allem durch die Preise für Immobilien bestimmt. Die Preise für Immobilien sind in

---

[17] https://www.ilo.org/wcmsp5/groups/public/@dgreports/@dcomm/documents/publication/wcms_575499.pdf. Zugegriffen: 16.04.2023.

[18] Siehe Abschn. 5.4.3.

den vergangenen zehn Jahren um mehr als 50 % gestiegen.[19] Da es auf dem Immobilienmarkt ein strukturelles Unterangebot gibt,[20] können auch Vermieter verhältnismäßig hohe Mieten verlangen.

Im Jahr 2020 lagen die monatlichen Mietkosten der privaten Haushalte bei durchschnittlich € 745. Damit betrugen die Ausgaben fürs Wohnen 30 % der gesamten privaten Konsumausgaben.[21] Etwa ein Drittel der zur Miete wohnenden Deutschen zahlen sogar 42 % ihres Einkommens für die Miete. Diese Situation lässt sich durchaus als Ausbeutung der Verbraucher bezeichnen.

14.4.2   Knebelung und Ausbeutung

Eine Methode der Ausbeutung des Verbrauchers sind Knebelungsverträge. Sie sind in bestimmten Branchen üblich, weil dem Verbraucher keine andere Wahl angeboten wird. Ein Beispiel hierfür ist die Vertragsgestaltung, die Unternehmen wie zum Beispiel Mobilfunknetzbetreiber, Stromversorger und Versicherungsgesellschaften anbieten. Erstens werden in der Regel nur Langzeitverträgen angeboten. Zweitens verlängern sich diese Verträge gewöhnlich automatisch. Und drittens gibt es überaus lange Kündigungsfristen. Offenbar hat die Bundesregierung die Notwendigkeit erkannt, dieser Art der Ausbeutung durch ein Gesetz einen Riegel vorzuschieben. Das ist mehr als überfällig, und zwar nicht nur in den genannten Bereichen.[22]

---

[19] https://de.statista.com/statistik/daten/studie/70265/umfrage/haeuserpreisindex-in-deutschland-seit-2000. Zugegriffen: 16.04.2023.

[20] Siehe Abschn. 13.3.3.

[21] https://de.statista.com/statistik/daten/studie/868855/umfrage/mietkostenanteil-an-konsumausgaben-privater-haushalte-in-deutschland.   Zugegriffen: 16.04.2023.

[22] https://www.welt.de/wirtschaft/article222635906/Handy-Strom-Versicherung-Faire-Vertraege-Gesetz-regelt-Verlaengerung-Laufzeit-und-Kuendigung-neu.html. Zugegriffen: 16.04.2023.

14.4.3   Geplante Obsoleszenz

In den 1950er-Jahren begannen US-amerikanische Auto-
bauer, alljährlich neue Modelle vorzustellen, um Kunden
dazu zu veranlassen, in kürzeren zeitlichen Abständen neue
Wagen zu kaufen. Die „neuen" Modelle unterschieden sich
jedoch meist nur wenig oder nur äußerlich von den Vor-
gängern. In jüngerer Zeit wird das gleiche Konzept von
Herstellern von Smartphones angewandt, deren Leistung
sich nur quantitativ unterscheidet.

Marketingfachleute nennen dies *incremental innovation*.[23]
Sie geht in der Regel mit dem einher, was „geplante Obso-
leszenz" genannt wird. Die Ausbeutung des Verbrauchers
beschränkt sich dabei nicht auf den eigentlich überflüssigen
Kauf neuer Produkte, sondern besteht auch darin, dass die
Produkte der vorangehenden Generation an Wert verlieren.
Ein Extremfall dieser Strategie besteht darin, Produkte so zu
manipulieren, dass sie nach einer bestimmten Frist oder Ge-
brauchshäufigkeit unbrauchbar und irreparabel werden.

14.4.4   Geistiges Eigentum und
Ausbeutung

Ein weiterer Bereich, in dem es zu einer Ausbeutung der
Verbraucher kommt, ist der Schutz des geistigen Eigentums. Da geistiges Eigentum in vielen Fällen eine Art
Monopolstellung verschafft, kann der Preis weitgehend
vom Anbieter bestimmt werden. Davon profitieren ganze
Industriezweige wie etwa die Musikindustrie, die durch ge-
zielte Geschmacksbildung Angebot und Nachfrage bestimmt. Der größte Nutznießer des Schutzes des geistigen
Eigentums dürfte die IT-Industrie sein.

---

[23] https://masschallenge.org/article/incremental-innovation. Zugegriffen: 16.04.2023.

Es gibt nur eine Handvoll Betriebssysteme, und jeder, der einen Computer oder ein Handy kauft, muss jedes Mal wieder dafür bezahlen. Die Inhaber der fraglichen Unternehmen gehören zu den reichsten Menschen auf dieser Erde. Das liegt gewiss zum Teil an der erfolgreichen Führung dieser Unternehmen. Es liegt vor allem aber an den durch den Schutz des geistigen Eigentums gewährten rechtlichen Privilegien, die völlig ungerechtfertigt sind. Um sie aufrechtzuerhalten, reicht es, sich immer wieder eigentlich unwesentliche Verbesserungen patentieren zu lassen. Verbunden mit einer Politik der Aktualisierungen, die aus einem Kauf eines Computers gewissermaßen ein Abonnement macht, werden Kunden ihr Leben lang an den Konzern gebunden – und ausgebeutet.

14.5   Die Schröpfung der Schuldner

Nicht lange nach der Geburt der Konsumgesellschaft begannen viele Menschen, über ihre Verhältnisse zu leben. Das aber wurde nicht als Warnung, sondern als Gelegenheit betrachtet, den Einzelnen noch in anderer Form auszubeuten, und zwar als Schuldner. Eine ältere Form sind Abzahlungsgeschäfte, für die vergleichsweise hohe Zinssätze gezahlt werden. Eine moderne Form sind Kreditkarten, die heute von Banken, Einzelhandelsunternehmen, Fluggesellschaften und andere Unternehmen angeboten werden.

Derartige „Zahlungserleichterungen" können Menschen dazu verführen, unvernünftige wirtschaftliche Entscheidungen zu treffen. Wenn man erst sparen muss, bevor man sich etwas anschaffen kann, hat man Zeit zu überlegen, ob sich das wirklich lohnt. Kann man es sofort kaufen, entscheidet man sich leicht unüberlegt. Man lässt sich ausbeuten.

Zahlungserleichterungen können Menschen dazu veranlassen, sich über Gebühr zu verschulden. Dabei geraten manche in eine Schuldenspirale. Denn die Zinssätze für solche Kredite sind in der Regel hoch, aber nur selten klar ausgewiesen. Falls man mit Kreditkarten gemachte Schulden nicht rechtzeitig zurückzahlen kann, erhöhen sich die Zinssätze. Der durchschnittliche Zinssatz auf Kreditkartenschulden in den USA beträgt etwa 20 %, der Höchstzinssatz liegt bei 36 %.[24] Das ist zwar Wucher, aber zulässig.

Im Jahre 2020 lag das private Schuldenvolumen in Deutschland bei rund € 202 Mrd. Die individuelle Schuldensumme lag 2020 im Mittel bei € 29.500. Die Zahl überschuldeter Bürger über 18 Jahre betrug 6,16 Mio., also beinahe 9 % der Bevölkerung.[25] In den USA belief sich die Gesamtverschuldung privater Haushalte im Jahre 2020 auf mehr als $ 15 Billionen.[26] Das ist der höchste Schuldenstand aller Zeiten.

Verschuldung hat eine Folge, die leicht übersehen wird. Wer Schulden hat, muss ein Einkommen haben, um sie zu zurückzuzahlen. Er wird daher zögern, zu streiken, um eine Gehaltserhöhung durchzusetzen. Schulden schwächen auch die Position des Schuldners als Arbeitnehmer, was es Arbeitgebern leichter machen kann, ihn auszubeuten.

14.6   Die dreifache Ausbeutung

Werden Menschen – wie in vielen Entwicklungsländern – als Lohnarbeiter ausgebeutet, besteht wenig Spielraum, sie auch als Verbraucher auszubeuten, denn ihre Mittel sind so beschränkt, wie ihre Löhne niedrig sind. Die Ausbeutung

---

[24] https://www.thebalance.com/average-credit-card-interest-rate-4772408. Zugegriffen: 16.04.2023.

[25] https://de.statista.com/statistik/daten/studie/166338/umfrage/anzahl-der-schuldner-in-deutschland-seit-2004/. Zugegriffen: 16.04.2023.

[26] https://www.boersen-zeitung.de/meinung-analyse/rekordschulden-vertiefen-soziale-kluft-in-den-usa. Zugegriffen: 16.04.2023.

von Menschen als Verbraucher findet daher überwiegend in Ländern mit höheren Einkommen statt. Die Globalisierung hat es ermöglicht, beide Arten der Ausbeutung zu kombinieren.

Güter, die von unterbezahlten Lohnarbeitern in armen Ländern zu einem Spottpreis hergestellt werde, werden in reichen Ländern mit einem Markennamen versehen und zu einem überhöhten Preis – oft einem Mehrfachen des Gestehungspreises – verkauft. Der Verbraucher bemerkt das kaum, denn die fragliche Ware ist immer noch deutlich billiger als die heimische Produktion es ist bzw. war, als es sie noch gab. Im Gegenteil: Der Verbraucher hat das Gefühl, „reicher" geworden zu sein. In der Tat funktioniert die Ausbeutung des Verbrauchers vor allem deswegen, *weil sie nicht bemerkt wird*.

Um durch weitere Anschaffungen dieser Art noch „reicher" zu werden, ist der Verbraucher auch bereit, sich zu verschulden. Dann lässt er sich ein zweites Mal ausbeuten. Gemeinsam mit der Ausbeutung desjenigen, der die Ramschware hergestellt hat, kommt es dann zu einer dreifache Ausbeutung.

Das Wort Ausbeutung klingt unschön. Die Verwendung dieses Begriffs mag übertrieben erscheinen. Doch ist er überall dort berechtigt, wo Menschen Zwängen unterliegen – die bereits wiederholt genannt worden sind. Zwänge erlauben Ausbeutung, und Ausbeutung ist der wesentliche Grund der wachsenden Ungleichheiten in der Welt, die in Kapitel 5 erwähnt wurden. Sie sind gewachsen, *weil eine Minderheit eine Mehrheit ausbeutet*.

14.7   Die Plünderung des Planeten

Menschen auszubeuten, ist eine der beiden einfachsten Methoden, reich zu werden. Die andere besteht darin, die Umwelt auszubeuten. Letztere gibt sie in zwei Versionen, nämlich der Ausbeutung von Rohstoffvorkommen und der Verschmutzung der Umwelt.

14.7.1 Die Ausbeutung von Bodenschätzen

Seit jeher verwendet man den Begriff Ausbeutung für die Gewinnung von Bodenschätzen. In diesem Zusammenhang erscheint der Begriff wertfrei. Bei näherer Betrachtung wird hingegen deutlich, dass es sich auch hier oft um eine Ausbeutung im Sinne von Plünderung handelt.

Bodenschätze sind nutzbare Rohstoffe, die als natürliche Ablagerungen in der Erdkruste vorkommen. Dazu gehören Erze und Metalle, fossile Rohstoffe wie Kohle, Erdöl und Erdgas sowie Steine und Erden. Einige der größten Rohstoffvorkommen liegen in den ärmsten Ländern der Erde, die selbst nicht die technische Kapazität haben, sie auszubeuten. Industrieller Bergbau erfordert enorme Investitionen. Daher wird der Sektor von weniger als einem Dutzend großer Konzerne beherrscht.

Bodenschätze sind, solange sie in der Erde liegen, wertlos. Dieser Umstand erleichtert den Unternehmen die Verhandlungen mit den Regierungen der fraglichen Länder über die Höhe der Abgaben. Sie werden Royalties genannt. Dabei handelt es sich um eine nach dem Warenwert bemessene Fördersteuer.[27] Sie liegt gewöhnlich bei 10–15 % des Marktwertes der Bergwerks- oder Ölförderung. Das steht in keinem Verhältnis zu den externen Kosten, die typischerweise beim Bergbau anfallen.

Dazu gehören zum Beispiel die Rodung von Wäldern und der Verbrauch von Wasser in Gegenden, wo Wasser knapp ist. Infolgedessen sinken Grundwasserspiegel und

---

[27] Gocht, Werner, *Wirtschaftsgeologie und Rohstoffpolitik*, S. 128.

trocknen Flüsse aus. Ein ähnliches Problem stellt die Verschmutzung des Grundwassers durch Schadstoffe und Schwermetalle dar, die beim Abbau freigelegt werden. Oft werden große Mengen kontaminierten Wassers oder Schlamms in Absetzbecken und Halden gelagert. Diese Art der Lagerung wird gewöhnlich nach einiger Zeit brüchig. Dann sickern hochgiftige Substanzen in die Erde, wo sie für Tausende von Jahren Boden und Grundwasser vergiften können.

Das passierte im Januar 2019 im brasilianischen Bundesstaat *Minas Gerais*, wo der Damm eines Absetzbeckens brach. Eine giftige Schlammlawine von zwölf Millionen Kubikmetern begrub ganze Dörfer unter sich und forderte 186 Todesopfer. Ebenso toxisch sind die Emissionen, die bei Rodung, Aushub, Transport und Sprengarbeiten in die Luft gelangen. Viele Menschen, die in der Nähe von Minen leben, leiden unter Atemwegsprobleme und Lungenerkrankungen.

Förderstätten haben eine begrenzte Lebensdauer, die endet, wenn die Lagerstätten erschöpft oder nicht mehr rentabel sind. Dann ist meist auch kein Geld mehr da, um den Abfall zu beseitigen, der während des Betriebs angefallen ist. In Chile und Mexiko zum Beispiel gibt es viele stillgelegte Kupferminen, deren Altdeponien das umliegende Gebiet nachhaltig verseucht haben. Die Ausbeutung von Rohstoffvorkommen in armen Ländern lässt sich mit Recht so bezeichnen, denn sie wird zu einem guten Teil von der Umwelt und den Anwohnern bezahlt – mit ihrer Gesundheit.

14.7.2 Umweltverschmutzung und Klimawandel

Die Verschmutzung der Umwelt ist eines der größten Probleme unserer Zeit. So gelangen zum Beispiel pro Jahr im

Durchschnitt etwa 100.000 t Öl und 8.000.000 t Plastikmüll ins Meer. Gegenwärtig treiben 5000 Mrd. Plastikpartikel in den Ozeanen.[28] Offenbar dienen sie bestimmten Fischen als Nahrung, die wiederum von Menschen gegessen werden. Daher steht zu befürchten, dass Mikroplastik in der Nahrungskette bis zum Menschen gelangt.[29] Mittel der Schädlingsbekämpfung und Düngung gelangen ins Trinkwasser und erregen Krebs. Luftverschmutzung macht uns krank und bringt Menschen um.

Ein ebenso großes Problem stellt die Erderwärmung dar. Sie beruht auf dem Treibhauseffekt, der so genannt wird, weil er der Wirkung eines Gewächshauses ähnelt: Kurzwellige Sonnenstrahlung dringt von außen durch die Erdatmosphäre ein und wandelt sich in langwelligere Wärmestrahlung um. Dieser Effekt ist Voraussetzung für das menschliche Leben auf der Erde. Denn ohne ihn wäre es dafür viel zu kalt.[30] Doch gelangt immer weniger Wärmestrahlung nach draußen.[31] Deren Menge hängt von der Zusammensetzung der Atmosphäre ab. Sie hat sich geändert, weil immer größere Mengen sogenannter Treibhausgase ausgestoßen werden. Sie verhindern die Wärmestrahlung nach außen. Die Erde heizt sich daher wie ein Treibhaus auf.

Treibhausgase entstehen bei der Verbrennung von Kohle, Erdöl und Erdgas. Auch Mülldeponien, Klärwerke, die Viehhaltung und der Reisanbau produzieren sie. Bäume

[28] https://de.oceancampus.eu/cours/O99/die-ozeane-und-die-plastikbedrohung. Zugegriffen: 16.04.2023.

[29] https://www.scinexx.de/news/biowissen/mikroplastik-auch-in-fischen/#:~:text=Die%20untersuchte%20Fischgruppe%20wandert%20intensiv,auch%20bis%20zum%20Menschen%20ausbreiten. Zugegriffen: 16.04.2023.

[30] https://www.wwf.ch/de/unsere-ziele/treibhauseffekt-wie-treibhausgase-unser-klima-veraendern. Zugegriffen: 16.04.2023.

[31] https://www.ardalpha.de/wissen/umwelt/klima/klimawandel/treibhauseffekt-atmosphaere-kohlendioxid-klimaerwaermung-100.html. Zugegriffen: 16.04.2023.

können CO_2 aufnehmen, doch sind sie dazu aufgrund voranschreitender Rodung von Wäldern immer weniger in der Lage. Die Folge ist eine stetige Erhitzung der Erde und ein Wandel des Klimas. Klimawissenschaftler erwarten, dass sich die durchschnittliche Temperatur bis 2100 um 2 bis 4 Grad erhöht. Das wäre eine existenzielle Bedrohung für das Leben auf der Erde.

15

Die Legitimität der kapitalistischen Marktwirtschaft

Es lässt sich nicht übersehen: Die kapitalistische Marktwirtschaft hat nicht alle Versprechen gehalten. Dagegen
hat sie erhebliche Probleme geschaffen. Dennoch ist der
Grad ihrer Akzeptanz in der Gesellschaft überaus hoch.
Das liegt vor allem daran, dass sie *ein* Versprechen gehalten
hat: Es geht uns besser als allen früheren Generationen.
Wir akzeptieren sie aufgrund der Annehmlichkeiten, die
sie uns beschert, und schließen die Augen vor den Problemen, die sie mit sich bringt. Diese Probleme sind inzwischen zu gewichtig, um sie zu ignorieren. Und sie werden ständig größer. Angesichts dieser Probleme stellt sich
die Frage: Ist die kapitalistische Marktwirtschaft eigentlich
legitim?

Diese Frage mag überraschen. Denn wir sind geneigt, die
kapitalistische Marktwirtschaft als die „natürliche" Wirt-
schaftordnung zu betrachten, zu der es keine Alternative
gibt. Ihre Nachteile seien unvermeidbar und müssten deshalb hingenommen werden. Diese Betrachtungsweise

© Der/die Autor(en), exklusiv lizenziert an Springer Fachmedien
Wiesbaden GmbH, ein Teil von Springer Nature 2023
W. Plasa, *Der totalitäre Kapitalismus*,
https://doi.org/10.1007/978-3-658-41761-1_15

macht es in der Tat überflüssig, die Frage nach der Legitimität zu stellen. Aber sie beantwortet sie nicht.

Legitimität bedeutet Anerkennungswürdigkeit. Das ist mehr als Akzeptanz. Mit Legitimität ist gemeint, etwas *als rechtmäßig anzuerkennen*. Wie Akzeptanz beruht Legitimität auf einer kollektiven subjektiven Einschätzung. Dabei sind die Kriterien der Beurteilung nicht vorgegeben. Insofern unterscheidet sich Legitimität von Legalität. Letztere bestimmt sich nach dem anwendbaren Recht. Es ist durchaus möglich, dass etwas legal ist, ohne legitim zu sein. Unsere Wirtschaftsordnung ist ohne jeden Zweifel legal. Wie aber steht es mit ihrer Legitimität?

Als legitim gilt vor allem, was den Werten einer Gesellschaft entspricht. Einige der von unserer Gesellschaft anerkannten Werte sind eng mit der kapitalistischen Marktwirtschaft verbunden. Ihre Verfechter behaupten, sie

* schütze die individuelle Freiheit;
* schütze das Privateigentum;
* schaffe eine dezentrale Wirtschaftsplanung;
* erlaube einen freien Wettbewerb;
* belohne Leistung.

Die Frage ist: Sind diese Vorzüge geeignet, die Legitimität der kapitalistischen Marktwirtschaft zu begründen? Verleihen sie ihr Anerkennungswürdigkeit?

15.1   Der Schutz der individuellen Freiheit

Eine Marktwirtschaft setzt voraus, dass die Freiheit wirtschaftlicher Betätigung gewährt wird. Sie selbst kann diese Freiheit jedoch nicht gewähren. Das kann nur der Staat bzw. die Verfassung. Sie zu gewähren, war und ist eine

Forderung des Wirtschaftsliberalismus. Mit dieser *Forderung* hat er die Freiheit wirtschaftlicher Betätigung *gefördert*.

Nach heute vorherrschender Ansicht ist Freiheit ein Menschenrecht und ein Grundwert. Sie beruht auf der Überzeugung, dass die menschliche Würde das Recht auf freie Entfaltung der Persönlichkeit voraussetzt. Man könnte also meinen, die Förderung der Freiheit verleihe der kapitalistischen Marktwirtschaft Legitimität.

15.1.1 Freiheit und Zwänge

Ob und wie weit dies zutrifft, hängt davon ab, wie weit diese Förderung geht. Wie in Kap. 10 näher ausgeführt, sind für die kapitalistische Marktwirtschaft eine Reihe von Zwängen typisch, denen wir als Arbeitnehmer und als Konsumenten ausgesetzt sind. Aufgrund dieser Zwänge büßen wir einen Teil unserer Freiheit ein.[1]

Diese Zwänge mögen bis zu einer gewissen Grenze unvermeidbar sein. In jeder Wirtschaftsordnung gibt es einen Zwang, zu arbeiten, um sich zu ernähren. Die durch unsere Wirtschaftsordnung geschaffenen Zwänge gehen jedoch weit darüber hinaus. Die Freiheit wirtschaftlicher Betätigung hat hier ihre Grenzen. Auch die Behauptung, die Förderung dieser Freiheit würde der kapitalistischen Marktwirtschaft Legitimität verleihen, hat hier ihre Grenzen. Diese Grenzen sind enger gezogen, als es den Anschein hat.

15.1.2 Freiheit, Gleichheit, Brüderlichkeit

Die während der Französischen Revolution geprägte Devise „Freiheit, Gleichheit, Brüderlichkeit" stellt neben die Freiheit zwei weitere Werte, die mit ihr in Konkurrenz treten

---

[1] Siehe Kap. 10.

können. Das wirft die Frage auf, welchem Wert Vorrang gebührt. Der Liberalismus legt – wie sein Name andeutet – vor allem auf Freiheit Wert, und zwar erforderlichenfalls auch auf Kosten von Gleichheit und Brüderlichkeit. Sozialisten und Kommunisten stellen dagegen das Gebot der Gleichheit in den Vordergrund und sind bereit, dafür auch Teile der Freiheit zu opfern. Die soziale Marktwirtschaft schließlich versucht ein Gleichgewicht zwischen Freiheit und Gleichheit herzustellen und beruft sich auf die Brüderlichkeit – heute sagt man Solidarität – zur Rechtfertigung von Maßnahmen der Korrektur, wo diese notwendig erscheinen.

Dieses Konzept erlaubt Einschränkungen der Freiheit, wo die anderen beiden Werte sie erfordern. Die Bereitschaft dazu hat jedoch in den vergangenen Jahrzehnten erheblich abgenommen. Infolgedessen sind die Grenzen der Freiheit wirtschaftlicher Betätigung immer weiter gezogen worden, und zwar so weit, dass sie auch auf Kosten anderer genutzt werden kann. Die Folge ist eine Einschränkung der Freiheit der Betroffenen.

15.1.3   Aktive und passive Freiheit

Das Grundgesetz erkennt Freiheit als ein Grundrecht an. Artikel 2 Absatz 1 GG formuliert seine Grenzen folgendermaßen:

> *„Jeder hat das Recht auf die freie Entfaltung seiner Persönlichkeit, soweit er nicht die Rechte anderer verletzt und nicht gegen die verfassungsmäßige Ordnung oder das Sittengesetz verstößt.“*

Freiheit hat also dort eine Grenze, wo die Rechte anderer verletzt werden. Dieser Gedanke findet sich bereits in der Erklärung der Menschen- und Bürgerrechte, die am 26. August 1789 von der französischen Nationalversammlung verabschiedet wurde. Deren Artikel 4 besagt:

„Die Freiheit besteht darin, alles tun zu können, was einem anderen nicht schadet. So hat die Ausübung der natürlichen Rechte eines jeden Menschen nur die Grenzen, die den anderen Gliedern der Gesellschaft den Genuss der gleichen Rechte sichern."

In diesem Sinne wird zwischen zwei Arten der Freiheit unterschieden. Man nennt die Freiheit, etwas zu tun, aktive (oder positive) Freiheit. Eine Freiheit von einem Zwang wird passive (bzw. negative) Freiheit genannt.[2] Mit anderen Worten: eine aktive (oder positive) Freiheit ist eine „Freiheit zu", während eine passive (bzw. negative) Freiheit eine „Freiheit von" bedeutet.

Passive Freiheit kann wiederum zweierlei bedeuten. Damit kann die Freiheit von Zwang gemeint sein, sich in einer bestimmten Weise zu verhalten. In diesem Falle ist sie Voraussetzung für die aktive Freiheit, sich anders zu verhalten. Mit passiver Freiheit kann auch die Freiheit von Belästigungen oder Schaden gemeint sein. Diese Art von passiver Freiheit besteht darin, „nicht gestört und in Ruhe gelassen zu werden".

Grundsätzlich erkennt das Grundgesetz das Grundrecht der Freiheit auch im Sinne passiver Freiheit an. Um sie wirksam zu schützen, bedarf es des Erlasses entsprechender Gesetze, die es verbieten, dass jemand seine aktive Freiheit in einer Weise nutzt, die die passive Freiheit anderer verletzt. Da dies Einschränkungen der aktiven Freiheit erfordert, muss eine Abwägung zwischen beiden Rechtsgütern erfolgen. Bei dieser Abwägung wird in der Regel zugunsten der aktiven Freiheit entschieden, sich wirtschaftlich zu betätigen. Dafür werden Verletzungen der passiven Freiheit anderer in Kauf genommen. Das entspricht dem Konzept der Freiheit, das dem Wirtschaftsliberalismus zugrunde liegt.

---

[2] Kraus, Otto Joseph, *Sozialphilosophie und Wirtschaftspolitik*, S. 45; https://de.wikipedia.org/wiki/Negative_und_positive_Freiheit. Zugegriffen: 16.04.2023.

15.1.4 Die Gewährung von Freiheit als Mittel zum Zweck

Für den politischen Liberalismus ist Freiheit *per se* erstrebenswert, also Selbstzweck. Auch der Wirtschaftsliberalismus fordert Freiheit, doch aus einem ganz anderen Grunde. Aus seiner Sicht soll Freiheit gewährt werden, um es zu ermöglichen, mit wirtschaftlicher Betätigung nach Gewinn zu streben. Für ihn ist Freiheit *ein Mittel zu diesem Zweck.*

Beide Lehren unterscheiden sich hinsichtlich der Frage, welche Einschränkungen der Freiheit zulässig sind. Der politische Liberalismus, für den die Freiheit ein eigenständiger Wert ist, lässt es zu, die aktive Freiheit eines Menschen einzuschränken, wenn die passive Freiheit eines anderen dies erfordert. Dagegen lehnt der Wirtschaftsliberalismus Einschränkungen der Freiheit wirtschaftlicher Betätigung grundsätzlich ab. Er erlaubt es, dass die Freiheit, nach Gewinn zu streben, in einer Weise genutzt wird, die die passive Freiheit anderer verletzt. Er ermöglicht es, Gewinne auf Kosten anderer zu machen. Er lässt es zu, diese Freiheit zu missbrauchen.

Ein solcher Missbrauch ist vor allem in Ländern mit einer vergleichsweise freien Marktwirtschaft verbreitet. Die USA haben es abgelehnt, das Kyoto-Protokoll zu ratifizieren, mit dem der Ausstoß von Treibhausgasen weltweit reduziert werden soll. Sie begründen diese Position damit, dass das Protokoll „wirtschaftsfeindlich" sei.[3] Ähnliche Positionen haben sie auch in der WTO bezogen, wie ich als Vertreter der EU in GATT-Verhandlungen beobachten konnte.

---

[3] https://www.tagesschau.de/wirtschaft/meldung146894.html.   Zugegriffen: 16.04.2023.

15.1.5 Einschränkungen der Freiheit durch Gesetze

In jedem Industrieland gibt es Verbote, bestimmte Erzeugnisse zu verkaufen und zu verbrauchen, weil sie Gefahren für die Gesundheit oder Umwelt darstellen. Diese Verbote erstrecken sich jedoch nicht in allen Fällen auch auf den Export der fraglichen Produkte. In vielen Entwicklungsländern ist deren Einfuhr nicht verboten, weil sich diese Länder über die Gefahren nicht im Klaren sind.

Um die Verbraucher in Entwicklungsländern davor zu schützen, schuf der GATT eine Arbeitsgruppe unter dem Titel *Domestically Prohibited Goods.* Sie sollte sich mit der Frage befassen, ob solche Exporte verboten werden sollten. Fanatiker des freien Welthandels – allen voran die USA – lehnten das ab. Um die Initiative zu retten, machte ich einen Minimalvorschlag. Alle Länder, die den Export von Gütern gestatten, die auf ihrem Binnenmarkt verboten sind, sollten dafür eine schriftliche Erklärung beim GATT-Sekretariat hinterlegen. Alle Mitglieder der Arbeitsgruppe waren dafür, außer einem. Der Vorschlag scheiterte am Widerstand der USA.

Die Ansicht der USA, dass der Freiheit wirtschaftlicher Betätigung grundsätzlich Vorrang gebührt, war auch der Anlass zu mehreren Handelsdisputen mit der EU. Im Jahre 1981 wurde in Europa der Gebrauch von Hormonen zur Beschleunigung des Wachstums von Schlachttieren verboten. Grund dieses Verbots war der Verdacht auf Krebserregung. Das Verbot galt auch für Importe von Fleisch von Tieren, an die Hormone verfüttert worden waren. Dieses Einfuhrverbot war Gegenstand einer Klage, die die USA und Kanada im Jahre 1997 vor der Welthandelsorganisation (WTO) gegen die EU erhoben. In einer ersten Entscheidung bekamen die Kläger Recht. Die EU ging in die

Berufung und konnte den Rechtsstreit im Wesentlichen für sich entscheiden.

Im Jahre 1997 beschloss die EU ein Verbot von Einfuhren von Hähnchen aus den USA, da diese dort nach dem Schlachten mit einer chlorhaltigen Lösung gereinigt werden. Das ist kostengünstig, birgt aber Risiken für die menschliche Gesundheit. Es wird befürchtet, dass der Verzehr besagter Hühnchen eine Immunität gegen Antibiotika bewirkt.

Diese unterschiedlichen Auffassungen beruhen darauf, dass in Europa das Vorsorgeprinzip, in den USA das Wissenschaftsprinzip gilt.[4] Ersteres erlaubt Handelsbeschränkungen, wenn Belastungen und Schäden für die Umwelt oder die menschliche Gesundheit vermutet werden. Dagegen lässt das Wissenschaftsprinzip nur dann Handelsbeschränkungen zu, wenn durch wissenschaftliche Studien bewiesen werden kann, dass die fraglichen Produkte tatsächlich gesundheitsschädlich sind. Das Wissenschaftsprinzip ist deutlich „unternehmerfreundlicher". Es nimmt zugunsten der Freiheit, Gewinne zu machen, die Möglichkeit in Kauf, dass Menschen durch die Inanspruchnahme dieser Freiheit Schaden erleiden.

Doch auch das Vorsorgeprinzip kann nur dort Schutz gewähren, wo es angewendet wird. So wehrten sich Bauernverbände in Europa !ange Zeit erfolgreich gegen ein Verbot des Pflanzenschutzmittels Glyphosat, das von der Internationalen Agentur für Krebsforschung (IARC) als „wahrscheinlich krebserzeugend" für den Menschen bewertet wurde. Erst von 2024 an soll es in der EU ganz verboten werden. Bis dahin wird die Anwendung des Vorsorgeprinzips ausgesetzt.

Diese Beispiele belegen, dass die Grenzen der Freiheit wirtschaftlicher Betätigung allgemein zu weit gezogen sind.

---

[4] Zu den Grenzen der Anwendung des Vorsorgeprinzips siehe Abschn. 17.3.1.

Sie kann daher in missbräuchlicher Weise in Anspruch genommen werden. Wo das der Fall ist, ist Freiheit nicht geeignet, der kapitalistischen Marktwirtschaft Legitimität zu verleihen. Im Gegenteil: sie nimmt sie ihr.

15.2   Der Schutz des Privateigentums

Zu einer kapitalistischen Marktwirtschaft gehört auch der Schutz des Privateigentums. Damit verhält es sich ähnlich wie mit der Gewährung der Freiheit. Die kapitalistische Marktwirtschaft selbst kann Privateigentum nicht schützen, sondern sie verlangt seinen Schutz durch den Staat. Dieser Schutz ist eine elementare Forderung des Wirtschaftsliberalismus. Ihm ist es zu verdanken, dass er sehr weit geht – ähnlich wie der der Freiheit.

Man könnte also meinen, dass dieser Umstand der kapitalistischen Marktwirtschaft Legitimität verleiht. Das würde allerdings voraussetzen, dass der Schutz des Privateigentums seinerseits legitim ist. Ob dies der Fall ist, ist eine Frage, mit der sich viele Philosophen beschäftigt haben.

15.2.1   Die Legitimität des Privateigentums

Um sie zu beantworten, muss zwischen zwei Fällen der Aneignung unterschieden werden. Der eine betrifft die Überführung einer ursprünglich herrenlosen Sache in das Privateigentum eines Einzelnen. Der andere Fall betrifft den Erwerb des Eigentums an einer Sache im Moment ihrer Entstehung.

Wer auf dem Strand Muscheln sammelt und daraus ein Halsband macht, erwirbt Eigentum daran. Bevor sie von jemandem aufgehoben werden, sind Muscheln eine herrenlose Sache. Der Erwerb des Eigentums einer zuvor herrenlosen Sache kann eigentlich nur damit gerechtfertigt werden, dass er Vorteile mit sich bringt. Er bringt zweifellos Vorteile für denjenigen mit sich, der das Eigentum an der fraglichen Sache erwirbt. Dem steht unweigerlich der Nachteil gegenüber, dass sie dem Zugriff aller anderen entzogen wird. Eine Rechtfertigung kann daher nur darin bestehen, dass dieser Nachteil durch Vorteile aufgewogen wird, die auch der Allgemeinheit zugutekommen.

Nach Ansicht der Utilitaristen Jeremy Bentham und John Steward Mill bietet das Privateigentum den Vorteil, dass mit einer Sache, die im Eigentum eines einzelnen steht, besser – d. h. sorgfältiger – umgegangen wird, als wenn sie herrenlos ist. Das würde auch allgemein von Vorteil sein. Eine daran sich anschließende Überlegung ist die Vermutung, dass der Eigentümer einer Sache bemüht sein wird, sie möglichst nutzbringend bzw. gewinnbringend zu verwenden. Der Frage, ob auch dies der Allgemeinheit nützen würde, ist insbesondere Adam Smith nachgegangen. Er hat sie bejaht. Diese Ansicht erscheint aus heutiger Sicht allerdings viel zu optimistisch.[5]

15.2.2   Der Erwerb des Eigentums am Produkt

Die Frage, wer das Eigentum an den Gütern erwirbt, die durch die Kombination der Produktionsfaktoren Arbeit und Kapital hergestellt werden, wird weder im Grundgesetz noch in der Charta der EU geregelt. Offenbar ist dies überflüssig, denn es erscheint uns heute selbstverständlich, dass das Eigentum den Kapitaleignern zukommt.

Ganz selbstverständlich ist das nicht. Gemäß der von John Locke entworfenen Arbeitstheorie erhält das Eigen-

---

[5] Siehe Abschn. 13.5.

tum an einer Sache derjenige, der sie mit seiner Arbeit herstellt. So lässt sich der Erwerb des Eigentums an dem aus den Muscheln gefertigten Halsband damit rechtfertigen, dass es das Produkt der Arbeit des Eigentümers ist. Diese Überlegung liegt der von John Locke erdachten Arbeitstheorie zugrunde, gemäß der derjenige das Eigentum an einer Sache erwirbt, der sie mit seiner Hände Arbeit schafft.

Allerdings könne man seine Arbeitskraft auch für eine bestimmte Zeit gegen Lohn veräußern. Dann ginge das durch die Arbeit geschaffene Gut in das Eigentum eines anderen über.[6] Das ist im Rahmen der kapitalistischen Marktwirtschaft zur Regel geworden, was Adam Smith folgendermaßen erklärt:

> *„Das Produkt der Arbeit bildet die natürliche Vergütung derselben oder den Arbeitslohn. In jenem ursprünglichen Zustande, welcher der Bodenaneignung und der Kapitalansammlung vorhergeht, gehört das ganze Arbeitserzeugnis dem Arbeiter. … Sobald der Boden Privateigentum wird, fordert der Grundbesitzer einen Teil von fast allen Erzeugnissen, welche der Arbeiter auf demselben hervorbringen oder sammeln kann. Seine Rente bildet den ersten Abzug von dem Erzeugnis der auf den Boden verwendeten Arbeit. … Der Gewinn bildet einen zweiten Abzug“.[7]*

Auch Adam Smith betrachtete es als „normal“, dass der Arbeiter das Eigentum am Produkt seiner Arbeit erwirbt. Erst die „Bodenaneignung und Kapitalansammlung“ der Grundbesitzer habe dazu geführt, dass das Eigentum am Produkt nicht mehr dem Arbeiter, sondern dem Grundbesitzer zusteht. Smith schien dies zu bedauern.[8] Doch glaubte er, dass es

---

[6] https://de.wikipedia.org/wiki/Eigentumstheorien#Locke. Zugegriffen: 16.04.2023.

[7] Smith, Adam, *Der Wohlstand der Nationen*, Achtes Kapitel, Der Arbeitslohn.

[8] Ebendort.

zu Schwierigkeiten geführt hätte, wenn der Arbeiter das Eigentum an dem von ihm geschaffenen Produkt erwirbt. Denn dann hätten Arbeiter in Bereichen höherer Produktivität mehr verdient als andere. Und das wäre ungerecht. Aus diesem Grunde fand er sich – als Realist und Pragmatiker – mit der bis heute geltenden Regelung ab. Dabei übersah er – bewusst oder unbewusst – deren wichtigste Folge, dass nämlich Kapitaleigner, weil sie das Eigentum am Produkt erwerben, weit besser davon kommen als Lohnarbeiter.

15.2.3 Einschränkungen der Rechte des Eigentümers durch die Rechte Dritter

Artikel 14 Absatz 1 GG besagt: *„Das Eigentum und das Erbrecht werden gewährleistet. Inhalt und Schranken werden durch die Gesetze bestimmt."*

Was den Inhalt angeht, so wird er im Bürgerlichen Gesetzbuch näher definiert. Gemäß § 903 des BGB kann *„der Eigentümer einer Sache oder eines Rechts, soweit nicht das Gesetz oder Rechte Dritter entgegenstehen, mit der Sache oder dem Recht nach Belieben verfahren und andere von jeder Einwirkung ausschließen"*. Der Eigentümer darf also eine Sache besitzen, gebrauchen, nutzen, verbrauchen und veräußern. Die Grenzen dieser Freiheit liegen dort, wo Gesetze sie ziehen, bzw. dort, wo die Rechte Dritter entgegenstehen.

Die Ausübung der mit dem Eigentumsrecht verbundenen Freiheit, über eine Sache zu verfügen, hat also – ähnlich wie in Artikel 2 des Grundgesetzes genannte Freiheit – ihre Grenze dort, wo die Rechte anderer beginnen. Sie geht so weit wie die Freiheit wirtschaftlicher Betätigung auch sonst. Sie geht zu weit. Sie ist insofern kaum geeignet, der kapitalistischen Marktwirtschaft Legitimität zu verleihen.

15.2.4   Der Schutz des geistigen Eigentums

In den vergangenen Jahrzehnten sind die Grenzen dessen, woran Eigentum erworben werden kann, im Bereich des geistigen Eigentums erheblich erweitert worden.[9] Verfechter eines Schutzes des geistigen Eigentums weisen darauf hin, dass es den technischen Fortschritt fördert. Tatsächlich geht es in erster Linie um die Erschließung von Einkommensquellen.

Die Ausweitung des Schutzes des geistigen Eigentums begann in den USA. Sie erlaubte es US-Unternehmen, sich das geistige Eigentum an Dingen zu sichern, die vorher schon bekannt waren, die allerdings keinen rechtlichen Schutz genossen.[10] Dazu gehörten Pflanzen und Rezepte, von denen bestimmte Naturvölker seit unvordenklicher Zeit Gebrauch gemacht hatten. Ein Beispiel ist der Samen des indischen Neem-Baumes, dessen Wirkung als ökologisches Pestizid schon seit langer Zeit bekannt war.[11] In anderen Fällen konnten sich US-Konzerne wie z. B. Monsanto die Erfolge der Arbeiten ausländischer Firmen in den USA patentieren lassen, weil die Möglichkeit einer Patentierung in anderen Ländern noch nicht bestand. Das geschah mit dem geistigen Eigentum an Saatzüchtungen deutscher Firmen, das sich diese nicht hatten schützen lassen können, weil es in Deutschland damals noch keine gesetzliche Grundlage dafür gab. Es gibt also gute Gründe für die Ansicht, dem Schutz des geistigen Eigentums in dem jetzt gewährten Umfang fehle die Legitimität.

Freilich schafft der Schutz des geistigen Eigentums einen Anreiz, in die Schaffung solchen Eigentums – also in den

---

[9] Siehe Abschn. 8.7.

[10] Reich, Robert, *Rettet den Kapitalismus! Für alle, nicht für 1 %*, S. 61.

[11] Eschmann, Aurel, *Geistiges Eigentum als Herrschaftsinstrument, Das Beispiel von indigenem Wissen*, in https://www.researchgate.net/publication/328886941_Geistiges_Eigentum_als_Herrschaftsinstrument. Zugegriffen: 16.04.2023.

technischen Fortschritt – zu investieren. Grundsätzlich ist davon auszugehen, dass ein solcher Fortschritt der Allgemeinheit zugutekommt. Das ist jedoch inzwischen oft nicht mehr der Fall. Oft sind Produktverbesserungen von keinerlei praktischem Nutzen. Viele Softwareverbesserungen bieten nichts weiter als zusätzliche Möglichkeiten, in das Privatleben der Kunden einzudringen. Die Anzahl der Fälle, in denen der Schutz des geistigen Eigentums ohne jeden Nutzen für die Allgemeinheit ist, ist erheblich. In all diesen Fällen geht er zu weit.

15.3 Die dezentrale Wirtschaftsplanung

Typisch für die kapitalistische Marktwirtschaft ist eine dezentrale Wirtschaftsplanung.[12] Dieser Begriff ist verhältnismäßig neu. Adam Smith nannte sie „die unsichtbare Hand". Offenbar sah er darin die Hand Gottes. Was immer mit der Wirtschaft passiert, sei letztlich der Wille Gottes. Daher müssen sie und ihre Ergebnisse auch legitim sein. Diese Überlegungen erscheinen zwar überholt. Doch scheinen sie – in dieser oder ähnlicher Form – in den Köpfen einiger Zeitgenossen immer noch herumzuspuken.

15.3.1 Dezentrale Wirtschaftsplanung und Kontrolle

Eine dezentrale Wirtschaftsplanung bedeutet, dass jeder Einzelne mitentscheidet. Das ist auch in Demokratien der Fall. Politische Entscheidungen werden bei uns von Volks-

---

[12] https://www.bpb.de/nachschlagen/lexika/lexikon-der-wirtschaft/19047/dezentrale-wirtschaftsplanung. Zugegriffen: 16.04.2023.

vertretern getroffen, die gemäß Artikel 38 des Grundgesetzes in allgemeiner, unmittelbarer, freier, gleicher und geheimer Wahl gewählt werden. Der Umstand, dass wir uns alle im Supermarkt an der Wirtschaft beteiligen, erweckt den Anschein, es gäbe gewisse Ähnlichkeiten zwischen dem demokratischen Entscheidungsprozess und der dezentralen Wirtschaftsplanung.

Ähnlichkeiten gibt es hinsichtlich der Probleme, die beide mit sich bringen. Beide begünstigen Entscheidungen, die von kurzfristigen Interessen bestimmt werden. Beide vermitteln dem Einzelnen den Eindruck, dass er wenig Einfluss auf das Gesamtergebnis hat. Das wiederum lässt das Gefühl entstehen, keine Verantwortung zu tragen.

Daher gibt es in einer Demokratie Einrichtungen, die verhindern sollen, dass die Unwissenheit und Verantwortungslosigkeit Einzelner Unheil für alle stiftet. Moderne Demokratien sind repräsentative Demokratien, bei denen das Volk wählt, aber die Gewählten entscheiden. Individuen nehmen, wenn sie ihre Stimme abgeben, nur mittelbar am politischen Prozess teil.

Dagegen haben die wirtschaftlichen Entscheidungen jedes Einzelnen – wie bei einem Volksentscheid – unmittelbare und daher unkontrollierbare Folgen. Daher besteht die Gefahr, dass eine dezentrale Wirtschaftsplanung zu politisch unerwünschten Ergebnissen führt. Insofern ist sie nicht unbedingt als ein Vorzug der kapitalistischen Marktwirtschaft anzusehen.

15.3.2 Die Macht der Wirtschaft

Eine dezentrale Wirtschaftsplanung bedeutet, wie gesagt, dass jeder Einzelne mitentscheidet. Doch ist der Einfluss einzelner Wirtschaftsakteure recht verschieden. Große Unternehmen haben die Macht, Märkte zu beherrschen. Das wirft die Frage auf, ob diese Macht legitim ist.

Zur Ausübung von Macht ist der Staat befugt. In einer Demokratie sind es die Wahlen, die der staatlichen Machtausübung Legitimität verleihen. Wahlen erlauben es jedem Einzelnen, sich am politischen Leben zu beteiligen und es zu kontrollieren. Man könnte daher der Meinung sein, dass der Umstand, dass wir uns alle an der Wirtschaft beteiligen, ihre Macht legitimiert. Dafür müssten allerdings bestimmte Voraussetzungen erfüllt sein.

Einerseits wäre die Macht der Wirtschaft nur dann legitim, wenn es genügend Transparenz gäbe, um zu erkennen, wie und mit welchem Ziel sie ausgeübt wird. Diese Transparenz ist nicht gegeben. Würden Unternehmen offenlegen, wie sie ihre Macht ausüben, würden Verbraucher ihnen vermutlich den Rücken kehren – weil sie das Fehlen der Legitimität erkennen würden.

Andererseits müsste die Macht, die Unternehmen besitzen, notwendig sein. Eine solche Notwendigkeit besteht im Falle der staatlichen Macht. Ohne eine politische Instanz, die zur Schaffung und Wahrung von Recht und öffentlicher Ordnung befugt ist und die Macht hat, diese auch zu erzwingen, kann eine Gesellschaft nicht auskommen. Indem wir uns dieser Macht unterordnen, begeben wir uns eines Teils unserer Freiheit. Dazu sind wir gezwungen, denn es ist eine Voraussetzung dafür, Mitglied einer Gesellschaft zu sein, und damit auch für deren Existenz.

Auch der Macht der Wirtschaft ordnen wir uns unter und begeben uns damit eines Teils unserer Freiheit. Doch tun wir das ohne Notwendigkeit. Es ist keine Voraussetzung dafür, an der Wirtschaft teilnehmen zu können. Vielmehr ist die Macht der Unternehmen *überflüssig*. Insofern ist sie nicht legitim.

15.4   Der freie Wettbewerb

Der freie Wettbewerb gilt als einer der wesentlichen Vorzüge der kapitalistischen Marktwirtschaft. Ob er das tatsächlich ist, ist eine Frage, auf die es mehr als eine Antwort gibt.

Oft wird behauptet, dem freien Wettbewerb zwischen Anbietern sei es zu verdanken, dass Verbraucher in den Genuss von günstigen Preisen kommen. Das trifft theoretisch sicherlich zu. Praktisch neigen Unternehmen hingegen dazu, den Wettbewerb untereinander einzuschränken und mitunter ganz zu beseitigen.[13] Diese Neigung hat zur Folge, dass Verbraucherpreise künstlich hochgehalten werden. Die Antwort auf die Frage, ob der freie Wettbewerb ein Vorzug unserer Wirtschaftsordnung ist, ist insofern: theoretisch ja, praktisch nein.

Eine weitere Frage ist, ob die kapitalistische Marktwirtschaft einen *fairen* Wettbewerb fördert. Ja, sie bekennt sich zu der Notwendigkeit eines fairen Wettbewerbs. Doch werden Einschränkungen und Beseitigungen des freien Wettbewerbs nicht selten mit Mitteln erreicht, die alles andere als fair sind. Die Marktwirtschaft verleitet dazu, sie zu ergreifen, allein weil die Freiheit wirtschaftlicher Betätigung es ermöglicht. Die Antwort ist also auch hier: theoretisch ja, praktisch nein.

Dem freien Wettbewerb kommt noch eine andere Bedeutung zu. Er gilt als Mechanismus der natürlichen Auslese, weshalb seine Ergebnisse prinzipiell legitim seien. Diese Vorstellung hat ihre Wurzel nicht im Wirtschaftsliberalismus, sondern im Sozialdarwinismus, der erst nach seinem Entstehen, in der zweiten Hälfte des 19. Jahrhunderts, Verbreitung fand. Diese Theorie geht davon aus, dass es einen Kampf ums Überleben gibt, in dem der Stär-

---

[13] Siehe die Abschn. 3.2.2, 5.4.3 und 10.2.

kere als Sieger hervorgeht. Das sei legitim, *weil nur der Stärkere verdient zu überleben.*

Diese Vorstellungen wurden von den Verfechtern des Wirtschaftsliberalismus bereitwillig aufgegriffen, denn sie waren geeignet, die Ergebnisse eines freien Wettbewerbs zu rechtfertigen. Wenn nur der Stärkere verdient zu überleben, geht es in Ordnung, dass der Grundsatz *the winner takes it all* gilt und der Unterlegene ganz ausscheidet. So wurde es hingenommen, dass in Deutschland ganze Industriezweige – wie zum Beispiel die Produktion von Fotoapparaten oder Audiogeräten – im Wettbewerb mit der ausländischen Konkurrenz ausschieden. Nach den Regeln und Prinzipien der kapitalistischen Marktwirtschaft war dieses Ergebnis legitim. Ob diese Regeln und Prinzipien selbst legitim sind, erscheint dagegen zumindest zweifelhaft.

15.5   Wirtschaftlicher Erfolg und Leistung

Ein Argument zur Rechtfertigung der kapitalistischen Marktwirtschaft ist die Behauptung, sie belohne Leistung. In der Tat schafft der freie Wettbewerb einen Anreiz, sich durch Anstrengung und Leistung gegen Konkurrenten zu behaupten und durchzusetzen. Wirtschaftliche Erfolge, die auf diese Weise erzielt werden, erscheinen daher im eigentlichen Sinne des Wortes als „Lohn" oder „Verdienst".[14] Ob sie das wirklich sind, hängt davon ab, wie groß die Anstrengung war, mit der der fragliche Erfolg errungen wurde.

---

[14] Diese Auffassung hat ihre Wurzeln in der Ethik des Protestantismus, insbesondere seiner calvinistischen Variante; siehe Abschn. 1.1.2.

15.5.1   Leistung und Spekulation

Eine kapitalistische Marktwirtschaft bietet Möglichkeiten, auch ohne Anstrengung und Leistung wirtschaftlichen Erfolg zu haben. Das gilt vor allem für Einkommen aus Kapital. Jede Kapitalanlage birgt ein Risiko. Die Faustregel ist: Je höher das Risiko, umso höher ist der Gewinn – wenn er erzielt wird. In der Tat wird in einer kapitalistischen Marktwirtschaft Risikobereitschaft in ähnlicher Weise belohnt wie eigentliche Leistung.

Eine besondere Möglichkeit, durch Risikobereitschaft Gewinn zu machen, bieten Spekulationsgeschäfte. Ein verbreiteter Typ spekulativer Geschäfte sind Termingeschäfte, bei denen die Lieferung oder Erfüllung zu einem späteren Zeitpunkt vorgesehen ist, der Preis jedoch bereits zum Zeitpunkt des Abschlusses vereinbart wird. Wenn er zwischenzeitlich steigt oder fällt, bedeutet das einen Gewinn für den Käufer bzw. Verkäufer.

Eine besondere Form von Termingeschäften sind Leerverkäufe. Bei einem Leerverkauf verspricht der Verkäufer zu einem späteren Zeitpunkt die Lieferung von Werten, die er bei Vertragsabschluss nicht besitzt. Er muss sich also selbst noch vor dem Erfüllungszeitpunkt eindecken. Ist der Preis inzwischen gefallen, zahlt der Verkäufer für seinen Deckungskauf einen geringeren Preis als den, den er mit dem Käufer vereinbart hat, und macht einen Gewinn. Auf diese Weise „verdiente" der US-amerikanische Geschäftsmann George Soros im Jahre 1992 $ 1 Mrd., indem er darauf spekulierte, dass das Pfund Sterling an Wert verlieren würde.

Spekulationen beruhen auf Erwartungen, und Erwartungen beruhen auf Informationen. Es reicht also, sich die richtigen Informationen zu beschaffen. In der Tat ist es oft einfach, und für Insider mitunter sehr einfach, auf diese Weise schnell viel Geld zu verdienen. Das ist keine Anstrengung, die Gewinne rechtfertigen könnte. Das macht die – zugegebenermaßen – polemische Wortprägung Casinokapitalismus deutlich.

15.5.2 Leistung und geistiges Eigentum

Eine andere Möglichkeit, mit wenig Anstrengung wirtschaftlichen Erfolg zu haben, besteht in der Vermarktung des geistigen Eigentums. Infolge der Erweiterung der Grenzen dessen, woran man geistiges Eigentum erwerben kann, haben sich auch die Möglichkeiten erweitert, Geld damit zu verdienen.

Gewiss lässt sich die Arbeitstheorie auch auf die Schaffung von geistigem Eigentum anwenden, soweit es die Frucht einer Anstrengung dessen ist, der es erschafft. Insofern ist es durchaus schutzwürdig. Schutzwürdig muss jedoch nicht heißen, dass mit dem Schutz die Möglichkeit geboten werden muss, ohne große Anstrengung sehr viel Geld zu verdienen.

In der Tat macht es geistiges Eigentum besonders leicht, reich zu werden. Denn dafür braucht sich der jeweilige Eigentümer nur *einmal* anzustrengen, nämlich bei der Erschaffung dessen, woran er als Urheber oder Erfinder geistiges Eigentum erwirbt. Da es sich beim geistigen Eigentum nicht um etwas Gegenständliches handelt, kann es ohne großen Aufwand multipliziert werden. Anders als ein Auto oder ein Haus kann es unzählige Male verkauft werden. Daher steht der Gewinn oft in keinem Verhältnis zur Leistung.

Die Behauptung, die kapitalistische Marktwirtschaft belohne Leistung, ist nicht falsch. Aber das ist nicht die Regel. Daher kann dieses Argument kaum zu ihrer Legitimation herangezogen werden.

15.6   Legitimität und Glück

Möglicherweise könnte man die kapitalistische Marktwirtschaft als legitim ansehen, wenn sie die Menschen glücklich macht. Seit 10 Jahren untersucht der *World Happiness Report*, wie glücklich die Menschen in verschiedenen Ländern sind. Offenbar hat materieller Wohlstand und dessen Mehrung als Quelle des Glücks an Bedeutung verloren.[15] Diese Erkenntnis bringt Weisheiten in Erinnerung, die bereits von Philosophen der Antike formuliert worden sind.

Man kann – wie Diogenes – der Meinung sein, dass alle Bedürfnisse außer den Elementarbedürfnissen nach Essen, Trinken, Kleidung und Behausung überflüssig sind und nur derjenige glücklich wird, der sich davon freimacht. Man kann auch - wie die Hedonisten – der Meinung sein, dass eine verschwenderische Lebenshaltung den größten Lustgewinn beschert. Aber auch Hedonisten unterschieden zwischen vernünftigen und unvernünftigen Begierden. Nach ihrer Ansicht wird nur ein Mensch mit bescheidenen Wünschen dauerhaft die höchste Lust erfahren.

Ohne Frage ist ein bestimmtes Minimum an materiellen Besitz Voraussetzung dafür, das Leben genießen zu können. Es liegt auf der Hand, dass Menschen, die in Armut leben, sich unglücklich fühlen, wie der *World Happiness Report* bestätigt. Andererseits heißt, reicher zu werden, nicht unbedingt, glücklicher zu werden.[16] Die Verfasser des Berichts haben bestätigt, dass die Länder mit den glücklichsten Menschen nicht diejenigen mit dem höchsten Brutto-

---

[15] Helliwell, John F., Layard, Richard, Sachs, Jeffrey D., De Neve, Jan-Emmanuel, Aknin, Lara B. und Wang, Shun, *Worldhappinessreport,* in https://worldhappiness.report/ed/2022/overview-on-our-tenth-anniversary/. Zugegriffen: 16.04.2023.

[16] Binswanger, Mathias, *Der Wachstumszwang: Warum die Volkswirtschaft immer weiter wachsen muss, selbst wenn wir genug haben,* S. 14; Butschek, Felix, *Wirtschaftswachstum – eine Bedrohung?* S. 75.

inlandsprodukt pro Kopf der Bevölkerung sind, sondern diejenigen mit umfassenden Sozialleistungen und geringeren Ungleichheiten. Darauf hatten zwei amerikanische Forscher bereits 2009 hingewiesen.[17] Mit anderen Worten: Am glücklichsten sind die Menschen in den Ländern, die den negativen Tendenzen und Folgen einer kapitalistischen Marktwirtschaft aktiv entgegenwirken.

Gewiss ist sie geeignet, Glück zu bescheren. Allerdings muss es von den meisten Menschen verhältnismäßig teuer erkauft werden. Das hatte Adam Smith vorausgesehen:

> *„Ein Mensch, der sein ganzes Leben damit verbringt, ein paar einfache Operationen zu vollziehen …, hat keine Gelegenheit, seinen Verstand zu üben und seine Erfindungskraft anzustrengen. Die Verknöcherung seines Geistes macht ihn nicht nur unfähig, an einem vernünftigen Gespräch teilzunehmen …, sondern sie lässt es auch in ihm zu keinem freien, edlen oder zarten Gefühle mehr kommen".[18]*

Materieller Besitz kann nur dann Glück verschaffen, wenn man ihn erlangt. Um ihn zu erlangen, bedarf es eines erheblichen Einsatzes. Jeder muss etwa die Hälfte der Zeit, während der er wach ist, diesem Einsatz widmen. Davon kann sich der Betroffene dann am Abend mit Beschäftigungen erholen, die dem Grad seiner Erschöpfung entsprechen. Darüber hinaus wird ihm in Aussicht gestellt, nach dem Erreichen der Altersgrenze Einkünfte ohne Arbeit zu beziehen. Für viele reicht das gerade für ein Leben knapp über der Armutsgrenze aus. Ob sie damit nach der Pensionierung glücklicher werden als zuvor, bleibt eine offene Frage.

Wie glücklich Menschen sind, lässt sich unter anderem daran ablesen, was sie tun, um sich künstlich Glück zu ver-

---

[17] Pickett, Kate und Wilkinson, Richard, *Gleichheit ist Glück, Warum gerechte Gesellschaften für alle besser sind.*
[18] Smith, Adam, *Der Wohlstand der Nationen,* Erstes Buch, Siebentes Kapitel.

schaffen, zum Beispiel durch Alkohol oder Drogen. Vor etwas mehr als einem Jahrhundert war die Lage der Industriearbeiter in den USA derart miserabel, dass immer mehr Menschen zur Flasche griffen, um ihre Misere zu vergessen. Das Problem nahm Ausmaße an, die das Parlament veranlassten, den Konsum von Alkohol ganz zu verbieten. Heute leben wir mit dem Problem eines auswuchernden Drogenkonsums und stellen uns die umgekehrte Frage, nämlich die, ob er nicht besser erlaubt werden sollte. Die Frage, warum dieses Problem immer größer wird, stellt keiner. Die Antwort dürfte sein, dass die kapitalistische Marktwirtschaft weniger geeignet ist, Glück zu bescheren, als allgemein angenommen wird. Daher lässt sich auch die Frage, ob das Glück, das die kapitalistische Marktwirtschaft beschert, geeignet ist, ihr Legitimität zu verleihen, kaum abschließend beantworten. In der Tat bestehen diesbezüglich erhebliche Zweifel.

16

Gier und illegale Geschäfte

16.1 Korruption

Schon vor mehr als 100 Jahren haben Unternehmen versucht, sich durch Korruption Vorteile zu verschaffen. Das hat es z.B. in der Geschichte des Siemenskonzern immer wieder gegeben. So wurde im Jahre 1914 bekannt, dass sich die Siemens-Schuckertwerke mit Bestechungsgeldern in Höhe von 15 % des Auftragswertes nahezu ein Monopol für Elektroausrüstungen der Kaiserlich Japanischen Marine gesichert hatten. Sie wurden zu einem Bußgeld verurteilt und von der Teilnahme an zukünftigen Ausschreibungen ausgeschlossen. Im Jahre 1996 wurde Siemens in Singapur wegen Korruption für fünf Jahre von allen öffentlichen Aufträgen ausgeschlossen. Im Jahre 2006 kam ans Tageslicht, dass es bei Siemens sogenannte „schwarze Kassen" gab, aus denen Schmiergelder in Höhe von € 1,3 Mrd. gezahlt worden waren, und zwar in fast allen Geschäftsbereichen und in zahlreichen Ländern. Mit über € 30 Mio. wurde der Auf-

© Der/die Autor(en), exklusiv lizenziert an Springer Fachmedien Wiesbaden GmbH, ein Teil von Springer Nature 2023
W. Plasa, *Der totalitäre Kapitalismus*,
https://doi.org/10.1007/978-3-658-41761-1_16

bau einer Konkurrenz-Gewerkschaft zur IG Metall unterstützt. Im November 2007 verhängte das Landgericht München gegen Siemens eine Geldbuße von € 201 Mio.[1]

16.2 Betrügereien

16.2.1 Enron

Einer der bisher größten Betrugsfälle ereignete sich in den USA im Jahre 2001, als der Energiekonzern Enron pleiteging. Dabei ging ein Börsenwert von $ 60 Mrd. verloren. Enron gehörte zu den größten Konzernen der USA. Das Unternehmen war groß geworden, nachdem der Energiesektor privatisiert und dereguliert worden war. Er war gewissermaßen eine Kreatur des Neoliberalismus.

Enrons Untergang war die Folge fortgesetzter Bilanzfälschungen. Termingeschäfte wurden bereits zum Zeitpunkt des Abschlusses verbucht. Enron gründete eigene Gesellschaften in ausländischen Steuerparadiesen und machte auf diese Weise praktisch Geschäfte mit sich selbst. Dabei wurden die Guthaben in der eigenen Bilanz ausgewiesen, die Schulden hingegen nicht. Zudem wurden Vermögenswerte in der Bilanz überwertet. Das Motiv für diese Bilanzfälschungen war vor allem der Umstand, dass die Vergütungen und Bonusse der Geschäftsleitung vom Börsenwert des Unternehmens abhingen, der von ihnen künstlich hochgeschraubt wurde.

Die Betrügereien gingen jedoch viel weiter. Enron-Manager kauften und verkauften selbst Aktien des Unter-

---

[1] https://www.stern.de/wirtschaft/news/korruptions-affaere-siemens-vorstand-vor-gericht-3738130.html. Zugegriffen: 16.04.2023;

https://www.stern.de/wirtschaft/news/chronologie-der-siemens-skandal-3758286.html. Zugegriffen: 16.04.2023.

nehmens in Erwartung bestimmter Kursentwicklungen, die sie aufgrund ihrer Informationen voraussagen konnten. Die Hauptschuldigen (außer einem, der sich zuvor das Leben nahm) mussten Jahre hinter Gittern verbringen.

Enron ist nicht nur ein Paradebeispiel für das Abdriften unternehmerischer Tätigkeit in die Illegalität. Es belegt auch die enge Verknüpfung von Wirtschaft und Politik. Enron unterstützte den Präsidentschaftswahlkampf von George W. Bush mit $ 2 Mio. Angeblich sollen insgesamt 188 Kongressabgeordnete und 71 Senatoren Geld von Enron bekommen haben. Schließlich hat der Fall Enron besonders deutlich die Irrigkeit der Annahme offenbart, die Privatisierung von Unternehmen der Daseinsvorsoge würde Vorteile bringen. In Kalifornien kam es in den Jahren 2000 und 2001 zu weitreichenden Stromausfällen. Gleichzeitig stiegen die Strompreise bis zu 300 %.

16.2.2   Der VW-Abgasskandal

Im September 2015 kam heraus, dass Volkswagen eine illegale Abschalteinrichtung in Dieselfahrzeuge eingebaut hatte. Sie war so programmiert, dass bei einem Abgastest die Abgasreinigungsanlage vom Betriebsmodus mit hoher Motorleistung, also hohem Stickoxidausstoß, auf einen Modus mit niedrigem Stickoxidausstoß umgeschaltet wurde. Das war nicht nur illegal, weil dabei vorgespiegelt wurde, dass die gesetzlichen Auflagen eingehalten wurden. Es war vor allem auch ein Betrug am Käufer.

Im Rahmen eines 2017 in den USA vereinbarten Vergleiches bekannte sich Volkswagen der Verschwörung zum Betrug, der Behinderung der Justiz und des Verkaufs von Waren unter falscher Angabe für schuldig. Bislang hat Volkswagen Bußgelder und Entschädigungen in Höhe von mehr als € 32 Mrd. gezahlt.[2] Nach Bekanntwerden des Skandals fiel der Wert der VW-Vorzugsaktie innerhalb von drei Wochen von € 161,65 € auf € 86,36. Während mit der Aktie zuvor nicht zuletzt wegen der illegalen Manipulation von Fahrzeugen erhebliche Gewinne gemacht worden waren, kam es aus eben dem gleichen Grund anschließend zu enormen Verlusten.

16.2.3 Die Deutsche Bank

Ein Bereich, in dem sich viele Unternehmen von der Legalität entfernt haben, ist der Bankensektor. Im Jahre 2009 befand der damalige Vorstandsvorsitzende der Deutschen Bank, Josef Ackermann, eine Eigenkapitalrendite in Höhe von 25 % sei durchaus „normal". Selbst die FAZ stellte sich die Frage, ob dies nicht vielleicht „zu gierig sei".[3] Offenbar wusste sie nicht von der Art von Geschäften, die eine solche Rendite ermöglichen. Einige dieser Geschäfte sind inzwischen publik geworden – und haben die Deutsche Bank an den Rand des Ruins getrieben.[4]

Dazu gehörten zum einen Hypothekengeschäfte in den USA. Wie andere Banken auch kaufte die Deutsche Bank schlecht abgesicherte Hypotheken, bündelte sie zu komplexen „Finanzprodukten", versah sie mit Top-Ratings und verkaufte sie weiter. Gleichzeitig wettete sie auf den vorherzusehenden Crash – und verdiente viel Geld daran. Allerdings musste sie dafür Strafen zahlen – insgesamt in einer Höhe von mehr als $ 9 Mrd.

---

[2] Bayern 2 Nachrichten, 26.3.2021, 13:00 Uhr.

[3] https://www.faz.net/aktuell/finanzen/aktien/streit-um-ackermanns-renditeziel-sind-25-prozent-zu-gierig-1784555.html. Zugegriffen: 16.04.2023.

[4] https://www.dw.com/de/deutsche-bank-eine-lange-geschichte-von-skandalen/a-54978467. Zugegriffen: 16.04.2023.

Eine andere lukrative Geschäftssparte der Deutschen Bank war Geldwäsche. Ab 2011 wurde mittels Aktiengeschäften Schwarzgeld in russischen Rubel in Höhe von $ 10 Mrd. gewaschen. Als Korrespondenzbank des dänischen Geldhauses Danske Bank war die Deutsche Bank an dieser bis dahin größten Geldwäsche beteiligt. Dabei ging es um Zahlungen in Höhe von rund $ 200 Mrd., die zwischen 2007 und 2015 erfolgten.

Darüber hinaus nahm die Deutsche Bank auch Zinsmanipulationen vor, und zwar sowohl des Euribor (Euro Interbank Offered Rate) wie auch des Libor (London Interbank Offered Rate). Dabei handelt es sich um Referenzzinssätze, die die Konditionen bestimmen, zu welchen sich Banken untereinander Geld leihen. 2013 verhängte die Europäische Kommission gegen sechs Großbanken, die diese Zinssätze manipuliert hatten, eine Strafe von insgesamt € 1,7 Mrd. Davon entfielen € 750 Mio. auf die Deutsche Bank. Zudem wurden ihr von britischen und US-amerikanischen Behörden weitere Strafzahlungen in Höhe von $ 2,5 Mrd. auferlegt.

16.3   Steuerhinterziehung

Banken versuchen nicht nur, durch krumme Geschäfte ihre eigenen Profite zu steigern. Sie sind auch bereit, ihren Kunden dabei zu helfen. Unter Umständen wird sich der Gewinn dann geteilt.

16.3.1   Cum-Ex-Geschäfte und Cum-Cum-Geschäfte

Gewinne aus Dividenden unterliegen der Kapitalertragssteuer. Bestimmte Finanzinstitutionen wie Banken oder

Investitionsfonds sind davon befreit bzw. können sich die Steuer vom Finanzamt rückerstatten lassen. Bei den sogenannten Cum-Ex-Geschäften haben Banken Aktien kurz vor und nach Ausschüttung der Dividende so untereinander hin- und hergeschoben – versprochen, verkauft, verliehen –, dass nur schwer nachzuvollziehen war, wem sie wann gehörten und wer tatsächlich Anspruch auf die Steuerrückerstattung hatte. Infolgedessen sind Steuern in vielen Fällen mehrfach zurückerstattet worden.

Bei den sogenannten Cum-Cum-Geschäften wurden Steuerregeln für ausländische Inhaber deutscher Aktien umgangen. Ausländische Inhaber deutscher Aktien haben kein Recht auf eine Erstattung der Kapitalertragsteuer. Verleihen sie jedoch ihre Aktien kurz vor dem Dividendenstichtag an eine deutsche Bank, kann diese die Steuer zurückfordern. Den Betrag teilen sich dann der ausländische Aktienbesitzer und die deutsche Bank.

Insgesamt ist der Staat in den vergangenen 20 Jahren mit diesen Geschäften um mehr als € 30 Mrd. betrogen worden.[5] Erst 2021 hat der Bundesgerichtshof entschieden, dass Cum-Ex- oder Cum-Cum-Geschäfte zu rechtswidrigen Steuerrückzahlungen führen und eine Straftat sind.[6] Im Dezember 2022 wurde eine der Schlüsselfiguren des Cum-Ex-Skandals, der Steueranwalt Hanno Berger, zu einer Freiheitsstrafe von acht Jahren verurteilt.[7]

---

[5] https://www.deutschlandfunk.de/cum-ex-geschaefte-wie-das-verwirrspiel-mit-aktien-100.html. Zugegriffen: 16.04.2023.

[6] https://www.tagesschau.de/eilmeldung/cum-ex-bgh-urteil-101.html#:~:text=Die%20Gesch%C3%A4fte%20im%20milliardenschweren%20Cum,strafbare%20Steuerhinterziehung%2C%20urteilten%20die%20Richter. Zugegriffen: 16.04.2023.

[7] Bayern 2 Nachrichten, 13.12.2022, 09:00 Uhr.

16.3.2 Der Fall Uli Hoeneß

Wie leicht Gier in die Illegalität führen kann, zeigt auch der Fall des Uli Hoeneß. Hoeneß hatte zunächst als Fußballspieler und anschließend als Vereinsmanager und Unternehmer viel Geld verdient. Einen Teil davon legte er auf einem Nummernkonto bei der Schweizer Privatbank Vontobel an. Mit zahlreichen Devisentermingeschäfte über Beträge bis zu € 30 Mio. soll Hoeneß im Jahre 2003 € 52 Mio., im Jahre 2005 sogar € 78 Mio. Gewinn gemacht haben. Im April 2013 wurden Ermittlungen wegen des Verdachts der Steuerhinterziehung eingeleitet. In dem darauffolgenden Prozess erkannte Hoeneß eine Steuerschuld in Höhe von € 28,5 Mio. an. Im März 2014 wurde er zu einer Freiheitsstrafe von drei Jahren und sechs Monaten verurteilt, kam aber schon nach Verbüßung der halben Haftzeit frei.[8]

16.3.3 Panama, Paradise und Pandora

Der Fall Hoeneß war recht spektakulär, ist aber beileibe kein Einzelfall. 2016 wurde bekannt, dass die Anwaltskanzlei Mossack Fonseca in Panama Kunden in aller Welt durch die Gründung von über 300.000 Briefkastenfirmen bei Steuerhinterziehungen und Geldwäsche unterstützt hatte.[9] Die meisten Offshore-Unternehmen wurden von zehn europäischen Banken für ihre Kunden gegründet. Sechs der sieben deutschen Großbanken arbeiteten mit Mossack Fonseca zusammen. In den Panama Papers werden mehr als 1200 Briefkastenfirmen genannt, die mit Hilfe deutscher Banken gegründet oder von ihnen verwaltet wurden.

---

[8] https://de.wikipedia.org/wiki/Uli_Hoeneß. Zugegriffen: 16.04.2023.

[9] https://de.wikipedia.org/wiki/Panama_Papers. Zugegriffen: 16.04.2023.

Ebenfalls 2016 wurden der Süddeutschen Zeitung die sogenannten Paradise Papers zugespielt. Dabei handelt es sich um vertrauliche Unterlagen der Anwaltskanzlei Appleby und des Treuhandunternehmens Asiaciti Trust, die in Tausenden von Fällen zeigen, wie Milliardäre und Konzerne wie Apple, Facebook oder Nike durch die Gründung von Briefkastengesellschaften und Nutzung von sogenannten Steueroasen Steuerhinterziehung betreiben.[10] Ähnliche Fälle der Steuerhinterziehung und Geldwäsche wurden im Oktober 2021 bekannt, nachdem das Internationale Netzwerk Investigativer Journalisten (ICIJ) die sogenannten Pandora Papers ausgewertet hatte. Dabei wurden die Besitzer von 29.000 Steuervermeidungs- und Steuerhinterziehungskonten bei 14 Offshore-Dienstleistern aufgedeckt.[11]

16.4 Gier ohne Grenzen

16.4.1 Gewinnstreben und Gier

Und wieder stellt sich die Frage: Wie konnte es dazu kommen? Die Antwort ist: Gewinnstreben kann ausarten. Das ist eigentlich erstaunlich, denn es gibt eine Grenze, ab der zusätzliches Einkommen keinen weiteren spürbaren Nutzen bieten kann. Diese Grenze besteht, weil die menschlichen Fähigkeiten des Konsums und Genusses beschränkt sind. Spätestens ab dieser Grenze sollte es für den Betreffenden wichtiger werden, seine Kräfte zu schonen und sich anderen Seiten des Daseins zu widmen, oder auch nur der Muße.

---

[10] https://de.wikipedia.org/wiki/Paradise_Papers. Zugegriffen: 16.04.2023. Die Deutsche Steuer-Gewerkschaft (DSTG) schätzt, dass Deutschland jährlich 50 bis 70 Mrd. Euro aufgrund illegaler Finanztransaktionen verloren gehen.

[11] https://de.wikipedia.org/wiki/Pandora_Papers. Zugegriffen: 16.04.2023.

Doch wirkt bei vielen Menschen das Bedürfnis nach Muße nicht als Bremse. Denn wirtschaftlicher Erfolg kann ein neues Motiv entstehen lassen. Erfolg macht nicht nur reicher. Er kann auch als Belohnung empfunden werden. Zudem verschafft Vermögen Einfluss und Macht. Wirtschaftlicher Erfolg kann daher selbst zum Motiv werden, sich mehr davon zu verschaffen – indem man noch entschlossener nach Gewinn strebt.

Wie erwähnt, gab es während der vergangenen drei Jahrzehnte eine Rückkehr zu einer radikaleren Form der kapitalistischen Marktwirtschaft. Infolgedessen konnte sich auch das Streben nach Gewinn ungehinderter entfalten. Wird Gewinnstreben in besonders rücksichtsloser Weise verfolgt, spricht man von Gier. Sie entstand nicht zuletzt als Reaktion auf eine gegenläufige Tendenz.

16.4.2 Die 68er-Generation und die Yuppies

Eine der Ideen, von denen die 68er-Bewegung getragen wurde, war die Zurückdrängung der Bedeutung des Materiellen im Leben des Einzelnen. Viele Hippies zogen sich in die Naturparks Kaliforniens zurück oder wählten für sich und ihre Familie das Leben von Einsiedlern in den Wäldern Kanadas oder Alaskas. Sie waren entschlossen, den Verlockungen der Konsumgesellschaft zu widerstehen. Auch wenn dies nur eine kleine Anzahl von Verrückten in die Tat umsetzte, trafen ihre Ideen unter den Gleichaltrigen auf breite Zustimmung.

Diese Entwicklung musste den Kapitaleignern Sorge machen. Sie befürchteten, keinen geeigneten Nachwuchs zu finden, der bemüht sein würde, das Ziel der Gewinnmaximierung mit der erforderlichen Entschlossenheit zu verfolgen. Sie mussten sich etwas einfallen lassen.

Um Anreize für junge Menschen zu schaffen, sich auf verantwortungsvolle Posten in der Wirtschaft vorzubereiten, wurden die Anfangsgehälter merklich verbessert. Das verschärfte den Wettbewerb unter den Kandidaten und stellte gleichzeitig sicher, dass diejenigen ausgewählt würden, die sich durch materielle Versprechungen besonders motivieren ließen. Dabei entstand etwa ab 1980 ein Menschenschlag, der als Yuppies bezeichnet wurde, womit *young urban professionals* gemeint sind. 25 Jahre später waren viele Posten großer Wirtschaftsunternehmen von Leuten bekleidet, die als Yuppies angefangen hatten. Sie vertraten weiterhin die gleichen Ideen, angesichts ihrer wirtschaftlichen Erfolge jedoch nun in noch radikalerer Form. Sie bilden die Generation der heutigen Wirtschaftsbosse.

Yuppies vertraten Auffassungen, die denjenigen der 68er-Bewegung diametral gegenüberstanden. Es hat vermutlich selten in der Geschichte der Menschheit in so kurzer Zeit einen so radikalen Sinneswandel gegeben. Langfristig hat er zu einem tiefgreifenden Wandel der Unternehmensethik geführt. Gier ist gesellschaftsfähig geworden.

16.4.3   Risiken und Krisen

Dieser Wandel wurde durch die Liberalisierung des Finanzsektors begünstigt. Infolge eines offeneren Wettbewerbs mit angelsächsischen Banken trat auch in Deutschland an die Stelle des Ziels einer langfristigen Bewahrung der Unternehmenssubstanz die kurzfristige Gewinnerwartung.[12] Zusammen mit einer gewinnorientierten Managervergütung bewirkte dies einen Verzicht auf die traditionelle, auf Ansehen bedachte Geschäftspolitik zugunsten hochspekulativer Ge-

---

[12] Siehe Abschn. 9.6.

schäfte, insbesondere dem Handel mit sogenannten Derivaten.[13] Es entstand der sogenannte Finanzkapitalismus, dessen Ethik Gemeinsamkeiten mit dem Hochkapitalismus aufweist.

Zwar glaubten die Verantwortlichen, durch komplizierte Absprachen ihre Risiken absichern zu können. Tatsächlich aber führten diese Absprachen dazu, dass immer mehr Akteure an den Risiken beteiligt waren. Die Quittung erhielten sie im September 2008, als die US-amerikanische Investmentbank *Lehman Brothers* Insolvenz beantragen musste.

Exzessives Gewinnstreben verleitet zu einer übermäßigen Risikobereitschaft. Eine übermäßige Risikobereitschaft steigert die Anfälligkeit des Systems. Ungezügelte Gier ist einer der Gründe dafür, dass die kapitalistische Marktwirtschaft heute mehr von Krisen bedroht als je zuvor.

16.5 Versuchung und Unrechtsbewusstsein

16.5.1 Wettbewerb und Moral

In der Vorstellung des Wirtschaftsliberalismus muss der Wettbewerb frei und fair sein. Das heißt aber nicht, dass einzelne Unternehmen davor geschützt werden müssen, aus dem Markt gedrängt zu werden. Auch sogenannte „feindliche Übernahmen" sind erlaubt. Dabei handelt es sich um Käufe von Anteilen an Unternehmen durch Investoren gegen den Widerstand der Unternehmensleitung und des Aufsichtsrats.

---

[3] Stadler, Wilfried, *Der Markt hat nicht immer recht: Warum Wertschöpfung wichtiger ist als Geldschöpfung*, S. 46.

Die Ausweitung solcher Praktiken führt dazu, dass Rücksichtslosigkeit als akzeptabel betrachtet wird. Damit ebnen sie den Weg dafür, dass sich Gier – und wenn man so will, „Immoralität" – ausbreiten. Sie fördern eine Einstellung, die grundsätzlich unsozial ist. Mit dieser Einstellung entfällt ein Hemmnis, die Grenze zur Illegalität zu überschreiten.

Aufgrund dieser Erfahrung haben viele Unternehmen die Notwendigkeit erkannt, ihre inneren Kontrollen zu verbessern. Das wird mit dem englischen Wort *compliance* bezeichnet, das so viel wie Beachtung heißt, nämlich Beachtung der Gesetze, aber auch der übrigen Regeln und der Moral. Die Verwendung eines Terminus technicus in einer fremden Sprache soll vermutlich verschleiern, dass es sich um etwas Selbstverständliches handelt, bei der Ausübung wirtschaftlicher Tätigkeiten die geltenden Regeln zu beachten. Offenbar hat die Vorstellung, man könne die Gesetze übertreten, um sich ungestraft auf Kosten anderer zu bereichern, in jüngerer Zeit an Boden gewonnen.

16.5.2   Illegalität und Versuchung

Illegale Geschäfte sind nicht zuletzt eine Frage der Versuchung, und diese wiederum eine Frage des Umfangs der möglichen Bereicherung. Uli Hoeneß und die Kunden von Mossack Fonseca sind keine armen Leute. *Weil* sie reich waren, hatten sie Gelegenheit, ihren Reichtum auch auf illegalem Wege zu vermehren. Wo die Möglichkeiten der illegalen Bereicherung steigen, tut dies auch die Versuchung und damit schließlich auch die Anzahl derjenigen, die ihr erliegen. Das gilt für Wirtschaftsbosse wie für Politiker gleichermaßen. Die Möglichkeiten der illegalen Bereicherung sind inzwischen ins Unermessliche gestiegen und damit auch die Versuchung. Insofern ist es ist nicht erstaunlich, dass der Erfolg der kapitalistischen Marktwirtschaft die Moral untergräbt.

16.5.3   Illegalität und Unrechtsbewusstsein

In der kapitalistischen Marktwirtschaft sind die Grenzen der Freiheit wirtschaftlicher Betätigung recht weit gezogen, worauf schon hingewiesen wurde. Gerade deshalb ist manchmal schwer zu erkennen, wo sie tatsächlich liegen. Wo zum Beispiel liegt die Grenze zwischen Lobbying und Korruption? Wo endet Spekulation und wird beginnt Betrug? Wo genau ist die Grenze, ab der Vereinbarungen und Absprachen von Unternehmen das Kartellrecht verletzen?

In der Tat ist es nicht immer leicht, zwischen Recht und Unrecht zu unterscheiden. Zumindest subjektiv mag es eine Art Grauzone geben, in der (noch) kein Unrechtsbewusstsein entsteht, obwohl (schon) Unrecht getan wird. Da kaum festzustellen ist, wem konkret geschadet wird, spüren Täter kaum ihre Verantwortung. Dieser Mangel wird dadurch gefördert, dass Gerichte in aller Regel mit Missetätern sehr nachsichtig umgehen.[14] Schließlich erscheint dem Einzelnen nicht als Unrecht, wenn „es alle tun". Damit werden Menschen zu Kriminellen, die ansonsten ganz „normal" sind.

Die vorangehenden Beobachtungen legen den Schluss nahe, dass einer kapitalistischen Marktwirtschaft eine Tendenz innewohnt, die in Kap. 9 nicht erwähnt wurde. Offenbar leistet sie Gier und Illegalität Vorschub. Wir neigen dazu, davor die Augen zu schließen. Daher sind wir letztlich alle für sie verantwortlich.

---

[14] https://www.br.de/nachrichten/bayern/maskendeals-sauter-und-nuesslein-duerfen-hohe-provisionen-behalten,TBNHpmv. Zugegriffen: 16.04.2023.

Teil VI

Nötige und mögliche Lösungen

17

Die untauglichen Mittel

Die vorangegangenen Untersuchungen machen deutlich, dass die kapitalistische Marktwirtschaft erhebliche Probleme mit sich bringt. Die wichtigsten dieser Probleme sind folgende:

* sie bewirkt ein Anwachsen wirtschaftlicher und sozialer Ungleichheiten;
* sie erlaubt die Ausbeutung von Menschen als Arbeiter und Verbraucher;
* sie betreibt eine Verschwendung der Ressourcen;
* sie belastet die Umwelt und beschleunigt den Klimawandel;
* sie mündet regelmäßig in Krisen.

Diese Probleme sind typisch für eine Volkswirtschaft, die sich den Lehren des Wirtschaftsliberalismus verschrieben hat. Und eben diese Lehren stehen auch einer Lösung im Wege. Sie besagen, dass der Staat nur dann in das Wirtschaftsleben eingreifen soll, wenn ein Eingriff unumgänglich ist, und dafür

© Der/die Autor(en), exklusiv lizenziert an Springer Fachmedien Wiesbaden GmbH, ein Teil von Springer Nature 2023
W. Plasa, *Der totalitäre Kapitalismus*,
https://doi.org/10.1007/978-3-658-41761-1_17

diejenige Maßnahme wählen soll, die den geringsten Eingriff darstellt. Daher sind die bisher eingesetzten Mittel unzureichend oder ganz untauglich. Statt den Problemen Grenzen zu setzen, stoßen sie selbst schnell an Grenzen.

17.1 Maßnahmen zur Korrektur von Ungleichheiten in Deutschland

17.1.1 Die Grenzen der Umverteilung

Das Anwachsen der Ungleichheiten in Deutschland ist einerseits eine Folge einer vergleichsweise geringen Steigerung der Löhne. Sie wurde mit der Notwendigkeit gerechtfertigt, die deutsche Wirtschaft international wettbewerbsfähig zu halten. Sie führte jedoch nicht nur zu einer Steigerung der Wettbewerbsfähigkeit, sondern auch der Gewinne der Unternehmen. Sie bewirkte eine überproportionale Steigerung der Einkommen aus Kapital – und damit der Ungleichheiten.

Andererseits verstärken sich Ungleichheiten, wenn sie einmal bestehen, von alleine. Wer Einkünfte hat, die es ihm erlauben, einen Teil davon gewinnbringend anzulegen, erschließt sich eine zusätzliche Einnahmequelle, die es ihm erlaubt, immer mehr gewinnbringend anzulegen. Reicher zu werden, ist dann ein sich selbst beschleunigender Prozess.[1] Das dadurch bewirkte Anwachsen der sozialen Ungleichheiten war abzusehen, hat stattgefunden und wird sich weiter fortsetzen.

Das Mittel der sozialen Marktwirtschaft zur Korrektur dieser Ergebnisse heißt Umverteilung. Da die Ungleich-

---

[1] Siehe Abschn. 5.5.

heiten wachsen, steigt auch die Notwendigkeit einer Umverteilung. Selbst wenn deren Umfang entsprechend zunehmen würde, würde sie das Anwachsen der Ungleichheiten nicht bremsen, solange es nicht zu einer Vermögensbildung der Arbeitnehmer kommt. Doch haben sich die dafür eingesetzten Mittel als unzureichend erwiesen.

Statt eine Vermögensbildung zu fördern, dienen die Maßnahmen der Sozialpolitik in Deutschland immer mehr dazu, Löcher zu stopfen, die die Wirtschaftspolitik aufreißt. Umverteilung ist inzwischen auch zugunsten von vielen Menschen notwendig, die einer Erwerbstätigkeit nachgehen.

Erwerbsfähige haben ergänzend zu ihrem Einkommen Anspruch auf Arbeitslosengeld II, wenn ihr anrechenbares Einkommen nicht ausreicht, die Grundsicherung zu erreichen und kein ausreichendes einzusetzendes Vermögen vorhanden ist. Im Jahre 2018 verdienten über eine Million Menschen in Deutschland so wenig, dass sie Anspruch auf Arbeitslosengeld II hatten. Praktisch kommt dem Arbeitslosengeld II in diesen Fällen die Funktion eines gesetzlichen Kombilohnes zu. Darunter versteht man einen an die Ausübung einer abhängigen Erwerbstätigkeit gekoppelten staatlichen Transfer an Arbeitnehmer. Diese Zahlungen entsprechen der Differenz zwischen dem Lohn, der gezahlt wird, und dem Lohn, der eigentlich gezahlt werden müsste.[2]

Die Höhe der Zahlungen lässt erkennen, wie hoch der Lohn sein sollte. Der Anspruch auf Arbeitslosengeld II bedeutet eine stillschweigende Anerkennung des Umstands, dass der tatsächlich gezahlte Lohn zu niedrig ist. Mit den Zahlungen subventioniert der Staat nicht nur die Zahlungsempfänger, sondern mittelbar auch die Arbeitgeber, die zu wenig Lohn zahlen. In wirtschaftlicher Hinsicht macht das wenig Sinn.

---

[2] https://de.wikipedia.org/wiki/Kombilohn. Zugegriffen: 16.04.2023.

Etwa ein Drittel des Bundeshaushaltes entfallen auf das Budget des Bundesministeriums für Arbeit und Soziales. Monetäre Sozialleistungen machen für die unteren 40 % der Bevölkerung den Großteil der Einkommen aus.[3] Damit dürfte eine Grenze erreicht sein, und zwar aus mehreren Gründen.

Schon jetzt reichen die Einnahmen des Staates nicht aus, um alle Ausgaben zu finanzieren. Also muss die Sozialpolitik zum Teil durch Schulden finanziert werden. Eigentlich sollte sie durch die Steuern derjenigen finanziert werden, denen die primäre Verteilung Vorteile verschafft. Darauf wird verzichtet, weil höhere Steuern mit einer neoliberalen Wirtschaftspolitik unvereinbar sind und höhere Lohnnebenkosten der internationalen Wettbewerbsfähigkeit der Wirtschaft schaden.

Die Grundlage jeder Sozialpolitik ist die in einer Bevölkerung vorhandene Solidarität und der soziale Zusammenhang. Geht Sozialpolitik zu weit, besteht die Gefahr, dass sie die Solidarität untergräbt. Sozialpolitik geriet nicht zuletzt deswegen in die Kritik, weil sie der Vorstellung anhing, jede Konditionalität von Sozialleistungen oder Kontrolle der Leistungsempfänger seien mit der Würde des Menschen unvereinbar. Ohne Kontrolle droht die Solidarität jedoch zu schwinden. Und ohne Solidarität verliert Sozialpolitik ihre Grundlage.

Letztlich sind die Grenzen der Solidarität auch die Grenzen der Möglichkeiten einer Sozialpolitik. Diese Grenzen sind zu eng gezogen, um das Problem der wachsenden Ungleichheiten allein durch eine Politik der Umverteilung zu lösen. Das heißt aber nicht, dass auf eine solche Politik verzichtet werden soll. Sie ist ebenso notwendig wie berechtigt – nur kann sie nicht ausreichen, besagtes Problem zu lösen.

---

[3] Fratzscher, Marcel, *Verteilungskampf: Warum Deutschland immer ungleicher wird*, S. 205.

17.1.2   Mindestlöhne

Die Notwendigkeit einer Umverteilung ist umso größer, je niedriger die Löhne sind. Infolge der Lockerung des Kündigungsschutzes und der Ausweitung von Leiharbeit und Werkverträgen sind in vielen Bereichen Niedriglöhne die Regel geworden.[4] Aufgrund dessen wurde es 2014 erforderlich, einen gesetzlichen Mindestlohn einzuführen.

Mindestlöhne sind verbreitet in Staaten, die nicht die Voraussetzungen dafür bieten, dass Löhne und Arbeitsbedingungen in Tarifverhandlungen festgelegt werden. Diese Voraussetzungen bestehen in Deutschland seit mindestens 100 Jahren. Gewerkschaften können ohne staatliche Behinderung die Interessen ihrer Mitglieder vertreten. In der Praxis können sie das jedoch immer weniger. Denn immer weniger Arbeitnehmer sind Mitglieder einer Gewerkschaft.

Während der Deutsche Gewerkschaftsbund im Jahre 1991 11.800.000 Mitglieder zählte, sind es inzwischen knapp die Hälfte – trotz des Anstiegs der Gesamtzahl der Erwerbstätigen in Deutschland.[5] Ein wesentlicher Grund dafür ist die Zunahme der Beschäftigungen als Leiharbeiter. Leiharbeiter haben einen formellen Chef – der sie bezahlt – und einen tatsächlichen Chef – für den sie arbeiten. Mit wem sollen die die Bezahlung und die Arbeitsbedingungen aushandeln? Welche Gewerkschaft soll sie vertreten? Die Ausbreitung der Leiharbeit hat erheblich zur Schwächung der Gewerkschaften beigetragen.

Das war ein wesentlicher Grund der Notwendigkeit, einen Mindestlohn einzuführen. Er ist ein Armutszeugnis für ein Land wie Deutschland. Ein Mindestlohn mag ein taugliches Mittel sein, der Ausbeutung von Arbeitnehmern

---

[4] Siehe Abschn. 5.4.1.
[5] Siehe Abschn. 4.2.3.

einen Riegel vorzuschieben – aber nur bis zu einer gewissen Grenze. Denn er liegt immer zu niedrig. Das liegt zum Teil daran, dass er der wirtschaftlichen Entwicklung stets hinterherhinkt. Letztlich liegt es an den gleichen Gründen, auf denen die Agenda 2010 beruht: Arbeitgeber behaupten, dass der Wettbewerb es unmöglich macht, höhere Löhne zu zahlen. Auch wenn der Mindestlohn ein taugliches Mittel gegen Ausbeutung sein sollte – ein taugliches Mittel gegen die Zunahme der Ungleichheiten ist er nicht.

17.1.3 Das bedingungslose Grundeinkommen

Armut unterhalb einer bestimmten Einkommenshöhe wird als mit der Würde des Menschen unvereinbar angesehen. Mehrere internationale Abkommen und Erklärungen bestätigen diese Ansicht. Auch das Bundesverfassungsgericht hat dies jüngst getan.[6] Aufgrund dieser Überlegung wird seit einigen Jahren ein sogenanntes bedingungsloses Grundeinkommen vorgeschlagen.

Es würde bedeuten, dass jeder Bürger – unabhängig von seiner wirtschaftlichen Lage – eine gesetzlich festgelegte und für jeden gleiche staatliche finanzielle Zuwendung erhält. Das Grundeinkommen wäre nicht bedürftigkeitsabhängig und müsste ohne Zwang zur Arbeit oder zu anderen Gegenleistungen ausgezahlt werden. Die Höhe des Grundeinkommens soll über dem soziokulturellen Existenzminimum liegen. Dafür wird ein Betrag bis zu € 1500 genannt.

Angeblich würde ein bedingungsloses Grundeinkommen nicht nur jedem Menschen ein menschenwürdiges Leben ermöglichen. Es würde auch erlauben, Tätigkeiten nachzu-

---

[6] Urteil des Bundesverfassungsgerichts zu den Sanktionen bei Hartz IV vom 5. November 2019 (1 BvL 7/16).

gehen, die nicht als Erwerbsarbeit entlohnt werden. Es führe zu einer Verbesserung der sozialen Sicherheit und gestatte eine Lebensplanung mit Phasen ohne Erwerbstätigkeit, wie zum Beispiel Kindererziehung oder Studien. Ein Grundeinkommen überwände den Zwang zur Lohnarbeit und schüfe damit eine Freiheit, die die kapitalistische Marktwirtschaft in der jetzigen Form den Menschen vorenthält.[7]

Ob ein bedingungsloses Grundeinkommen diese Freiheit schafft, hängt nicht zuletzt von seiner Höhe ab. Liegt es etwa in der jetzigen Höhe der Grundsicherung, würde es kaum besagte Freiheit schaffen können. Liegt es in der Höhe eines monatlichen Einkommens auf der Basis des Mindestlohns, wäre das dagegen möglich. Dann – aber erst dann – würde der Anreiz – oder besser gesagt: der Zwang –, Lohnarbeit zu verrichten, entfallen. Diese Überlegung ist das Hauptargument der Gegner eines bedingungslosen Grundeinkommens. Offenbar lässt sich die Vorstellung, Arbeit sei der von Gott vorgeschriebene Zweck des Lebens und Müßiggang deswegen unmoralisch, nicht ausrotten.

Auch das bedingungslose Grundeinkommen ist ein Instrument der Umverteilung. Mit ihm soll ein verfügbares Einkommen in einer Höhe garantiert werden, die menschenwürdig ist. Das ist überflüssig, wo Einkommen darüber liegen. Es wäre angebracht, wo Menschen ohne Einkommen sind oder einen Lohn beziehen, der darunter liegt. In letzterem Falle wären Lohnerhöhungen jedoch ohne Frage die bessere Lösung.

Auf der anderen Seite aber würde ein bedingungsloses Grundeinkommen die Wirtschaft jeder Verantwortung für die sozialen und weiteren Folgen ihres Tuns entheben. Es würde ihr erlauben, weiterhin Löhne zu zahlen, die zu nied-

---

[7] https://www.grundeinkommen.de/30/11/2019/nach-dem-urteil-des-bverfg--zu-hartz-iv-sanktionen-alles-ist-moeglich.html. Zugegriffen: 16.04.2023.

rig sind. Ein bedingungsloses Grundeinkommen ist daher ein untaugliches Mittel, die genannten Probleme zu lösen.

17.2   Maßnahmen zur Korrektur der Ungleichheiten in der Welt

17.2.1   Nichtregierungsorganisationen und die UNO

Wie erwähnt, importieren und kaufen wir Waren, die in armen Ländern unter unmenschlichen Arbeitsbedingungen hergestellt werden von Menschen, die dafür einen Hungerlohn erhalten. Dagegen protestieren seit mehr als 30 Jahren Nichtregierungsorganisationen wie die Kampagne für Saubere Kleidung (Clean Clothes Campaign, CCC). Die World Fair Trade Organization (WFTO) wirbt für ethisches Bewusstsein bei Produzenten und dafür, dass Verbraucher Produkte meiden, die unter unfairen Bedingungen hergestellt und gehandelt werden. Gewiss haben diese Initiativen Erfolge erzielt, aber das Problem ist nicht gelöst.

Vor diesem Hintergrund nahm der Menschenrechtsrat der Vereinten Nationen im Jahre 2011 UN-Leitprinzipien für Wirtschaft und Menschenrechte an.[8] Sie enthalten 31 grundsätzliche Verpflichtungen zur Einhaltung wirtschaftsbezogener Menschenrechte, die als Empfehlungen an Regierungen und Unternehmen formuliert sind. Doch haben auch sie kaum zu einer Verbesserung der Arbeitsbedingungen beigetragen.

In der Tat reicht die Überzeugungsarbeit von Nichtregierungsorganisationen dafür ebenso wenig aus wie Absichtserklärungen der UNO. Aufrufe zum Verzicht auf

---

[8] UN Guiding Principles on Business and Human Rights; UN doc A/HRC/17/31.

bestimmte Produkte und Protestbewegungen zur Bewusst-
seinsbildung zeigen wenig Wirkung. Um Erfolg zu haben,
müssen Korrekturmaßnahmen verbindlich sein.

17.2.2   Das Lieferkettengesetz

Zu dieser Ansicht hat sich inzwischen auch die Bundesregierung durchgerungen. Im Jahre 2016 beschloss sie
einen „Nationalen Aktionsplan Wirtschaft und Menschenrechte", und im Koalitionsvertrag von 2018 verpflichtete
sie sich, per Gesetz eine unternehmerische Sorgfaltspflicht
anzuordnen, sofern nicht die Mehrheit der deutschen
Großunternehmen bis 2020 freiwillig Überprüfungen der
Arbeitsbedingungen bei ihren ausländischen Zulieferern
durchführen. Diese Forderung hatten bis 2020 nur etwa
20 % der betreffenden Unternehmen erfüllt.

Daher bereitete die Bundesregierung ein sogenanntes
Lieferkettengesetz vor, das Unternehmen zu einer Kontrolle
der Arbeitsbedingungen in den Betrieben ihrer ausländischen Zulieferer verpflichtet. Das „Gesetz über die
unternehmerischen Sorgfaltspflichten in Lieferketten"
ist am 1. Januar 2023 in Kraft getreten, zunächst allerdings
nur für Unternehmen mit mehr als 3000 Beschäftigten. Ab
2024 soll es auch für Unternehmen ab 1000 Mitarbeitern gelten.

Ob ein solches Gesetz praktikabel ist, erscheint zweifelhaft. Denn es macht den Mittäter zum Aufpasser. Auch die
Frage, ob sich der Staat auf diese Weise seiner eigenen
Kontrollpflicht entziehen kann, bleibt offen. Festzuhalten
bleibt dagegen, dass dieses Gesetz die Notwendigkeit an-
erkennt, besagten Missständen ein Ende zu bereiten. Es
scheint auf der Einsicht zu beruhen, dass das nur durch
gesetzliche Maßnahmen möglich ist. Beides geht in die
richtige Richtung, aber nicht weit genug.

17.2.3   Entwicklungshilfe

Eines – und vermutlich das folgenschwerste – Problem unserer Zeit ist das Wachstum der Weltbevölkerung. Ein wesentlicher Grund des rasanten Wachstums ist die anhaltende Armut des größten Teils der Menschheit. Es gibt also gute Gründe, etwas gegen sie zu unternehmen. Ein Mittel dafür ist die Gewährung von Entwicklungshilfe.

Ich habe jahrzehntelang in der Entwicklungshilfe der EU gearbeitet und darf mir ein Urteil erlauben: Sie hatte keinen nennenswerten Erfolg. Schlimmer noch: Sie war nicht ganz ehrlich. *The hidden agenda* der Entwicklungshilfe der EU war, frühere Kolonien der Mitgliedstaaten in ihrem Einflussbereich zu halten. Das geschah durch finanzielle und technische Hilfe. Wenn die betreffenden Regierungen vorher noch nicht korrupt waren, so wurden sie es spätestens mit den Zahlungen für Entwicklungshilfe.

Entwicklungshilfe war noch in einer anderen Hinsicht unehrlich: Niemand, der in der Entwicklungshilfe arbeitete, erwartete, dass sie Erfolg haben würde. Ohne das auszusprechen, ging man davon aus, dass die Empfängerländer letztlich unfähig sein würden, sich jemals wirklich zu entwickeln. Man wusste, dass Entwicklungshilfe ein untaugliches Mittel war. Das ist sie heute noch.

Es würde auf der Welt keine Armut mehr geben, wenn nur ein Teil des Vermögenszuwachses der Reichsten dieser Welt an die Ärmsten dieser Welt gingen. Auch das Problem der Bevölkerungsexplosion wäre damit gelöst, denn sie ist eine unmittelbare Folge der Armut. Diese Feststellungen legen die Schlussfolgerung nahe, dass eine Umverteilung angebracht wäre. Dafür gibt es Vorschläge. Sie würden jedoch nicht das eigentliche Problem lösen.

Das eigentliche Problem besteht darin, dass Menschen, die aktiv an der Schaffung des Weltbruttosozialproduktes mitwirken, entlohnt werden in einem Maße, das in keinem Verhältnis steht zu dem von ihnen geschaffenen Wertzuwachs.[9] Wollte ein Textilarbeiter aus Bangladesch in den USA oder Europa ein Hemd kaufen, das er in einer Stunde genäht hat, so müsste er dafür einen Monatslohn aufwenden. Natürlich deckt der Verkaufspreis nicht nur die Näharbeit. Dennoch ist dieses Missverhältnis skandalös.

Dass sich arme Länder nicht entwickeln, liegt auch daran, dass Unternehmen aus Industrieländern die Arbeitskraft ihrer Bevölkerung ausbeuten. Die Hungerlöhne, die in lohnintensiven Branchen in Billiglohnländern bezahlt werden, sind nicht nur ein Transfer zugunsten der Unternehmen und Verbraucher der importierenden Länder. Sie bedeuten eine materielle Einbuße in den exportierenden Ländern, die ihre Entwicklung bremst. Es ist absurd, Entwicklungshilfe oder andere Subventionen an Länder zu zahlen, deren Bevölkerung von Privaten aus den Geberländern ausgebeutet wird.

17.3 Umweltschutz und Klimaschutz

17.3.1 Die Umweltschutzpolitik

Die Umweltpolitik in Deutschland steckt immer noch in den Kinderschuhen. Sie orientiert sich an vier Prinzipien: dem Vorsorgeprinzip, dem Verursacherprinzip, dem Kooperationsprinzip und dem Gemeinlastprinzip.

Das Vorsorgeprinzip hat das Ziel, Umweltgefahren zu vermeiden und abzuwehren und Entwicklungen zu verhindern, die zukünftig zu Umweltbelastungen führen kön-

---

[9] https://www.ilo.org/wcmsp5/groups/public/%2D%2D-dgreports/%2D%2D-comm/documents/publication/wcms_090711.pdf. Zugegriffen: 16.04.2023.

nen. Dieses Prinzip beschreibt nichts anderes als das eigentliche Ziel jeder Umweltpolitik.[10]

Das Verursacherprinzip strebt an, die Kosten zur Vermeidung, zur Beseitigung oder zum Ausgleich von Umweltbelastungen dem Verursacher zuzurechnen. Dieses Prinzip ist im Grunde nur selbstverständlich. Dennoch hat es bislang keine allgemeine Geltung erlangt. Denn bei der Anwendung treten Probleme auf:

> *„Es ist oftmals nicht möglich, den Verursacher zu identifizieren, da viele Umweltbelastungen durch ein Zusammenwirken mehrerer Verursacher entstehen. Durch die Globalität der Umweltbelastungen sind die Verursacher oft rechtlich nicht zu belangen. Das Verursacherprinzip kann auch unerwünschte Wirkungen haben, z. B. eine nachteilige Beschäftigungswirkung, wenn Unternehmen hohe Kosten durch Umweltschutz entstehen. Seine Durchsetzung erfordert einen hohen Aufwand an Überwachung durch die Behörden".*[11]

Offenbar stellen hohe Kosten und eine nachteilige Beschäftigungswirkung ein größeres Problem dar als die Umweltbelastung. Zudem steht der Anwendung des Verursacherprinzips auch der Katechismus der Gesetzgebung entgegen, der Verbote verbietet, wenn weniger einschneidende Maßnahmen versprechen, zum gleichen Ziel zu führen.[12] Daher setzt man auf Maßnahmen wie Prämien oder steuerliche Anreize. Dass sie zum erstrebten Ziel führen, ist jedoch nicht zu erkennen. Daher muss auf das Kooperationsprinzip zurückgegriffen werden.

Das Kooperationsprinzip ist auf eine einvernehmliche Verwirklichung umweltpolitischer Ziele gerichtet, und

---

[10] Siehe Abschn. 15.1.5.

[11] https://www.tu-berlin.de/fileadmin/f12/Downloads/koop/oeko-audit/kapitel1/L12_3.html. Zugegriffen: 16.04.2023.

[12] Siehe Abschn. 8.4.1.

zwar durch Gesetze und durch Überzeugung. Staat und Gesellschaft sollen in der Umweltpolitik zusammenarbeiten. Durch die Beteiligung der Bürger, Umweltorganisationen, Gewerkschaften, Kirchen, Wissenschaft und Wirtschaft verspricht man sich eine Stärkung des Umweltbewusstseins und eine bessere Akzeptanz des Umweltrechts. Diese Vorstellungen sind Wunschdenken.

Einerseits hat die Erfahrung gezeigt, dass in dieser Art der Zusammenarbeit vor allem Unternehmen ihre Interessen durchzusetzen vermögen. Andererseits werden Versprechen oft nicht eingehalten. So hat z.B. das Bundesministerium für Ernährung 2018 eine Nationale Reduktions- und Innovationsstrategie verabschiedet, um zu erreichen, dass Fertigprodukte weniger Energie, Fette, Salz und Zucker enthalten sollen. Doch wurden die Hersteller nicht verpflichtet, die Pläne umzusetzen. Sie wollten das freiwillig tun. Das reicht offensichtlich nicht aus, die Probleme der Fehlernährung und des Übergewichts zu lösen.[13]

Daher tragen die Kosten für Umweltschäden und deren Vermeidung nach wie vor zum größten Teil die Allgemeinheit bzw. der Staat. Die Politik nennt das das Gemeinlastprinzip. Offenbar handelt es sich dabei tatsächlich um ein *Prinzip*. Denn Unternehmen können nach wie vor in vielen Bereichen kostenfrei die Umwelt belasten. Dabei beuten sie sie auf Kosten der Allgemeinheit aus.

Man kann, um nachhaltiger zu wirtschaften, eine ergiebigere Nutzung von Rohstoffen und Energien anstreben. Diese Strategie wird in der Diskussion „Steigerung der Effizienz" genannt. Man kann auch versuchen, durch Wiederverwertung und durch Müllvermeidung die Schäden zu begrenzen. Das wird als mehr „Konsistenz" bezeichnet. Schließlich kann man bemüht sein, durch eine Verringerung

---

[13] https://www1.wdr.de/nachrichten/zucker-reduzieren-limo-cola-studie-100.html. Zugegriffen: 16.04.2023.

der Produktion und des Konsums Schäden von vornherein zu vermeiden. Dieser Ansatz wird als „Suffizienz" bezeichnet. Er ist die einzige, der Erfolg verspricht.

17.3.2   Anreize statt Verbote

Einer der Gründe, aus denen die genannten Probleme immer größer werden, ist, wie gesagt, die Zaghaftigkeit der Lösungsversuche. Statt Verbote auszusprechen, werden lieber „marktwirtschaftliche Instrumente" eingesetzt. Produkte können durch Steuern verteuert oder durch Subventionen verbilligt werden, um bestimmte Anreize – sogenannte *incentives* – zu schaffen. Dabei besteht jedoch die Gefahr, dass die Wirkung nicht ausreicht.[14] Auch pflegt sie regelmäßig zu verpuffen.

Das hat die Verteuerung von Benzin und Diesel zur Jahreswende 2021/2022 gezeigt. Ohne einen ersichtlichen Grund wurde Kraftstoff plötzlich sehr viel teurer. Die Menge des Verbrauchs ging jedoch kaum zurück. Das lag sicherlich nicht nur daran, dass Menschen ihr Auto benutzen müssen. Sie wollten es auch wie gewohnt weiterbenutzen und waren bereit, den Preis dafür zu zahlen.

In manchen Bereichen werden Produkte verschiedener Umweltverträglichkeit angeboten. Dann liegt es beim Verbraucher, einen Beitrag zum Umweltschutz zu leisten, indem er sich für das teurere Produkt entscheidet. Ähnliches bieten sogenannte Fair-Trade-Unternehmen an, die mit dafür sorgen wollen, dass Erzeuger in armen Ländern einen gerechten Preis für ihre Produkte erhalten. Diese Initiativen haben durchaus einen gewissen Erfolg. Doch reichen sie bei weitem nicht aus. Außerdem trifft diese Lösung der

---

[14] Wie naiv diese Ideen sind, zeigt der Artikel https://de.wikipedia.org/wiki/Internalisierung_(Wirtschaft). Zugegriffen: 16.04.2023.

Probleme auf ein anderes Problem: Menschen, die unter Umständen bereit wären, einen höheren Preis zu zahlen, können das nicht, weil ihre Einkünfte ihnen das nicht erlauben.

17.3.3 Der Emissionsrechtehandel

Der Gefahr, dass Anreize allein nicht genügend Wirkung haben, versucht das Kyoto-Protokoll zu begegnen, indem es die Menge an CO_2 begrenzt, die weltweit ausgestoßen werden darf. Zu seiner Umsetzung wurde der Emissionsrechtehandel (oder kurz Emissionshandel) eingeführt. Teilnehmende Staaten erhalten zu Beginn einer Verpflichtungsperiode eine Anzahl Emissionszertifikate in Höhe der ihnen erlaubten Emissionen. Am Ende der Periode müssen sie nachweisen, dass ihre tatsächlichen Emissionen nicht die Menge ihrer Zertifikate übersteigen. Wollen sie mehr Emissionen verursachen, müssen sie zusätzlich entsprechende Mengen von Zertifikaten kaufen. Verursachen sie weniger Emissionen, können sie überschüssige Zertifikate verkaufen.

Daneben gibt es in China, der Europäischen Union, Deutschland und einigen anderen Ländern einen Emissionsrechtehandel auf nationaler bzw. europäischer Ebene, der ähnlich funktioniert. Emissionszertifikate werden versteigert oder Verursachern von Emissionen zugeteilt. Sie berechtigen ihre Inhaber zur Emission einer bestimmten Menge eines Schadstoffs über einen festgelegten Zeitraum. Unternehmen können fehlende und nicht benötigte Zertifikate ankaufen bzw. verkaufen.

Anhänger des Wirtschaftsliberalismus sind vom Emissionshandel begeistert, denn er ist ein marktwirtschaftliches

Instrument.[15] Nach ihrer Vorstellung werden durch ihn Emissionen dort eingespart, wo es ökonomisch effizient ist. Mit anderen Worten: Emissionen sind dort weiterhin möglich, wo genug Gewinn damit gemacht wird.

Emissionen von CO_2 und andere Treibhausgasen stellen externe Kosten dar, d. h. solche, die von der Allgemeinheit getragen und nicht in den Marktpreisen berücksichtigt werden. Daran, dass sie von der Allgemeinheit getragen werden, ändert der Emissionshandel nichts. Zwar wird mit dem Emissionshandel versucht, diese Kosten in den Marktpreis zu integrieren, sie also zu „internalisieren". Doch geschieht das nur für den kleineren Teil der Emissionen. Denn viele Branchen erhalten in jeder Verpflichtungsperiode Zertifikate kostenlos zugeteilt. Nur 70 % der Zertifikate werden in der EU versteigert, der Rest wird unentgeltlich an Unternehmen in der Höhe der in der Vergangenheit verursachten Emissionen vergeben.[16] Sie bleiben also externe Kosten.

Und mehr noch: Die kostenlose Zuteilung von Zertifikaten begründet ein *Recht* darauf, diese Kosten weiterhin der Allgemeinheit aufzubürden. Sie legalisieren ein Marktversagen. Und schlimmer: Das Recht, diese Kosten weiterhin der Allgemeinheit aufzubürden, haben nur diejenigen, die das zuvor bereits getan haben, also „Missetäter". Dagegen hat der Einzelne, der den Folgen der Emission von Treibhausgasen durch sie ausgesetzt ist, weder ein vergleich-

---

[15] https://de.wikipedia.org/wiki/Emissionsrechtehandel. Zugegriffen: 16.04.2023.: *Es besteht ein breiter wissenschaftlicher Konsens unter Ökonomen, dass der Emissionshandel ein effektives und effizientes Instrument zur Reduktion von Emissionen ist.*

[16] Hagenau, Melanie, *Emissionshandel: So funktioniert der Handel mit den CO_2-Zertifikate,* in https://utopia.de/ratgeber/emissionshandel-so-funktioniert-der-handel-mit-den-co2-zertifikaten/#:~:text=Dazu%20kommt%2C%20dass%20viele%20Branchen,kostenlose%20Zertifikate%20nach%20dem%20. Zugegriffen: 16.04.2023.

Effizienzstandard.

bares Recht noch irgendeinen Vorteil dafür, dass andere auf seine Kosten von diesem Recht Gebrauch machen.

Um den Klimawandel abzuwenden, müsste der Emissionsrechtehandel weltweit eingesetzt werden. Davon sind wir meilenweit entfernt. Bisher unterliegen nur 8 % des weltweiten Ausstoßes an Treibhausgasen einem Emissionshandelssystem.[17] Das interessanteste Element dieses Systems – trotz seiner Schwächen – ist die verbindliche Festsetzung einer Obergrenze der erlaubten Emissionen. Möglicherweise wird dies Schule machen (müssen).

17.3.4   Windräder und Elektroautos

In der Vorstellung grüner Idealisten fahren wir morgen alle in Elektroautos, deren Strom durch Windräder erzeugt wird. Das wäre eine schöne Welt, wenn Windräder und Elektroautos ohne viel Aufwand herzustellen wären. Das aber trifft nicht zu. Windräder haben erst nach einem Jahr so viel Energie erzeugt, wie für ihre Produktion verbraucht wird. Bei Solarzellen sind es drei Jahre.[18] E-Autos sind unterm Strich erst nach etwa 8,5 Jahren umweltfreundlicher als Verbrenner.[19] Nicht in dieser Rechnung enthalten sind die Aufwendungen für die Schaffung der notwendigen Ladestationen. Was viele von uns für Ideallösungen halten, ist bei näherer Betrachtung kaum mehr als eine Verlagerung der Probleme auf andere Ebenen.

---

[17] https://www.en-former.com/emissionshandel-weltweit2019/#:~:text= Das%20Interesse%20an%20. Zugegriffen: 16.04.2023. ETS%20steigt,aller %20weltweiten%20Emissionen%20einem%20ETS.

[18] https://www.ingenieur.de/technik/fachbereiche/energie/windraeder- produzieren-jahr-energie-verbraucht/. Zugegriffen: 16.04.2023.

[19] https://www.energieloesung.de/magazin/ist-ein-elektroauto-tatsachlich-um- weltfreundlicher/. Zugegriffen: 16.04.2023.

17.3.5   Nichtregierungsorganisationen und die UNO (2)

Seit Anfang der 1960er-Jahre kämpfen Umweltschutz-organisationen wie der WWF (*World Wide Fund For Nature*) für den Erhalt der biologischen Vielfalt, die nachhaltige Nutzung natürlicher Ressourcen und die Eindämmung von Umweltverschmutzung. Anfang der 1970er-Jahre wies der Club of Rome darauf hin, dass das wirtschaftliche Wachstum auf natürliche Grenzen stoßen würde. Ende der 1970er-Jahre entstand die grüne Bewegung. Im Jahre 1987 veröffentlichten die Vereinten Nationen einen Bericht mit dem Titel *Our Common Future*, in dem zum ersten Mal der Begriff der Nachhaltigkeit definiert und deren Notwendigkeit unterstrichen wurde. 1992 wurde im Rahmen der Vereinten Nationen ein internationales Umweltabkommen mit dem Ziel ausgehandelt, die globale Erwärmung zu verlangsamen. Aus Sorge für ihre Zukunft schlossen sich seit 2018 Schüler und Studierende einer Bewegung unter der Bezeichnung *Fridays for Future* an. Sie ruft zu Schulstreiks auf, um auf das Versagen der politisch Verantwortlichen gegenüber dem Klimawandel aufmerksam zu machen.

Dieses Versagen ist inzwischen offenkundig. Offenkundig ist bedauerlicherweise auch, dass Initiativen von Nichtregierungsorganisationen und selbst der UNO nicht ausreichen, um die Entwicklungen zu stoppen, die zu einer Umweltkatastrophe zu führen drohen. Das heißt aber nicht, dass Nichtregierungsorganisationen und die UNO resignieren sollten. Im Gegenteil: Es wäre sehr begrüßenswert, wenn unsere Regierung diesen Bemühungen mehr Unterstützung gewähren würde. So könnte sie zum Beispiel eine Kampagne für *vernünftigen Konsum* starten. Schwer vorstellbar – aber nicht abwegig.

17.4   The Great Reset

Eine Nichtregierungsorganisation, die bereits erwähnt wurde, nämlich das *World Economic Forum*, vertritt die Ansicht, dass die Turbulenzen, die die Corona-Pandemie geschaffen hat, Gelegenheit böten, alle Probleme der Welt auf einmal zu lösen. Sie glaubt, dass ein Neuanfang möglich sei, den sie recht großspurig *The Great Reset* nennt.[20] Dessen Notwendigkeit wird mit einer Bestandsausnahme begründet, die in vieler Hinsicht mit den Ergebnissen der hier angestellten Untersuchungen übereinstimmt. Dabei wird allerdings nicht erwähnt, dass es sich hierbei im Wesentlichen um Folgen eben der Politik handelt, die das WEF jahrzehntelang unterstützt hat. Allein deswegen fehlt seinen Vorschlägen jede Glaubwürdigkeit.

Wie der *reset* aussehen soll, wird nicht im Einzelnen dargelegt. Vielmehr wird erwartet, dass die Privatwirtschaft aufgrund besserer Einsicht freiwillig bereit wäre, Ausbeutung und Raubbau zu beenden. Möglicherweise kommt sie tatsächlich zu einer solchen Einsicht, wenn sich das in einer Weise bewerkstelligen lässt, die neue Möglichkeiten eröffnet, nach Gewinn zu streben. Dann mag ein Neubeginn auch im Interesse derer liegen, die von der bisherigen Entwicklung profitiert haben. Doch lässt sich nicht erkennen, warum ein Neubeginn daran etwas ändern würde.

Die Idee des *Great Reset* ist entweder das Produkt der Megalomanie seiner Initiatoren oder ein Zeichen dafür, dass das WEF tatsächlich die Macht hat, unser Leben zu verändern. In jedem Falle ist sie ein untauglicher Versuch, den Problemen beizukommen.

---

[20] https://www.weforum.org/agenda/2020/06/now-is-the-time-for-a-great-reset/. Zugegriffen: 16.04.2023.

18

Die verfügbaren Mittel

Angesichts der Probleme, die uns unsere Art zu wirtschaften beschwert, erscheint die Zaghaftigkeit der Lösungsversuche erstaunlich. Sie erscheint ebenfalls erstaunlich angesichts der *bestehenden* Lösungsmöglichkeiten. Denn es gibt eine ganze Reihe von gesetzlichen Vorschriften, die solche Möglichkeiten bieten. Das einfachste Mittel, besagte Probleme in Angriff zu nehmen, ist eine striktere Anwendung dieser Gesetze.[1]

18.1 Eine striktere Anwendung der Gesetze

18.1.1 Das Strafrecht

Es ist im Grunde unglaublich, wie nachsichtig unsere Gerichte – und letztlich auch die Gesellschaft – gegenüber sogenannten White-collar-Straftätern sind, also solchen, die

---

[1] Reich, Robert, *Rettet den Kapitalismus! Für alle, nicht für 1 %*, S. 102 ff.

© Der/die Autor(en), exklusiv lizenziert an Springer Fachmedien Wiesbaden GmbH, ein Teil von Springer Nature 2023
W. Plasa, *Der totalitäre Kapitalismus*,
https://doi.org/10.1007/978-3-658-41761-1_18

höhere Posten in Unternehmen bekleiden. Ein Grund dafür ist die Struktur dieser Unternehmen. Aktiengesellschaften heißen im romanischen Sprachraum „anonyme Gesellschaften". In der Tat bleibt das, was sie tun, meist in dem Sinne anonym, als der oder die Entscheidungsträger nicht in Erscheinung treten. Und oft ist es schwierig, persönliche Verantwortung festzustellen und zu beweisen. Das ist aber kein Grund, sich nicht mit der gleichen Entschlossenheit um Aufklärung zu bemühen, wie das zum Beispiel im Falle von Sexualdelikten geschieht.

Ein anderer Grund dafür ist das gesellschaftliche Ansehen der Täter. Der Fall Uli Hoeneß hat gezeigt, wie viel Nachsicht Richter walten lassen, wenn eine Celebrity auf der Anklagebank sitzt. Die Entscheidung, das Verfahren gegen den früheren Vorstandsvorsitzenden Martin Winterkorn wegen angeblicher Verhandlungsunfähigkeit auszusetzen, erscheint im Lichte der Tatsache, dass die Untersuchungen bereits sechs Jahren dauern, wie eine Ironie. Im Falle des früheren Audi-Chefs Rupert Stadler ist es inzwischen zu einer Verurteilung gekommen. Stadler hatte gestanden, nachdem ihm eine Bewährungsstrafe zugesichert worden war. Er erhielt für Betrug in rund 17.000 Fällen ein Jahr und neun Monate auf Bewährung und muss eine Geldstrafe in Höhe von € 1,1 Millionen zahlen. Das ist weniger als 1% seines Vermögens und gerade ein Siebentel dessen, was er bei Audi als Jahresgehalt erhielt.[2]

Doch sind das keine Einzelfälle. Zwar hat die Süddeutsche Zeitung es abgelehnt, den Ermittlungsbehörden die *Panama Papers* herauszugeben, die Tausende von Fällen der Steuerhinterziehung und Geldwäsche durch die Gründung von Briefkastenfirmen in Panama beweisen. Sie hat

---

[2] https://www.ndr.de/nachrichten/niedersachsen/braunschweig_harz_goettingen/Winterkorn-Prozess-Abtrennung-des-Verfahrens-ist-rechtmaessig,winterkorn464.html. Zugegriffen: 16.04.2023.

das damit begründet, dass das eine Gefahr für das Leben ihrer Quelle bedeuten würde.[3] Doch ist bekannt, dass sechs der sieben deutschen Großbanken an der Schaffung von mehr als 1200 Briefkastenfirmen beteiligt waren. Vielleicht hätte man bei diesen Banken weiter nachforschen können. Es wird geschätzt, dass in Deutschland jährlich etwa € 100 Mrd. „gewaschen" werden.[4]

Andererseits häufen sich die Fälle, in denen der Anfangsverdacht von Korruption bekannt wird. Merkwürdigerweise sind die Fälle, in denen es zu einer Verurteilung kommt, recht selten. Offenbar wird Korruption als eine Art Kavaliersdelikt betrachtet. Das ist aufgrund ihres Ausmaßes und der durch sie angerichteten Schäden bedenklich.

18.1.2 Das Kartellrecht

Ein besonderer Fall unzureichender Umsetzung gesetzlicher Vorschriften ist das Kartellrecht. Kartelle sind

> „Vereinbarungen zwischen Unternehmen, Beschlüsse von Unternehmensvereinigungen und aufeinander abgestimmte Verhaltensweisen, die eine Verhinderung, Einschränkung oder Verfälschung des Wettbewerbs bezwecken oder bewirken".[5]

Kartelle können dazu führen, dass Unternehmen eine marktbeherrschende Stellung erlangen. Sie kann missbraucht werden, um überhöhte Preise zu verlangen. Sie kann auch zur Folge haben, dass Kunden und Lieferanten in ein Abhängigkeitsverhältnis geraten. Angesichts dieser

---

[3] https://www.sueddeutsche.de/politik/panama-papers-bundesrat-fordert-herausgabe-der-panama-papers-1.2961756. Zugegriffen: 16.04.2023.

[4] https://www.sueddeutsche.de/meinung/gaspreisdeckel-geldwaesche-lindner-sc hulden-1.5672700?reduced=true. Zugegriffen: 16.04.2023.

[5] § 1 des Gesetzes über Wettbewerbsbeschränkungen (GWB); siehe auch Art. 101 I des Vertrages über die Arbeitsweise der Europäischen Union (AEUV).

Gefahren bedürfen Unternehmenszusammenschlüsse ab einer gewissen Größe der Marktanteile der betreffenden Unternehmen einer Genehmigung durch das Bundeskartellamt. Wenn zu befürchten ist, dass ein Zusammenschluss eine marktbeherrschende Stellung begründet oder verstärkt, kann er untersagt werden.

Doch werden Genehmigungen für Unternehmenszusammenschlüsse in der Regel großzügig gewährt, wenn zu befürchten ist, dass die beantragenden Unternehmen allein der internationalen Konkurrenz nicht mehr standhalten können. Erwägungen dieser Art haben maßgeblich dazu beigetragen, dass es zu der in Kap. 5 beschriebenen Unternehmenskonzentration kommen konnte.

Das Kartellrecht erlaubt den Kartellbehörden auch, Unternehmen Vorteile zu entziehen, die sie aus wettbewerbswidrigem Verhalten erlangt haben. Von dieser Möglichkeit wurde allerdings noch nie Gebrauch gemacht. Das mag daran liegen, dass die rechtlichen Hürden zu hoch sind. Es mag auch daran liegen, dass die Kartellbehörden allgemein zu viel Nachsicht walten lassen.

Wer an die Segnungen einer freien Marktwirtschaft glaubt, muss erkennen, dass vor allem Kartelle und Absprachen unmöglich machen, dass sie ihre Versprechen hält. Daher müsste mit allen Mitteln versucht werden, gegen Unternehmenskonzentration, die zur Marktbeherrschung führt, anzugehen – indem man die bestehenden gesetzlichen Vorschriften voll und ganz anwendet.

18.1.3 Das Gesetz gegen den unlauteren Wettbewerb

Ein weiteres Gesetz, das die Möglichkeiten bietet, den eingangs genannten Problemen beizukommen, ist das Gesetz gegen den unlauteren Wettbewerb (UWG). Es verbietet

Schleichwerbung, d. h. Werbung, die für den Verbraucher als solche nicht zu erkennen ist. § 5a Abs. 4 UWG bestimmt:

> *„Unlauter handelt ..., wer den kommerziellen Zweck einer geschäftlichen Handlung nicht kenntlich macht, sofern sich dieser nicht unmittelbar aus den Umständen ergibt, und das Nichtkenntlichmachen geeignet ist, den Verbraucher oder sonstigen Marktteilnehmer zu einer geschäftlichen Entscheidung zu veranlassen, die er andernfalls nicht getroffen hätte."*[6]

Gerade wegen der Allgegenwart der Werbung dürften die meisten von uns in der Lage sein, aus den jeweiligen Umständen „den kommerziellen Zweck einer geschäftlichen Handlung" zu erkennen, auch wenn darauf nicht ausdrücklich hingewiesen wird. Das Verbot der Schleichwerbung ist insofern eine lahme Ente. Gegen die Allgegenwart der Werbung schützt es nicht.

Unternehmer haben ein Interesse daran, möglichst aggressiv zu werden. Das birgt die Gefahr, die Entscheidungsfreiheit des Verbrauchers über Gebühr zu beeinträchtigen. Um dieser Gefahr zu begegnen, verbietet § 4a UWG eine

> *„aggressive geschäftliche Handlung, die geeignet ist, den Verbraucher oder sonstigen Marktteilnehmer zu einer geschäftlichen Entscheidung zu veranlassen, die dieser andernfalls nicht getroffen hätte. Eine geschäftliche Handlung ist aggressiv, wenn sie im konkreten Fall unter Berücksichtigung aller Umstände geeignet ist, die Entscheidungsfreiheit des Verbrauchers oder sonstigen Marktteilnehmers erheblich zu beeinträchtigen"*.

Ob Werbung geeignet ist, „die Entscheidungsfreiheit des Verbrauchers erheblich zu beeinträchtigen", entscheidet der Richter „im konkreten Fall unter Berücksichtigung aller Umstände". Offenbar liegen solche Umstände nur ausnahmsweise vor, denn Fälle, in denen das Gesetz zur Anwendung gekommen ist, sind äußerst selten.

---

https://www.gesetze-im-internet.de/uwg_2004/__2.html. Zugegriffen: 16.04.2023.

Der Umstand, dass die rechtlichen Möglichkeiten, die das Strafrecht, das Kartellrecht und das Wettbewerbsrecht bieten, nicht voll ausgeschöpft werden, ist eine Folge der Unterordnung des Staates unter die Wirtschaft, die in Abschn. 8.2. näher untersucht worden ist. Der Staat könnte, wenn er nur wollte, von diesen Möglichkeiten in erheblich weiterem Umfang Gebrauch machen.

18.2   Steuern und Schulden

Schon Adam Smith hatte vorausgesehen, dass die *„ungeheuren Schulden, die jetzt alle Staaten Europas drücken … sie mit der Zeit wahrscheinlich zugrunde richten werden"*.[7] Nicht nur in Griechenland ist es in neuerer Zeit dazu gekommen. Einem anderen Land, den USA, das sich den Lehren des Wirtschaftsliberalismus besonders aufgeschlossen zeigt, droht Ähnliches. Die Staatsverschuldung ist im Jahre 2023 auf $ 31,14 Trillionen (37.140 Mrd.) gestiegen.[8] Das entspricht 120 % des Bruttoinlandsprodukts der USA bzw. ein Drittel des *Bruttoweltproduktes.* Wie kann es sein, dass der Staat mit der größten und reichsten Volkswirtschaft der Erde in diese Lage geraten ist?

18.2.1   Steuereinnahmen

Schulden macht man, wenn das Einkommen für die Ausgaben nicht reicht. Daran ist man gewöhnlich selber schuld. Das gilt auch für den Staat. Um Einnahmen und Ausgaben auszugleichen, gibt es zwei Möglichkeiten. Entweder richtet man die Ausgaben nach den Einnahmen, wie das die

[7] Smith, Adam, *Der Wohlstand der Nationen*, Fünftes Buch, Zweiter Teil, Staatsschulden.

[8] https://de.statista.com/statistik/daten/studie/187893/umfrage/ staatsverschuldung-der-usa-monatswerte/. Zugegriffen: 16.04.2023.

meisten privaten Haushalte tun. Oder man versucht, die Einnahmen auf die Höhe zu steigern, in der man Ausgaben für erforderlich ansieht. Auch der Staat könnte beides tun, kann sich aber nicht dazu entschließen. Obwohl er nicht das Geld dafür hat, macht er gewisse Ausgaben, weil er sie als notwendig erachtet. Aber er versucht nicht, entsprechende Einkünfte zu erzielen. Lieber macht er Schulden.

Doch könnte er die erforderlichen Einkünfte ohne weiteres erzielen. Er könnte Steuern erheben in einer Höhe, die die Ausgaben decken. Das wäre durchaus gerechtfertigt. Denn der Staat erbringt enorme Leistungen, ohne die ein Funktionieren und Wachsen der Wirtschaft und die Erzielung von Gewinnen nicht möglich wären. Was gewiss ebenso wichtig ist und ebenfalls Kosten verursacht, sind die Anstrengungen des Staates, sozialen Frieden zu gewährleisten und das Privateigentum zu schützen. Der Nutzen daraus verhält sich proportional zum Umfang des Gewinns und Vermögens jedes Einzelnen. Daher sollte sich auch ihr Steueraufkommen proportional verhalten.

Das hatte bereits Adam Smith gefordert:

„Die Untertanen eines jeden Staates sollten zum Unterhalt der Regierung möglichst genau im Verhältnis zu ihrer Leistungsfähigkeit beitragen, d. h. im Verhältnis zu dem Einkommen, das sie unter dem Schutz des Staates genießen.“[9]

Diesen Rat haben Regierungen unter dem Einfluss derjenigen in den Wind geschlagen, die im Falle seiner Befolgung zur Kasse gebeten worden wären. Dabei beriefen sie sich auf die Lehren des Neoliberalismus und die von ihm ersonnene *trickle-down-theorie*, gemäß der Unternehmen, wenn sie weniger Steuern zahlen, mehr Investitionen vornehmen und neue Arbeitsplätze schaffen

---

Smith, Adam, *Der Wohlstand der Nationen*, Fünftes Buch, Zweiter Teil, Von den Steuern.

können. Sie hatten Erfolg: Vor allem in den USA steht die Besteuerung der Gewinne von Unternehmen und der Erträge der Kapitaleigner in keinem Verhältnis zu den Vorteilen, die diese dank staatlicher Leistungen erlangen.

Statt die Steuern zu erhöhen, nimmt der Staat lieber Schulden auf. Er borgt sich das Geld, das ihm fehlt, von den Leuten, die es ihm leihen können, weil sie weniger Steuern zahlen. Das führt zu der paradoxen Situation, dass der Staat, um sich Geld zu beschaffen, Zinsen an Leute bezahlt, von denen er dieses Geld eigentlich als Steuerzahlungen verlangen müsste. Das ist ein weiterer Grund dafür, dass die Ungleichheiten größer werden.

Die Möglichkeit, diese Entwicklung durch die Erhebung von Steuern und Maßnahmen der Umverteilung zu korrigieren, dürfte, wie gesagt, bald an ihre Grenzen stoßen. Die Möglichkeit, Schulden durch die Erhebung von Steuern zu vermeiden oder sogar zurückzuzahlen, ist dagegen in keiner Weise voll ausgeschöpft.

18.2.2   Die Vermögenssteuer

Es gibt in Deutschland eine Vermögensteuer – nur wird sie nicht erhoben. Obwohl das Vermögensteuergesetz noch in Kraft ist, wird es seit 1997 nicht mehr angewandt. Das ist angesichts der Entwicklungen der sozialen und wirtschaftlichen Ungleichheiten, aber auch der Verschuldung des Staates, völlig unverständlich.[10] In der Tat ließe sich mit der Anwendung dieses Gesetzes ein Teil der Probleme lösen.[11]

---

[10] https://de.wikipedia.org/wiki/Verm%C3%B6gensteuer#Verm%C3%B6gensteuer_in_Deutschland: Zugegriffen: 16.04.2023 „Eine Studie des Internationalen Währungsfonds von 2015 verweist explizit auf die Vermögensteuer als eine Maßnahme gegen Ungleichheit. … *sie kann einen Beitrag zur Reduktion der Staatsverschuldung leisten.*"

[11] https://www.sueddeutsche.de/meinung/armut-deutschland-oxfam-armut-und-reichtumsbericht-vermoegensteuer-erbschaftsteuer-1.5590930. Zugegriffen: 16.04.2023.

Theoretisch ist die Vermögenssteuer eine Steuer, die auf den Wert des Nettovermögens (Bruttovermögen abzüglich Schulden) des Steuerpflichtigen berechnet wird. Dazu gehören Betriebe, Immobilien, Sparguthaben, Wertpapiere und Lebensversicherungen sowie Luxus- und Kunstgegenstände. Steuerpflichtig sind sowohl natürliche als auch juristische Personen. Natürlichen Personen steht ein Freibetrag von DM 120.000, also etwa € 61.000, zu.

Würden in Deutschland Steuern in Höhe des OECD-Durchschnitts erhoben, würden die Steuermehreinnahmen um mehr als € 30 Mrd. jährlich wachsen.[12] Darauf verzichtet der Staat und zieht es vor, sich Geld zu borgen. Dafür zahlt er Zinsen an diejenigen, die es ihm borgen. Das können vor allem diejenigen, die eigentlich Vermögenssteuer zahlen müssten.

Es wäre nicht nur angebracht, wieder die Vermögenssteuer zu erheben, sondern auch einen Teil der Einnahmen für einen besonderen Zweck zu verwenden. Die Finanzämter leiden unter einem skandalösen Mangel an Personal, insbesondere an Fachleuten, die sich mit den Möglichkeiten der Steuerhinterziehung auskennen. Es geht nicht darum, neue Dienststellen einzurichten, die Reiche beschnüffeln, sondern allein um eine personelle Ausstattung, die es den Ämtern erlaubt, ihre Aufgaben wahrzunehmen und die Gesetze anzuwenden.

18.2.3   Die Finanztransaktionssteuer

Eine Steuer, für deren Einführung vieles spricht, ist die sogenannte Finanztransaktionssteuer. Eine Form dieser Steuer wäre eine solche auf Börsengeschäfte. Einen entsprechenden Vorschlag hatte John Maynard Keynes bereits im Jahre

---

[12] DGB Verteilungsbericht 2021.

1936 gemacht.[13] Er ging davon aus, dass eine Verteuerung kurzfristiger Spekulationen Unternehmen veranlassen würde, sich auf langfristige Strategien zu konzentrieren. Zudem erwartete er, dass ein Investment, das zur Erzielung einer Dividende getätigt wird, gesamtwirtschaftlich nützlicher ist als ein Investment, das in Erwartung eines Kursgewinnes erfolgt.[14] Er räumte jedoch ein, dass eine solche Steuer neue Investitionen behindern könnte. Das wäre aus heutiger Sicht möglicherweise gar kein Nachteil. Denn es würde das Wirtschaftswachstum bremsen – und damit das Anwachsen vieler Probleme, die es uns beschert.

Eigentlich ist es unverständlich, dass auf den Erwerb von Wertpapieren keine Steuern zu zahlen sind. Bei jedem Kauf – sei es eines Brotes, einer Zeitung, eines Autos oder eines Hauses – fallen Steuern an. Aus welchem Grund das bei Wertpapieren nicht der Fall ist, dürfte schwer zu erklären sein. Freilich gibt es eine Kapitalertragsteuer, die auf Aktiengewinne Anwendung findet. Aber eine Aktienerwerbssteuer gibt es nicht.

Sie hätte noch weitere Vorteile: Sie würde Spekulationen eindämmen. Auch wenn Spekulationen ein Nullsummenspiel sein sollten, bergen sie die Gefahr, Blasen zu bilden, die, wenn sie platzen, die bekannten Folgen haben. Eine Steuer auf Börsengeschäfte würde diese Gefahr verringern.

Eine andere Form der Finanztransaktionssteuer ist die 1972 von James Tobin vorgeschlagene und nach ihm benannte Tobin-Steuer auf Devisengeschäfte. Die Diskussion um die Einführung einer solchen Steuer lebte nach der Finanzkrise von 2008 in Europa und insbesondere in Deutschland wieder auf. Entsprechende Verhandlungen wurden innerhalb der EU aufgenommen, führten jedoch

---

[13] https://de.wikipedia.org/wiki/Finanztransaktionssteuer. Zugegriffen: 16.04.2023.
[14] https://de.wikipedia.org/wiki/B%C3%B6rsenumsatzsteuer. Zugegriffen: 16.04.2023.

zu keinem Ergebnis. Beobachter vermuten, dass dies ein Erfolg des Lobbying der Finanzindustrie ist.

18.3 Die Sozialbindung des Eigentums

Eine Möglichkeit, einer Lösung der eingangs genannten Probleme näher zu kommen, bietet das Grundgesetz. Es erlaubt dem Gesetzgeber, dafür zu sorgen, dass die Freiheit, nach Gewinn zu streben, tatsächlich dem Gemeinwohl dient. Art. 14 Abs. 2 GG besagt: *„Eigentum verpflichtet. Sein Gebrauch soll zugleich dem Wohle der Allgemeinheit dienen.“* Art. 17 der Charta der EU bringt den gleichen Gedanken zum Ausdruck: *„Die Nutzung des Eigentums kann gesetzlich geregelt werden, soweit dies für das Wohl der Allgemeinheit erforderlich ist.“*

Dieser Grundsatz wird Sozialpflichtigkeit oder Sozialbindung des Eigentums genannt. Der Eigentümer ist verpflichtet, von seiner Freiheit, über das Eigentum zu verfügen, in einer Weise Gebrauch zu machen, die nicht nur ihm nützt, sondern zugleich dem Wohle der Allgemeinheit dient. Das ist das, was Adam Smith erwartet hatte, wenn Menschen die Freiheit gewährt wird, in eigennütziger Weise nach Gewinn zu streben.

18.3.1 Sozialbindung und Gesetze

Das Grundgesetz macht aus dieser Erwartung eine Verpflichtung. Sie wäre überflüssig, wenn sich besagte Erwartung erfüllt hätte. Das ist bedauerlicherweise nicht der Fall. Daher wäre es angebracht und an der Zeit, auf der Einhaltung der Verpflichtung zu bestehen. Zwar hat die Sozialbindung selbst keine unmittelbare rechtliche Wirkung. Doch bietet Art. 14 Abs. 2 GG die Grundlage und eine Rechtfertigung für den Erlass von Gesetzen, die den Gebrauch des Eigentums einschränken und Eigentümern Pflichten auferlegen.

18.3.2 Sozialbindung und Privatisierungen

In der 1980er-Jahren begann eine Welle der Privatisierung von Staatsbetrieben, die zuvor der Daseinsfürsorge gedient hatten. Das wäre ein Grund gewesen, die Beachtung der Sozialbindung des von privaten Unternehmen erworbenen Eigentums gesetzlich zu konkretisieren und festzuschreiben. Das ist bedauerlicherweise versäumt worden.

Gewiss arbeiten privatisierte Betriebe betriebswirtschaftlich effizienter, denn sie verfolgen eben dieses Ziel. Auch haben privatisierte Unternehmen bewiesen, dass man in allen Bereichen Gewinne machen kann. Dabei kam ihnen zugute, dass der Wettbewerb in den meisten Bereichen, in denen Staatsbetriebe privatisiert wurden, von vornherein eingeschränkt war. In vielen Fällen wurden aus staatlichen Monopolen private Quasimonopole. Oder aber es entstanden Großkonzerne infolge von Unternehmenskonzentration.[15] Deren Macht machte es entbehrlich, Einsparungen an den Verbraucher weiterzugeben. Die neuen Eigentümer nutzten die Möglichkeit, ihr Eigentum in der Absicht des Gewinnstrebens zu verwenden, ohne die Sozialbindung des Eigentums zu beachten.

Nicht selten muss der Staat Unternehmen unter die Arme greifen, die Dienstleistungen der Daseinsvorsorge erbringen, welche zuvor durch die öffentliche Hand erbracht worden sind. Dass der Staat helfen muss, ist ein Indiz dafür,

---

[15] Hüttermann, Alessandro, Grass, Karen und Maier-Borsthttps, Haluka, *Privatisierung im Strommarkt und ihre Auswirkungen auf den Preis*, in ://www1.wdr.de/ studietudortmund100.pdf. Zugegriffen: 16.04.2023.

dass der fragliche Sektor für eine Privatisierung nicht geeignet war. Es belegt, dass es viel zu riskant ist, elementare Versorgungsleistungen in die Hände privater Unternehmen zu legen. Die Annahme, dass Privatisierungen dem Gemeinwohl diesen, hat sich nicht bestätigt. Es wäre daher angebracht, sie rückgängig zu machen. Art. 14 Abs. 2 GG bietet dafür die erforderliche gesetzliche Ermächtigung.

18.3.3   Compliance

Im Zusammenhang mit der Sozialbindung des Eigentums ist auch die Frage diskutiert worden, welche gesellschaftliche Verantwortung Unternehmen tragen. Nach neuerer Meinung geht diese Verantwortung über die Pflicht der Beachtung gesetzlicher Vorschriften hinaus und umfasst auch die soziale Funktion von Unternehmen. Offenbar ist die Vorstellung, Unternehmen sollten auch dem Gemeinwohl diesen, nicht ganz in Vergessenheit geraten. Freiwillig haben sie sich ihrer Verantwortung jedoch bisher nicht gestellt. Daher müssen sie dazu verpflichtet werden – durch entsprechende Gesetze. Dafür bietet Art. 14 Abs. 2 GG die rechtliche Grundlage.

19

Weniger Freiheit

Das wesentliche Versprechen des Wirtschaftsliberalismus ist, dass die Gewährung der Freiheit wirtschaftlicher Betätigung dem Gemeinwohl dient. Angesichts der Erfahrungen der letzten Jahrzehnte könnte man der Meinung sein, dass sie das Gegenteil bewirkt. Das liegt daran, dass die kapitalistische Marktwirtschaft in ihrer heutigen Form zu viel Freiheit gewährt. Sie erlaubt Verschwendung, Ausbeutung, Gier, Knebelung und Manipulation. Sie ist – ähnlich wie die Französische Revolution – übers Ziel hinausgeschossen.

Um die daraus entstehenden Probleme zu lösen, reicht eine striktere Anwendung der bestehenden Gesetze nicht aus. Vielmehr ist es notwendig, durch weitere gesetzliche Verbote der Freiheit wirtschaftlicher Betätigung engere Schranken zu setzen. Wir müssen uns von dem Gedanken trennen, dass alles, womit man Geld verdienen kann, auch erlaubt sein sollte. Dagegen wenden sich Vertreter des Wirt-

© Der/die Autor(en), exklusiv lizenziert an Springer Fachmedien
Wiesbaden GmbH, ein Teil von Springer Nature 2023
W. Plasa, *Der totalitäre Kapitalismus*,
https://doi.org/10.1007/978-3-658-41761-1_19

schaftsliberalismus Sie halten Verbote grundsätzlich für unzulässige Eingriffe in das Wirtschaftsgeschehen.

Das heißt aber nicht, dass sie nicht mit dem Grundgesetz in Einklang stehen würden. Nach Ansicht des Bundesverfassungsgerichts verpflichtet das Grundgesetz weder das Parlament noch die Regierung zu „wirtschaftspolitischer Neutralität".[1] Mit anderen Worten: Der Staat kann auch im Bereich der Wirtschaft von seiner Regelungsbefugnis in der Weise Gebrauch machen, die ihm ordnungs- oder sozialpolitisch wünschenswert erscheint.

Die Frage ist also, wie weit dürfen Einschränkungen der Freiheit wirtschaftlicher Betätigung gehen? Oder anders formuliert: Wo geht *sie* zu weit?

19.1   Die Grenzen der Freiheit wirtschaftlicher Betätigung

Die Antwort auf diese Frage ergibt sich zunächst aus allgemeinen Überlegungen. Für den Wirtschaftsliberalismus ist Freiheit, wie gesagt, ein Mittel zum Zweck. Grundsätzlich steht es jedem frei, in eigennütziger Weise nach Gewinn zu streben. Wird dieser Zweck jedoch in besonders rücksichtsloser Weise verfolgt, verliert das Mittel – die Freiheit – die Legitimität. Es wäre also durchaus angebracht, hier eine Grenze durch entsprechende gesetzliche Verbote zu ziehen.

Andererseits hat Freiheit dort ihre Grenze, wo die Rechte anderer verletzt werden. Wo die Inanspruchnahme der aktiven Freiheit von Unternehmen eine Beeinträchtigung der passiven Freiheit von Verbrauchern bewirkt, verliert sie ihre Berechtigung. Es ist an der Zeit, die Freiheit wirtschaft-

---

[1] BVerfGE 4, 7 Entscheidung vom 20. Juli 1954; siehe auch BVerfGE 50, 290.

licher Betätigung *zum Schutz der Freiheit* einzuschränken. Auch dies muss durch entsprechende Gesetze geschehen.

Schließlich kann es Probleme geben, wenn alle Mitglieder eines Kollektivs ihre Freiheiten gleichzeitig über Gebühr in Anspruch nehmen. Dann können alle Schaden erleiden. Eine solche Situation gab es zum Beispiel in London am 5. Dezember 1952.

An diesem Tag verdichtete sich plötzlich der Nebel und die Sichtweite ging auf 30 cm zurück. Wer sich im Freien aufhielt, war schon bald mit Ruß bedeckt und begann zu husten. Immer mehr Menschen mit schweren Atemwegsproblemen fanden sich in den Notaufnahmen der Kliniken ein, die überlastet waren. Tausende starben an den Folgen des Smogs. Nach der Katastrophe wurde 1956 der Clean Air Act 1956 erlassen, wodurch die Benutzung offener Kamine verboten wurde.

Einige der Probleme, die wir haben, beruhen darauf, dass wir *alle* unsere Freiheiten über Gebühr in Anspruch nehmen. Daher könnte sich etwas Ähnliches wie in London 1952 in absehbarer Zeit in einem weit größeren Maßstab ereignen. Um es zu vermeiden, sind entsprechende Verbote unerlässlich.

Die praktischen Grenzen der Freiheit wirtschaftlicher Betätigung sind die Grenzen des Möglichen. Sie sind in den vergangenen Jahrzehnten immer weiter hinausgeschoben worden. Der technische Fortschritt ermöglicht Betätigungen, die Menschen allein mit ihrem Kopf und ihren Händen niemals ausführen könnten. Die Bildung riesiger Konzerne und die Schaffung enormer Privatvermögen bieten den Eigentümern Möglichkeiten, die Gefahren für die Allgemeinheit darstellen. Was möglich ist, ist auch erlaubt – solange es keine gesetzlichen Verbote gibt. Sie sind notwendig, um uns vor diesen Gefahren zu schützen.

Die Menschheit hat immer mit Verboten gelebt. Sieben der Zehn Gebote sind Verbote. Eine Wirtschaftsordnung ohne Verbote ist nicht liberal, sondern anarchisch.

19.2   Gesetzliche Verbote

Gesetzliche Verbote sind vor allem in folgenden Bereichen unerlässlich, nämlich

* der Werbung;
* des Lobbying;
* des Verbraucherschutzes;
* der Werkverträge und Scheinselbstständigkeit;
* der Importe aus Billiglohnländern;
* des Umwelt- und Klimaschutzes;
* der Spekulationsgeschäfte.

Diese Verbote widersprechen nicht den Forderungen des Wirtschaftsliberalismus nach der Freiheit wirtschaftlicher Betätigung. Vielmehr verleihen sie dieser Freiheit ihre Berechtigung, indem sie ihren Missbrauch verhindern.

19.2.1   Werbung

Von Werbung war in den vorangehenden Kapiteln bereits mehrfach die Rede. Der Grund dafür ist die enorme Bedeutung, die sie für die kapitalistische Marktwirtschaft hat. Ohne Werbung würden viele Bedürfnisse gar nicht entstehen. Das würde einen beträchtlichen Teil der jetzt erfolgenden Verschwendung vermeiden. Ohne Werbung wäre auch die Welt schöner, in der wir leben. Ohne aggressive

Werbung wäre schließlich auch unsere Privatsphäre wieder das, was mit dem Begriff gemeint ist, nämlich ein Freiraum, in den andere nicht eindringen dürfen.

Ganz ohne Werbung geht es sicherlich nicht. Denn Verbraucher müssen informiert werden. Doch muss sie auf ein erträgliches, vernünftiges Maß zurückgeführt werden. Man könnte daran denken, Ausgaben für Werbung nur bis zu einer bestimmter Höhe zuzulassen. Eine solche Beschränkung hätte Verbotscharakter. *Sie durchzusetzen, ist die wichtigste Voraussetzung dafür, dass im eigentlichen Sinne gewirtschaftet wird.*

19.2.2   Lobbying

Eigentlich ist es erstaunlich, dass Lobbying erlaubt ist. Genau genommen handelt es sich um eine milde Form der Korruption. Sie bewirkt, dass Volksvertreter weder nach dem Willen der Mehrheit noch nach ihrem eigenen Urteil handeln, zu dem sie gelangen würden, wenn sie sich dem Einfluss von Lobbyisten verschließen würden. Der Einwand, Lobbying sei eine nützliche Quelle der Information, zieht nicht, denn es handelt sich dabei um einseitige Informationen. Sie trägt erheblich zur angebotsorientierten Ausrichtung unserer Wirtschaft bei und ist ursächlich für die Ausnutzung und Ausbeutung der Verbraucher. Daher ist es unerlässlich, sie einzuschränken.

Die Schwierigkeit, Lobbying Grenzen zu setzen, wurde deutlich während der Diskussion um die Einführung eines Lobbyregisters. Wer dies ablehnt, erregt den Verdacht, selbst aus der Arbeit von Lobbyisten mehr Nutzen zu ziehen, als erlaubt ist. Es gibt daher gute Gründe für die Annahme, dass viele Politiker eben das tun. Gerade deswegen wäre die beste Lösung, Lobbying überhaupt zu verbieten. Damit wäre nicht nur der Demokratie gedient, sondern auch dem Ziel, die kapitalistische Marktwirtschaft zu zähmen.[2]

19.2.3   Der Verbraucherschutz

Auf den meisten Verbrauchermärkten steht eine Vielzahl einzelner Konsumenten einer überschaubaren Anzahl großer Anbieter gegenüber. Die darauf beruhenden Machtverhältnisse machen einen wirksamen gesetzlichen Verbraucherschutz notwendig. Da ähnliche Machtverhältnisse auch im Verhältnis zwischen Wirtschaft und Staat bestehen, ist der Verbraucherschutz jedoch völlig unzureichend.

Dabei geht es nicht nur um Geschäftspraktiken wie Vorkasse beim Kauf von Flugtickets oder Vertragsbedingungen von Mobilfunkbetreibern. Es geht vor allem auch um einen effektiveren Gesundheitsschutz. Offenbar ist es auch notwendig, Menschen vor sich selbst zu schützen, vor der Versuchung nämlich, ihre eigene Freiheit zu ihrem Schaden zu nutzen. Diese Notwendigkeit haben viele Staaten anerkannt, indem sie die Freiheit, zu rauchen und Alkohol oder Drogen zu konsumieren, einschränken. Diese Verbote müssen weiter gehen. Sie müssten die *Produktion* bestimmter Dinge einschränken.

Ein erheblicher Teil des Problems der grassierenden Fettleibigkeit ist darauf zurückzuführen, dass Unternehmen die Freiheit haben, Menschen dazu zu verleiten, Produkte zu

---

[2] https://de.wikipedia.org/wiki/Korruption. Zugegriffen: 16.04.2023: *„2014 wurden die Maßnahmen Deutschlands gegen die Korruption im Bundestag von Fachleuten des Europarats kritisiert. Im Land würden klare Regeln für die Interaktion der Abgeordneten mit Lobbyisten fehlen und es gebe zu wenig Transparenz in diversen Bereichen. Die Umsetzung der empfohlenen Maßnahmen wurde in mehreren Zwischenberichten der Delegation als „insgesamt unbefriedigend" kritisiert, zuletzt 2021 (Stand 2021). Die Reformen auf diesem Gebiet durch die Große Koalition im Jahr 2021 seien zu begrüßen, aber noch nicht umfassend genug gewesen."*

konsumieren, die eben diese Wirkung haben. Ein anderes Beispiel ist die Freiheit, Spielhallen zu betreiben, die zur Folge hat, dass immer mehr vor allem junge Menschen spielsüchtig und schließlich zahlungsunfähig werden. Wo die Freiheit wirtschaftlicher Aktivitäten Folgen dieser Art hat, verdient sie keinen Schutz.

19.2.4 Werkverträge und Scheinselbstständigkeit

Strengere gesetzliche Vorschriften sind auch im Bereich des Arbeitnehmerschutzes notwendig. Die durch die Agenda 2010 bewirkten Lockerungen haben viele Unternehmen veranlasst, Stammpersonal zu entlassen und an ihrer Stelle Leiharbeiter dauerhaft zu beschäftigen. Gleichzeitig hat die Beschäftigung auf Basis von Werkverträgen zugenommen. Oft verlangen Unternehmen von Leuten, die für sie arbeiten, sich als Selbstständige zu deklarieren. Damit werden bestimmte Abgaben vermieden, zu denen Arbeitgeber im Falle einer regelmäßigen Beschäftigung verpflichtet sind. Das hat zur Folge, dass den Betroffenen nicht alle Rechte zustehen, auf die sie durch den Abschluss eines ordentlichen Arbeitsvertrages Anspruch hätten.

Scheinselbstständigkeit ist im Grunde eine Form der Schwarzarbeit. Da die gesetzlichen Vorschriften recht unscharf sind und zudem durch Sozialversicherungsträger und Gerichte unterschiedlich ausgelegt werden, ist eine eindeutige Feststellung von Scheinselbstständigkeit im Einzelfall recht schwer. Das wird zwar von der Regierung erkannt, aber nicht verbessert. In der Tat ist es an der Zeit, dies zu tun.

19.2.5   Importe aus Billiglohnländern

Ein erheblicher Teil unseres exzessiven Konsums besteht aus Importen von Ramschware aus Billiglohnländern. Sie wird zu einem Preis angeboten, der die Kaufentscheidung meist sehr leicht macht. In keinem Bereich ist die Angebotslastigkeit unserer Wirtschaft deutlicher zu erkennen.

Die Kosten der Herstellung dieser Waren sind niedrig, weil die Löhne niedrig und die Arbeitsbedingungen schlecht sind. Wenn sich Exporteure auf diese Weise Wettbewerbsvorteile verschaffen, wird dies „Sozialdumping" genannt. Aufgrund der fortschreitenden Globalisierung und Liberalisierung des Welthandels hat das Phänomen des Sozialdumpings ein erhebliches Ausmaß erlangt.

Sozialdumping bedeutet nicht nur eine unfaire Konkurrenz gegenüber den Unternehmen und gegenüber den von ihnen beschäftigten Arbeitern, die vergleichbare Waren produzieren.[3] Es bedeutet auch eine Ausbeutung der Lohnarbeiter in den Ursprungsländern der betreffenden Waren. Es gäbe also gute Gründe, die Einfuhr von Waren zu verbieten oder zumindest zu beschränken, die unter Arbeitsbedingungen produziert werden, welche ILO-Übereinkommen verletzen. Ein solches Verbot gibt es jedoch in keinem Land der Welt, das Mitglied der Welthandelsorganisation (WTO) ist, und das sind praktisch alle Länder der Welt. Denn die Regeln der WTO lassen es nicht zu.

Zwar hat es seit der Gründung des GATT im Jahre 1947 immer wieder Versuche gegeben, eine Verbindung zwischen den Regeln des Welthandels und denen des Arbeitsschutzes herzustellen, doch fanden sie zu keiner Zeit genügend

---

[3] Schon 1919, als die ILO gegründet wurde, ging es nicht nur um soziale Gerechtigkeit, sondern auch um den Schutz vor Konkurrenz durch Importe aus Ländern mit niedrigen Löhnen.

Unterstützung.[4] Daher wäre daran zu denken, eine solche Verbindung einseitig herzustellen.[5] Möglicherweise würde die Welthandelsorganisation darin einen Verstoß gegen ihre eigenen Regeln erkennen. Das aber hätte die positive Wirkung, eine entsprechende Diskussion zu erzwingen.

Eine Verbindung zwischen den Regeln des Welthandels und den internationalen Normen des Arbeitsschutzes würde eine Kontrolle der Arbeitsbedingungen in Billiglohnländern erfordern. Dafür könnte die ILO konsultiert werden, denn sie verfügt über die notwendigen Informationen. Möglicherweise werden Exportländer zögern, der ILO weitere Informationen zu liefern. Doch wären sie sicherlich dazu bereit, wenn das eine Bedingung dafür wäre, in Industrieländer exportieren zu dürfen. Eine andere Möglichkeit der Kontrolle wäre eine Zertifizierung der betreffenden Unternehmen und Betriebe.

Eine Verbindung der Regeln des Welthandels mit den internationalen Normen des Arbeitsschutzes hätte mehrere Vorteile. Einerseits würde sie inländische Arbeitnehmer vor den Folgen eines unfairen Sozialdumpings schützen. Zweitens würde sie unseren exzessiven Konsum und damit auch die Umweltbelastung zurückschrauben. Und drittens würde sie Arbeitgeber in Billiglohnländern zwingen, bessere Löhne zu zahlen.

Das würde schließlich auch dazu beitragen, das Bevölkerungswachstum in der Welt zu bremsen. Denn eine Verbesserung ihrer wirtschaftlichen Lage würde arme Menschen veranlassen, weniger Kinder zu haben. Wenn sich das Bevölkerungswachstum verlangsamen würde, würde auch die Verschmutzung und Belastung der Umwelt weltweit ab-

---

[4] Die EU hat entsprechende Vorschläge auf der Konferenz in Punta del Este im Jahre 1986 und in Doha im Jahre 2001 gemacht.

[5] Diese Notwendigkeit habe ich in meinem Buch *Reconciling international trade and labor protection: why we need to bridge the gap between ILO standards and WTO rules* näher begründet.

nehmen. Daher sollten wir alles tun, um die Armut in der Welt zu überwinden – auch durch ein Verbot des Sozial-dumpings.

19.2.6   Der Umwelt- und Klimaschutz

Wenn es uns gelingen sollte, unseren Konsum insgesamt auf ein vernünftiges Maß zurückzufahren, so würden wir damit auch dem Ziel der Nachhaltigkeit näher kommen. Damit wäre jedoch noch nicht das Problem der externen Kosten gelöst. Mit halbherzigen Maßnahmen wie Anreizen oder Steuern ist dem nicht beizukommen. Vielmehr sind strikte Verbote zum Schutz der Umwelt notwendig, weil der Schutz des Menschen sie erfordert.

Dazu gehört in erster Linie ein Tempolimit auf Auto-bahnen. Wer statt 120 km/h lieber 150 km/h fährt, ver-braucht etwa 30 % mehr Sprit. Meist kommt er nur Minu-ten früher an. Der Nutzen steht also in keinerlei Verhältnis zu den Kosten und der Umweltbelastung. Dass es in Deutschland immer noch kein Tempolimit gibt, ist ganz einfach unglaublich verantwortungslos.

Möglicherweise löst sich dieses Problem auf andere Weise, denn die EU scheint entschlossen, die Produktion von Autos mit Verbrennungsmotoren in absehbarer Zeit zu verbieten. Doch stemmt sich Deutschland dagegen. Offen-bar glaubt man, dass die wirtschaftlichen Folgen eines sol-chen Verbotes schmerzlicher wären als die weiteren Folgen eines Verzichts auf das Verbot. Dabei wird übersehen, dass man mit den wirtschaftlichen Folgen eines Verbots fertig werden könnte, wenn man nur will. Ob man mit den wei-teren Folgen eines Verzichts fertig werden kann, erscheint dagegen mehr als zweifelhaft. Das Gleiche gilt für die Be-nutzung von Privatjets. Es wäre gar nicht nötig, ihre Her-stellung und ihren Erwerb zu verbieten. Es würde reichen, ihnen die Landeerlaubnis zu verweigern.

19.2.7   Spekulationsgeschäfte

Ein anderer Bereich, in dem es unerlässlich ist, Verbote einzuführen, ist der Finanzsektor. Die Exzesse in diesem Bereich haben etwa zu der Zeit begonnen, als Banken an-
fingen, ihre Dienstleistungen „Produkte" zu nennen. Diese
Bezeichnung ist irreführend, denn es wird nichts produziert. Daher stehen die riesigen Gewinne, die Banken machen, in keinem Verhältnis zu ihrem gesamtwirtschaftlichen
Nutzen. Sie sind ein wesentlicher Grund für die Krisenanfälligkeit des Systems.

Gewinne werden stets mit Spekulationen gemacht.
Spekulationsgewinne sind umso größer, je unwahrschein-
licher die Gewinne sind. Doch wird das Risiko nicht immer
von allen Marktteilnehmern richtig eingeschätzt. Daher
können leicht Spekulationsblasen entstehen.

Eine Spekulationsblase riesigen Ausmaßes löste den
Börsenkrach aus, der sich 1929 an der New Yorker Börse
ereignete und fast auf die ganze Welt ausbreitete. Diese
Krise hatte verheerende Folgen für eine Vielzahl von Menschen, die ihre Ersparnisse verloren. Denn Banken hatten
nicht nur mit dem Geld von Leuten spekuliert, die damit
einverstanden waren, sondern auch mit Spareinlagen von
Leuten, die davon gar nichts wussten und anschließend vor
dem Nichts standen.

Um dies zu vermeiden, wurden in den USA Anfang der
1930er-Jahre zwei Gesetze erlassen, die nach ihren Initiatoren Glass-Steagall Act bezeichnet werden. Sie führten ein
Trennbankensystem ein. Banken durften nur entweder als
Geschäftsbank für das klassische Einlagen- und Kredit-
geschäft oder als Investmentbank für das Wertpapier-
geschäft tätig sein. Diese Gesetze wurden 1999 durch den
Gramm-Leach-Bliley Act aufgehoben, um die Wettbewerbsfähigkeit US-amerikanischer Geschäftsbanken zu
stärken. Die Folge waren Entwicklungen im Finanzsektor,

die ihren Höhepunkt in der Krise von 2008 fanden. Daraufhin wurde 2010 der Dodd-Frank Act verabschiedet, der die Banken in den USA dazu zwingt, ihren Eigenhandel einzuschränken.[6] Doch ist das Trennbankensystem nicht wieder eingeführt worden.

Auch in Deutschland neigt man dazu, die Freiheit, mit Spekulationen Gewinne zu machen, nicht anzutasten. So wurden zwar 1931 angesichts der Wirtschaftskrise Termingeschäfte in Wertpapieren verboten, aber 1970 in Form des Optionsgeschäfts auf Aktien an Börsen wieder erlaubt. Infolge der Finanzkrise von 2008 wurden Leerverkäufe verschiedener Aktien und Staatsanleihen eingeschränkt und teilweise auch verboten, zum Teil aber später auch wieder zugelassen.[7]

Seit einigen Jahrzehnten hat sich im Finanzsektor eine neue Industrie etabliert, die sogenannten Hedgefonds. In seiner ursprünglichen Bedeutung dient ein Hedgegeschäft der Risikoabsicherung. Tatsächlich tätigen Hedgefonds jedoch Spekulationsgeschäfte, die hochriskant sind. Daher wurden Hedgefonds in Deutschland zunächst nicht zum öffentlichen Handel zugelassen. Eine Lockerung erfolgte erst mit dem Investment-Modernisierungsgesetz, das 2004 in Kraft trat.[8] Ob dies die richtige Entscheidung war, erscheint fraglich, denn Hedgefonds haben gezeigt, dass sie Kursentwicklungen in einer Weise beeinflussen können, von der sie selbst profitieren können.[9]

Die Möglichkeit, durch Spekulationen Gewinne zu machen, steht nur denen offen, die ein entsprechendes Ver-

---

[6] Schöning, Stephan, *Volcker Rule*, in https://wirtschaftslexikon.gabler.de/definition/volcker-rule-53815. Zugegriffen: 16.04.2023.

[7] Siehe Abschn. 15.5.1.

[8] http://www.rechtliches.de/info_Investmentmodernisierungsgesetz.html. Zugegriffen: 16.04.2023.

[9] Stadler, Wilfried, *Der Markt hat nicht immer recht: Warum Wertschöpfung wichtiger ist als Geldschöpfung*, S. 203 f.

mögen ihr Eigen nennen. Wer ein solches Vermögen besitzt, hat meist auch die Möglichkeit, sich Geld für Spekulationen zu borgen. Er kann also unter Umständen *ohne Anstrengung und ohne Eigenmittel* Gewinn machen. Was dabei herauskommt, wird recht zutreffend mit dem Wort „Casinokapitalismus" beschrieben. In der Tat ähneln manche Spekulationsgeschäfte Glücksspielen.

Glücksspiele unterliegen Beschränkungen, weil sie die Gefahr bergen, Menschen in den Ruin zu treiben. Bestimmte Spekulationsgeschäfte sind geeignet, eine ganze Volkswirtschaft in den Ruin zu treiben. Es gäbe also gute Gründe, sie strengeren Vorschriften zu unterwerfen.[10]

Man könnte auch daran denken, eine Regelung in Anlehnung an die zivilrechtlichen Bestimmungen über Spielschulden einzuführen. In § 762 Abs. 1 BGB heißt es:

„Durch Spiel oder durch Wette wird eine Verbindlichkeit nicht begründet. Das auf Grund des Spieles oder der Wette Geleistete kann nicht deshalb zurückgefordert werden, weil eine Verbindlichkeit nicht bestanden hat."

Eigentlich müsste diese Bestimmung auch für Börsenspekulationen gelten. Doch bestimmt § 37e Wertpapierhandelsgesetz ausdrücklich, dass sie von der Anwendung des § 762 Abs. 1 BGB ausgeschlossen sind. Vielleicht wäre es besser, eine gegenteilige Regelung einzuführen und den Anwendungsbereich des § 762 Abs. 1 BGB ausdrücklich auf bestimmte Börsengeschäfte auszuweiten.

---

[10] Häring, Nobert, *Endspiel des Kapitalismus: Wie die Konzerne die Macht übernahmen und wie wir sie zurückholen,* S. 282 f.

20

Weniger Ungleichheiten

Eine Marktwirtschaft bietet die Freiheit, nach Gewinn zu streben. Eine kapitalistische Wirtschaftsordnung schafft durch die Regelung der Gewinnverteilung einen besonderen Anreiz, das zu tun. Sie erklärt den Erfolg der kapitalistischen Marktwirtschaft. Sie ist aber auch der Grund für eines der größten Probleme, die sie mit sich bringt: das Anwachsen der wirtschaftlichen und sozialen Ungleichheiten. Auch wenn durch entsprechende Gesetze die Freiheit wirtschaftlicher Betätigung auf ein vernünftiges Maß reduziert würde, wäre dieses Problem nicht gelöst.

Ungleichheiten hat es immer gegeben. Doch hat es ebenso immer Grenzen ergeben, bis zu denen eine Gesellschaft sie als akzeptabel erachtet. Wenn man zu wenig hat, um auskommen zu können, andere dagegen ohne entsprechende Leistung in Saus und Braus leben können, regt sich Widerspruch. Wir bewegen uns inzwischen auf diese Grenze zu.

© Der/die Autor(en), exklusiv lizenziert an Springer Fachmedien Wiesbaden GmbH, ein Teil von Springer Nature 2023
W. Plasa, *Der totalitäre Kapitalismus*,
https://doi.org/10.1007/978-3-658-41761-1_20

Grund des Anwachsens der Ungleichheiten sind Spielregeln, die ihren Ursprung im Feudalismus haben.[1] Inzwischen haben die Ungleichheiten ein Ausmaß angenommen, das feudalen Zuständen nahe kommt. Dieses Ergebnis bedarf einer Korrektur, die nur durch eine Änderung der Spielregeln möglich ist. Die Frage ist, welche Änderung eine Lösung der Probleme verspricht. Um sie zu beantworten, müssen wir uns die Prinzipien des Kapitalismus in Erinnerung rufen. Sie sehen vor, dass

* die Produktionsmittel im Eigentum von Privaten stehen,
* die sie in Verbindung mit Arbeit einsetzen, welche sie nicht selbst verrichten und
* die das Eigentum an den hergestellten Sachen und damit den Gewinn erlangen.

20.1   Der Erwerb des Eigentums am Produkt

Eine Möglichkeit, zu vermeiden, dass die Kapitaleigner das Eigentum am Produkt erwerben, wäre eine Verstaatlichung der Produktionsmittel. Dieser radikale Weg wurde etwa 70 Jahre lang in den Ländern beschritten, die den Lehren des Marxismus folgten. Deren Misserfolg legt es nahe, diese Lösung nicht weiter in Betracht zu ziehen.

Glücklicherweise gibt es auch weniger radikale Lösungen. Eine solche wäre eine Regelung, gemäß der die Produktionsmittel zwar im Privateigentum stehen, doch deren Eigentümer nicht das Eigentum an den Gütern erwerben, die durch Arbeit und Kapital gemeinsam hergestellt werden.

---

[1] Siehe Abschn. 6.1.1.

Die radikalere Variante dieser Lösung wäre, dass allein derjenige das Eigentum erwirbt, der die Arbeit beisteuert. Eine ähnliche Regelung findet sich im Bürgerlichen Gesetzbuch, dessen § 950 Abs. 1 bestimmt:

> „Wer durch Verarbeitung oder Umbildung eines oder mehrerer Stoffe eine neue bewegliche Sache herstellt, erwirbt das Eigentum an der neuen Sache, sofern nicht der Wert der Verarbeitung oder der Umbildung erheblich geringer ist als der Wert des Stoffes."

In diesem Falle kommen zwar nicht Kapital und Arbeit zusammen, sondern Arbeit und Werkstoffe. Da letztere vor der Verarbeitung nicht dem Arbeiter gehören, ist der Sachverhalt jedoch ähnlich. Eine entsprechende Regelung wäre auch denkbar für den Fall, dass im Rahmen eines Arbeitsvertrages Kapital und Lohnarbeit zusammenkommen.[2]

In diesem Falle müsste das Kapital zu einem festen Zinssatz entlohnt werden. Dann läge auch die Führung der Geschäfte beim Produktionsfaktor Arbeit. Theoretisch könnte er das in ähnlicher Weise erledigen, wie die Kapitaleigner das in der Regel tun, indem nämlich Manager damit beauftragt werden. Allerdings läge auch das Unternehmerrisiko bei den Arbeitern. Das legt es nahe, auch diese Lösung nicht weiter in Betracht zu ziehen.

Eine weniger radikale Variante besteht darin, dass derjenige, der das Kapital stellt, und derjenige, der die Arbeit leistet, gemeinsam das Eigentum am Produkt erwerben. Von dieser Möglichkeit wird zum Beispiel in der Fischerei Gebrauch gemacht. Lohnarbeiter, die sich der Besatzung eines Fischkutters anschließen, erhalten oft als Lohn einen Anteil am Fang, den sie selbst verkaufen können. Diese Va-

---

[2] Diese Lösung wird ausführlich von Richard Wilkinson und Kate Pickett in *Gleichheit ist Glück, Warum gerechte Gesellschaften für alle besser sind*, S. 286, diskutiert.

riante wäre allerdings in anderen Bereichen recht kompliziert und daher unpraktisch. Da es einen einfacheren Weg gibt, zu einem ähnlichen Ergebnis zu gelangen, soll auch sie nicht weiter in Betracht gezogen werden. Ein einfacherer Weg wäre eine Änderung der Gewinnverteilung.

20.2   Die Gewinnverteilung

20.2.1   Die geltende Regelung der Gewinnverteilung

Gewinn ist der Überschuss des Ertrags über den Aufwand. Er entsteht beim Verkauf einer Ware, für die mehr bezahlt wird, als die Herstellung gekostet hat. Ist der Käufer selbst Unternehmer und hat er als solcher Gewinn erzielt, zahlt er mit einem Teil desselben. Ist er Lohnarbeiter, zahlt er mit einem Teil seines Lohnes. Letztlich wird Gewinn immer durch Lohn bezahlt.

Gemäß der in einer kapitalistischen Marktwirtschaft geltenden Regelung der Gewinnverteilung geht der Gewinn allein an die Eigentümer des Kapitals. Die dadurch bewirkte primäre Einkommensverteilung führt insgesamt zu erheblichen wirtschaftlichen und sozialen Ungleichheiten, die durchaus ungerecht erscheinen können. Aus diesem Grunde wird das Wort der Gewinn auch in einem abwertenden Sinne als Profit bezeichnet.

Marxisten sind der Ansicht, das Problem sei das Privateigentum an den Produktionsmitteln. Dem ist entgegenzuhalten, dass zumindest theoretisch jedermann Produktionsmittel erwerben kann. Das Problem ist vielmehr, dass es aufgrund der Regelung der Gewinnverteilung für die meisten praktisch unmöglich ist, Produktionsmittel zu *erwerben*.

Daher gehen sie bei der Gewinnverteilung leer aus. Es handelt sich also um einen Teufelskreis.

Die Möglichkeit, die Ergebnisse der primären Einkommensverteilung nachträglich über die Erhebung von Steuern und eine Umverteilung zu korrigieren, dürfte, wie gesagt, bald an ihre Grenzen stoßen. Sie ist ohnehin kaum geeignet, den Teufelskreis zu brechen. Eine bessere Lösung wäre, Maßnahmen dort anzusetzen, wo Ungerechtigkeiten entstehen.[3] Mit anderen Worten: die Regelung der *primären* Gewinnverteilung zu ändern. Das wirft die Frage auf, was die jetzt geltende Regelung, gemäß der der Unternehmensgewinn allein an die Kapitaleigner geht, rechtfertigt.

Wirtschaftswissenschaftler begründen sie mit dem Unternehmerrisiko. Danach stelle der Profit des Unternehmers eine Art Verzinsung des eingesetzten Kapitals plus eine Art Risikoprämie dar. Dem ist entgegenzuhalten, dass das Kapital auch in festgelegter Höhe vergütet werden kann. Das ist zum Beispiel der Fall, wo Unternehmen Bankkredite aufnehmen. Andererseits tragen auch Arbeitnehmer ein Risiko, nämlich durch eine schlechte Geschäftsführung ihren Job zu verlieren. Das Unternehmerrisiko ist also kaum geeignet, die Regelung zu begründen, gemäß der der Gewinn ausschließlich an die Eigentümer der Produktionsmittel fällt.

Juristen betrachten den Unternehmensgewinn als eine *unmittelbare Rechtsfrucht des Kapitals*, die dessen Eigentümern zufalle. Eine andere Regelung wäre aber nicht ausgeschlossen. Sie ist sogar in vielen Großunternehmen üblich, in denen der Geschäftsleitung ein Bonus gezahlt wird, dessen Höhe sich nach dem Gewinn richtet. Sie werden also daran beteiligt. Es wäre durchaus möglich, auch Lohnempfänger am Gewinn zu beteiligen.

---

[3] Pickett, Kate und Wilkinson, Richard, *Gleichheit ist Glück, Warum gerechte Gesellschaften für alle besser sind*, S. 273.

20.2.2   Eine Beteiligung der Arbeitnehmer am Gewinn

Die Vorteile einer solchen Regelung werden klar, wenn die Möglichkeiten der Regelung der Gewinnverteilung verglichen werden. Theoretisch gibt es folgende Möglichkeiten:

1. der Kapitaleigner erwirbt das Eigentum am Produkt und kann es vermarkten;
2. die Produktionsmittel gehören dem Staat, der auch das Eigentum am Produkt erwirbt;
3. der Kapitaleigner und Arbeiter erwerben gemeinsam das Eigentum am Produkt und können es gemeinsam vermarkten;
4. der Kapitaleigner erwirbt das Eigentum am Produkt, kann es vermarkten und beteiligt den Arbeiter am Gewinn.

Die erste Möglichkeit entspricht der geltenden Regelung, die der Grund des Problems ist. Sie muss durch Maßnahmen der Sozialpolitik korrigiert werden, die jedoch inzwischen an ihre Grenzen stoßen. Die zweite Möglichkeit scheidet aus. Die dritte Möglichkeit erscheint wenig praktikabel. Die vierte Möglichkeit lässt sich vergleichsweise leichter umsetzen.

Die Idee einer Beteiligung der Arbeitnehmer am Gewinn ist keineswegs neu. Auf sie war Thomas Alva Edison bereits vor 150 Jahren gekommen.[4] Eine Gewinnbeteiligung mit dem Ziel einer Vermögensbildung war auch in Deutsch-

---

[4] https://de.wikipedia.org/wiki/Thomas_Alva_Edison: Zugegriffen: 16.04.2023. *„Bei relativ geringer Bezahlung stellte Edison seinen Mitarbeitern ihren Leistungen entsprechende Anteile an später zu gründenden Unternehmen in Aussicht. Als sich bei der Entwicklung der Glühlampe und der Elektroinfrastruktur erste Erfolge einstellten, hatten selbst geringste Anteile seiner Mitarbeiter bereits den Gegenwert mehrerer Jahresgehälter."*

land bis in die 1960er-Jahre populär, wird aber inzwischen nicht mehr verfolgt.

Freilich ergeben sich einige Fragen hinsichtlich der praktischen Gestaltung einer Gewinnbeteiligung der Arbeitnehmer. Gewinn ist, wie gesagt, der Überschuss des Ertrags über den Aufwand. Dabei kann eine Verzinsung des Kapitals in einer bestimmten Höhe als Aufwand verbucht werden, was den Gewinn schmälert. Diese und andere Fragen lassen sich jedoch ohne weiteres regeln. Es wäre also keineswegs notwendig, die kapitalistische Marktwirtschaft abzuschaffen. Es reicht, durch eine entsprechende Regelung der Gewinnverteilung dafür zu sorgen, dass die Freiheit, nach Gewinn zu streben, tatsächlich dem Gemeinwohl dient.

Eine solche Regelung ließe sich gut durch eine Ausweitung der betrieblichen Mitbestimmung der Arbeitnehmer in den Aufsichtsräten und Vorständen der Unternehmen ergänzen.[5] Schließlich würde sie nicht zu einer Erhöhung der Produktionskosten führen, wie es die für die Erbringung von Sozialleistungen erforderlichen Abgaben tun. Im Gegenteil: Sie würde sie verringern, weil sie einen guten Teil der Umverteilung überflüssig zu macht.

20.3 Deckelung der Spitzengehälter

Ein besonders auffälliges Element der wirtschaftlichen Ungleichheiten ist die Höhe der Gehälter von Spitzenmanagern. Sie wird in manchen Fällen nicht ganz zu Unrecht als anstößig empfunden. Daher hat der Bundestag eine Richtlinie beschlossen, nach der Unternehmen verpflichtet sind, Obergrenzen für die Vorstandsvergütung

---

[5] Siehe Abschn. 3.2.1.

festzulegen.[6] Deren Höhe wird jedoch nicht in der Richtlinie, sondern von den Aktionären in der Hauptversammlung bestimmt. Ob dies zu einer wirksamen Deckelung führt, bleibt eine offene Frage.

Spitzengehälter haben ihren Grund darin, dass sie aus der Sicht des betreffenden Unternehmens vernünftig sind. Es wird erwartet, dass dank der besonderen Qualifikation des betreffenden Managers der Gewinn des Unternehmens um mehr als den Betrag wächst, der ihm als Gehalt bezahlt wird. Etwas Ähnliches gibt es im professionellen Sport. Manche Spitzenfußballer verdienen mehrere Millionen – pro Monat. Offenbar sind sie es wert. Daran lässt sich mit einem Gesetz nichts ändern.

Eine absolute Deckelung würde dem Wettbewerb möglicherweise auch dort ein Ende setzen, wo er durchaus berechtigt ist. Daher wäre eine relative Deckelung vorzuziehen. Sie könnte darin bestehen, die Ungleichheiten zwischen Einkommen von Menschen begrenzen, die im gleichen Unternehmen arbeiten.

Wie erwähnt, beträgt das Verhältnis zwischen Vorstandsvergütungen und den durchschnittlichen Personalkosten für Arbeitnehmer inzwischen 50:1.[7] Das Verhältnis zwischen dem Einkommen eines Vorstandsmitglieds und demjenigen eines Arbeitnehmers, der den Mindestlohn erhält, ist inzwischen auf mehr als das 100-fache angewachsen. Dieses Verhältnis zu begrenzen, würde dem Wettbewerb kein Ende setzen. Im Gegenteil: Es würde möglicherweise Unternehmen veranlassen, höhere Löhne zu zahlen – um möglichst hohe Spitzengehälter zahlen zu können.

---

[6] https://www.manager-magazin.de/finanzen/artikel/deckelung-von-managergehaeltern-bundestag-beschliesst-und-setzt-eu-richtlinie-um-a-1296611.html. Zugegriffen: 16.04.2023.

[7] Siehe Abschn. 5.4.2.

20.4   Die Grenzen des Eigentums

20.4.1   Eigentumserwerb erst nach Steuerzahlung

Wenn man eine Immobilie erwirbt, wird das Eigentum erst dann im Grundbuch umgeschrieben, wenn das Finanzamt mit einer Unbedenklichkeitsbescheinigung bestätigt, dass der Käufer die Grunderwerbsteuer gezahlt hat.[8] Es hat Vorschläge gegeben, diesen Grundsatz allgemein anzuwenden, d. h. die rechtliche Anerkennung des Erwerbs von Eigentum davon abhängig zu machen, dass die dabei anfallenden Abgaben bezahlt werden. Das hätte nicht nur den Vorteil, dass weniger Steuern hinterzogen würden. Es würde dem Staat auch erleichtern, Vermögen, das in einer rechtlichen Grauzone erworben wurde, zu konfiszieren. Es würde bestimmt helfen, bestimmte Arten der Vermögensbildung zu verhindern, die mit dem Gemeinwohl unvereinbar sind.

20.4.2   Die Grenzen von Privatvermögen

Aufgrund der bestehenden Regelung des Privateigentums und der Gewinnverteilung ist es einzelnen Menschen gelungen, sagenhafte Vermögen anzuhäufen. Der reichste Mensch der Welt ist Elon Musk. Während sein Vermögen im Jahre 2019 auf lediglich $ 22 Mrd. geschätzt wurde, be-

---

[8] Lohmann, Karl, *Eigentumsübertragung bei Immobilienerwerb folgt festen Regeln*, in https://www.immo-magazin.de/eigentumsubertragung-bei-immobilienerwerb-folgt-festen-regeln/#:~:text=sicher%20abgewickelt%20werden.-,Eigentumsumschreibung%20im%20Grundbuch%20erfolgt%20nach%20Bezahlung, K%C3%A4ufer%20die%20Grunderwerbsteuer%20gezahlt%20hat. Zugegriffen: 16.04.2023.

trug es im Januar 2021 $ 185 Mrd. und im Oktober 2021 $ 283 Mrd.[9] Das entspricht etwa der Hälfte des Bundeshaushalts.

Wer sich die Mühe macht, auch nur einen Moment darüber nachzudenken, wird zu dem Schluss kommen, dass das „nicht normal sein kann". Das wirft eine Frage auf, die wir uns bisher nicht gestellt haben: Sollte es eine Grenze geben, bis zu der das private Vermögen eines Einzelnen den Schutz der staatlichen Eigentumsgarantie genießt? Das Grundgesetz lässt diese Frage offen. Offenbar ist ihm die Vorstellung, dass es in dieser Hinsicht eine Grenze geben kann, fremd.

Für eine Begrenzung sprechen mehrere Überlegungen. Riesige Vermögen verleihen eine ungeheure Macht. Reiche Leute können Einfluss auf das politische Geschehen nehmen, sehr reiche Leute können es nahezu lenken. Viele tun das durch die Gründung von Stiftungen oder zielgerichtete Spenden, die zwar legal, aber mit den Prinzipien der Demokratie unvereinbar sind. Beispiele hierfür sind die Initiativen des George Soros oder des Charles Koch.[10]

Aber auch ohne Spenden oder Stiftungen können Superreiche allein durch den Gebrauch der Freiheit, nach Belieben über ihr Eigentum zu verfügen, erheblichen Einfluss auf die Gesellschaft und deren Entwicklung nehmen. Manche tun das, indem sie riesige Mengen an Grund und Boden ankaufen. Der Amerikaner Douglas Tompkins, Gründer der Firmen *The North Face* und *Esprit*, kaufte seit Anfang der 1990er-Jahre mehr als 9000 km^2 Land in Chile, um Nationalparks zu schaffen.[11] Die Familie Benetton, die zweitreichste Italiens, kaufte 8000 km^2 Land in Südamerika. Der Amerikaner Ted Turner, Gründer des Nachrichten-

---

[9] https://de.wikipedia.org/wiki/Elon_Musk#Verm%C3%B6gen_und_Spenden. Zugegriffen: 16.04.2023.

[10] Siehe Abschn. 11.2.2.

[11] https://sz-magazin.sueddeutsche.de/luxus/schoen-ist-es-fuer-die-welt-zu-sein-75360. Zugegriffen: 16.04.2023.

senders CNN, ist der größte Landbesitzer in Argentinien. Bill Gates, der Gründer von Microsoft, ist Eigentümer von 1000 km² landwirtschaftlicher Nutzfläche in den USA.[12]

Um die Macht und den unkontrollierbaren Einfluss reicher Individuen auf die Geschicke der Gemeinschaft zu begrenzen, sollte die Gesamthöhe des individuellen Vermögens begrenzt werden, für das der Staat den Schutz des Eigentums gewährt.

20.4.3 Der Schutz des geistigen Eigentums

Eigentum kann an allem erworben werden, was tatsächlich oder durch eine entsprechende rechtliche Regelung abgegrenzt und dem Zugriff anderer entzogen werden kann. Dazu gehört auch das geistige Eigentum. Art. 17 der Charta der Grundrechte der Europäischen Union weist ausdrücklich darauf hin: *„Geistiges Eigentum wird geschützt."*

Privateigentum bedeutet nicht nur, dass jemand etwas benutzen darf, sondern auch, dass andere das nicht dürfen. Daran können sie im Falle des Sacheigentums durch entsprechende Maßnahmen gehindert werden. Im Falle des geistigen Eigentums hindert sie nur das Gesetz daran. Die Grenzen des geistigen Eigentums und seines gesetzlichen Schutzes sind in den vergangenen Jahren erheblich erweitert worden.[13]

Der Schutz des geistigen Eigentums bedeutet, dass es nur denen zur Verfügung steht, die dafür bezahlen. Das im Rahmen der Welthandelsorganisation abgeschlossene TRIPS-Abkommen entstand ursprünglich auf Betreiben

---

[12] Zinke, Olaf, Bill Gates ist der größte Eigentümer von Farmland, in https://www.agrarheute.com/management/finanzen/bill-gates-groesste-eigentuemer-farmland-587396. Zugegriffen: 16.04.2023.; https://www.theguardian.com/commentisfree/2021/apr/05/bill-gates-climate-crisis-farmland. Zugegriffen: 16.04.2023.

[13] Siehe Abschn. 8.7.

der Pharmaindustrie der USA, die seitdem märchenhafte Gewinne macht. Dagegen wandten sich Länder wie Brasilien schon in den 1990er-Jahren, denn der Schutz ausländischer Patente behinderte den Kampf gegen eine weitere Ausbreitung von HIV/Aids.[14]

Gegen den übermäßigen Schutz des geistigen Eigentums protestiert auch die 2006 gegründete Piratenpartei, allerdings in einer Form, die ihre Forderungen scheitern lassen muss. Die Piratenpartei sieht im Verbot des freien Kopierens von digital vorliegenden Werken ein Hindernis der Verbreitung von Information, Wissen und Kultur und damit der sozialen, technischen und wirtschaftlichen Entwicklung der Gesellschaft. Diese Position mag überzogen sein. Doch enthält sie einen Kern Wahrheit. Es steht außer Frage, dass der Schutz des geistigen Eigentums zu weit geht.

Patentschutz hatte ursprünglich den Zweck, den technischen Fortschritt zu fördern, indem er kreative Arbeit belohnen und die Amortisation von Investitionen sicherstellen sollte. Dieser Zweck wird nicht mehr erfüllt. Der technische Fortschritt ist heute vorhersehbar und damit nur noch eine Frage der Investition. Infolgedessen beschränkt sich der Schutz des geistigen Eigentums auf deren Verwertbarkeit.

Das trifft insbesondere auf den Bereich der digitalen Technologie zu. Jede Neuerung in diesem Bereich ist eigentlich nur eine Frage der Zeit. Es kommt also nur darauf an, etwas schneller zu sein als die anderen und eine entsprechende Investition zu wagen. Bill Gates und Marc Zuckerberg haben genau das getan. Der Schutz des geistigen Eigentums hat es ihnen erlaubt, damit riesige Ver-

---

[14] Reis, Renata, *In der Pipeline: Patente*, in https://www.medico.de/in-der-pipeline-patente-13849/. Zugegriffen: 16.04.2023. Der Ansicht, dass der Schutz des geistigen Eigentums in solchen Fällen zu weit geht, war auch die Europäische Kommission, insbesondere Kommissar Pascal Lamy.

mögen zu erlangen. Deren Höhe allein macht deutlich, dass besagter Schutz zu weit geht.

Er geht auch in einer anderen Hinsicht zu weit. Denn es ist heute möglich, diesen Schutz auch für Produkte zu erlangen, die sich erst in der Entwicklung befinden. Das schafft Monopole für Produkte, die es noch gar nicht gibt – und die es möglicherweise deswegen nie geben wird, weil kein anderer versuchen wird, sie zu entwickeln.

Das Patentrecht hat aus dem Schutz des geistigen Eigentums einen Schutz der Machtpositionen von Großunternehmen gemacht, indem es Zugangsbeschränkungen für andere errichtet, wo sich diese Unternehmen bereits etabliert haben. Dieses Ergebnis ist mit dem Geist einer Marktwirtschaft unvereinbar. Die Patentierbarkeit sollte deutlich reduziert werden.

20.4.4 Das Eigentum von und an Handelsgesellschaften

Wie eingangs erwähnt, kann eine kapitalistische Marktwirtschaft nur funktionieren, wenn Kapitalgesellschaften gegründet werden können.[15] Fast alle großen Konzerne sind Aktiengesellschaften. Sie bestimmen die moderne Wirtschaftsstruktur.

Aktiengesellschaften sind juristische Personen, die Eigentum an Sachen und Rechten erwerben können, und zwar vor allem an Produktionsmitteln. Ihnen werden auch andere Freiheiten und Rechte gewährt, die natürlichen Personen zustehen. Diese Rechte und Freiheiten sind im Laufe der Zeit immer mehr erweitert worden.[16] Infolgedessen

---

[15] Siehe Abschn. 6.4.1.

[16] Das geht besonders weit in den USA. Im Jahre 2010 entschied das Oberste Gericht, dass Firmen Kandidaten für Präsidentschafts- und Kongresswahlen mit eigenen Anzeigenkampagnen finanziell unterstützen dürfen; https://www.sued-

haben Kapitalgesellschaften eine Macht erlangt, die nahezu alles andere – einschließlich unserer selbst – beherrscht.

Aktiengesellschaften können eigene Aktien kaufen.[17] Sich diese Eigentumsverhältnisse vorzustellen, fällt schwer. Sie zu kontrollieren, ist noch schwerer. Inzwischen sind durch sogenannte Holdinggesellschaften und gegenseitige Beteiligungen Verflechtungen zwischen Unternehmen entstanden, die nahezu undurchschaubar sind. Das macht es ihnen leichter, die Zahlung von Steuern zu verhindern.

Es gibt also gute Gründe, die Rechte und Freiheiten von Großunternehmen einzuschränken. Dem steht eigentlich nichts entgegen. Denn diese Rechte und Freiheiten sind keine Menschenrechte oder Grundrechte. Rechtsträger von Grundrechten können nur Menschen sein. Rechte und Freiheiten von Kapitalgesellschaften sind nicht vorstaatlich, sondern eine Erfindung des Gesetzgebers. Eine Beschränkung der Rechte und Freiheiten von Aktiengesellschaften würde die Rechte der Aktionäre nicht berühren. Sie selbst würden weiterhin den Schutz des Eigentums an der Gesellschaft genießen.

20.5   Die Grenzen der Haftung und der Verluste

20.5.1   Die Grenzen der Haftung

Aktiengesellschaften sind Kapitalgesellschaften mit beschränkter Haftung. Das bedeutet, dass die Haftung für Verbindlichkeiten auf das Gesellschaftsvermögen be-

---

deutsche.de/politik/usa-supreme-court-us-firmen-duerfen-in-wahlkaempfe-eingreifen-1.53015. Zugegriffen: 16.04.2023.

[17] Bis zu 10 % des Eigenkapitals; https://de.wikipedia.org/wiki/Eigene_Aktie. Zugegriffen: 16.04.2023.

schränkt ist. Aktionäre haften nicht mit ihrem Privatvermögen für Verbindlichkeiten der Gesellschaft, von der sie Anteile besitzen. Von diesem sogenannten Trennungsprinzip hat die Rechtsprechung in Deutschland schon in den 1950er-Jahren Ausnahmen zugelassen, wenn ein Missbrauch der Haftungsbeschränkung vorlag.[18] Mit der sogenannten Durchgriffshaftung wird den Gesellschaftern das Privileg einer fehlenden persönlichen Haftung entzogen, und sie haften persönlich, unbeschränkt und gesamtschuldnerisch mit ihrem Privatvermögen für Verbindlichkeiten der Gesellschaft. Der Anwendungsbereich dieser Ausnahme sollte erweitert werden.[19]

Aktiengesellschaften kann man nicht ins Gefängnis schicken, und auch gegenüber ihren Führungskräften lässt die Justiz oft Nachsicht walten, wenn sie illegale Geschäfte betrieben haben. Eine Möglichkeit, sie zu bekämpfen, wäre eine entschlossenere Anwendung der strafrechtlichen Vorschriften, worauf bereits hingewiesen wurde. Eine andere Möglichkeit bestünde darin, die Haftung von Gesellschaftern und Aktionären auf die Schäden auszudehnen, die durch solche Geschäfte verursacht werden. Dies wäre zweifellos ein Beitrag zur Zähmung der kapitalistischen Marktwirtschaft.

20.5.2 Die Grenzen der Verluste

Aktiengesellschaften können bankrottgehen. Wenn es sich um Großunternehmen handelt, die für die gesamte Wirtschaft wichtig sind oder deren Pleite größere Kreise ziehen würde, ist der Staat meist bereit, finanziell zu Hilfe zu kommen. Diese Fälle haben sich nach der Finanzkrise von 2008,

---

[18] https://de.wikipedia.org/wiki/Durchgriffshaftung. Zugegriffen: 16.04.2023.
[19] Häring, Nobert, *Endspiel des Kapitalismus: Wie die Konzerne die Macht übernahmen und wie wir sie zurückholen*, S. 25 f.

zu Coronozeiten und seit dem Beginn des Krieges in der Ukraine gehäuft. Sie sind keine Ausnahmen mehr.

Staatliche Hilfsmaßnahmen kommen in solchen Fällen letztlich allen zugute, jedoch einigen mehr als anderen. Aktionäre, deren Anteile ansonsten wertlos würden, werden vor Verlusten geschützt. Das widerspricht dem Geist der Marktwirtschaft. Denn eigentlich müssten sie das Risiko selber tragen, zumindest in der Höhe ihrer Anteile. Das Risiko, Verluste zu machen, ist der Preis für die Möglichkeit, Gewinne zu machen.

Es gibt gewiss Situationen, in denen es Sinn macht, dass der Staat einspringt. Doch sollte er die Bedingungen dafür weit höher ansetzen. Es geht nicht an, dass Unternehmen in guten Zeiten Gewinne machen und in schlechten Zeiten wie Sozialfälle behandelt werden. Verhält sich der Staat so, wie er das bisher getan hat, ermutigt er Unternehmen zu noch riskanteren Geschäftsmethoden. Die Folge ist, dass er immer häufiger einspringen muss.

21

Rationierung

Von den zu Anfang von Kap. 17 genannten Problemen lassen sie zwei, nämlich

* die Ausbeutung von Menschen als Arbeiter und Verbraucher und
* die Krisenanfälligkeit des Systems

durch entsprechende Gesetze auf ein erträgliches Maß reduzieren. Ein drittes, nämlich

* das Anwachsen wirtschaftlicher und sozialer Ungleichheiten

könnte durch eine Änderung der Gewinnverteilung vermieden werden. Doch würden diese Maßnahmen keine Lösung der verbleibenden zwei Probleme bewirken, nämlich

* der Verschwendung der Ressourcen und
* der Belastung der Umwelt und des Klimawandels.

© Der/die Autor(en), exklusiv lizenziert an Springer Fachmedien
Wiesbaden GmbH, ein Teil von Springer Nature 2023
W. Plasa, *Der totalitäre Kapitalismus*,
https://doi.org/10.1007/978-3-658-41761-1_21

Alle bisherigen Versuche, diese Probleme durch Anreize wie zum Beispiel Steuervergünstigungen zu lösen, sind fehlgeschlagen. Sie sind untauglich, denn unsere Wirtschaft hat einen Drang zum Wachstum. Mit ihr wachsen auch die Probleme, die sie uns beschert. Eine Behandlung der Symptome ist ein Wettlauf, der nicht gewonnen werden kann. Um die Probleme zu lösen, müssen wir weniger produzieren und weniger verbrauchen.[1] Wir müssen Produktion und Konsum auf ein Maß zurückführen, das global umweltverträglich und klimaneutral ist.

21.1   Rationierung und Rationalität

Das ist für eine Volkswirtschaft wie unsere neu. Denn bisher lebten wir im Überfluss. Daher konnten wir es uns leisten, Verschwendung zu betreiben. Aufgrund dieser Verschwendung droht in absehbarer Zeit vieles tatsächlich knapp zu werden. Um dies zu vermeiden, müssen wir unsere Volkswirtschaft zum Wirtschaften verpflichten. Ein dafür geeignetes Mittel ist eine Rationierung der Mittel. Rationierung kann als Präventivmaßnahme oder zur Bewältigung einer akuten Mangelsituation angewand werden. Wenn wir sie jetzt als Präventivmaßnahme anwenden, lässt sich eine spätere Mangelsituation möglicherweise vermeiden.

Das Wort „Rationierung" hat den gleichen Ursprung wie das Wort „rationell", nämlich das lateinische Wort *ratio*, das Vernunft oder Verstand bedeutet. Jeder vernünftige Mensch ist bemüht, seine Mittel so einzuteilen, dass sie reichen, bis sie ersetzt werden können, und wenn das nicht möglich ist, dass sie möglichst lange reichen. Solche Überlegungen werden in die Planungen eines jeden Haushalts

---

[1] Butschek, Felix, *Wirtschaftswachstum – eine Bedrohung?*, S. 69.

einbezogen. Anders in unserer Volkswirtschaft. Sie macht von Rohstoffen in einem Maße Gebrauch, als wären sie unerschöpflich. Das ist – gelinde gesagt – unvernünftig.

Rationierung ist in der Tat vernünftig. Wer sich an dem Wort stört, kann stattdessen das englische Wort *cap* verwenden, was so viel heißt wie „eine Obergrenze festlegen". Etwas Ähnliches gab es viele Jahre lang, und zwar bei bestimmten Importen. Es gab mengenmäßige Einfuhrbeschränkungen für landwirtschaftliche Produkte, Stahl und Textilwaren. Ein anderes Beispiel ist das Kyoto-Protokoll, das die Menge an CO_2 begrenzt, die weltweit ausgestoßen werden darf. Die Idee einer mengenmäßigen Begrenzung sollte auch auf andere Gebiete angewandt werden. Das würde zu einer künstlichen Verknappung der Ressourcen führen. Sie würde uns dazu zwingen, im eigentlichen Sinne zu wirtschaften.

21.2 Rationierung und Planwirtschaft

Rationieren heißt planen. Rationierung ist ein typisches Instrument der Planwirtschaft. Man könnte daher gegen eine Rationierung die gleichen Bedenken erheben wie gegen eine Planwirtschaft. Tatsächlich bedeuten beide jedoch keineswegs dasselbe.

Eine zentrale Planwirtschaft regelt die gesamte Produktion und den gesamten Konsum. Damit werden sowohl Produzenten wie auch Verbrauchern alle Möglichkeiten der Entscheidung entzogen. Mit dem Verlust der Freiheit wirtschaftlicher Betätigung geht auch der Anreiz verloren, sich wirtschaftlich zu betätigen, um nach Gewinn zu streben. Aus diesem Grunde ist eine Planwirtschaft wirtschaftlich weniger erfolgreich.

Eine Rationierung bedeutet dagegen keinerlei Einschränkung der Freiheit wirtschaftlicher Betätigung. Sie setzt nur den praktischen Möglichkeiten ihrer Inanspruchnahme Grenzen. Sie schränkt sie dort ein, wo ihre Inanspruchnahme negative Folgen für die Allgemeinheit hat.

21.3   Betriebswirtschaftliche Planung

Planen ist auf betriebswirtschaftlicher Ebene unerlässlich. Wie weit betriebswirtschaftliche Planung auch im Rahmen einer kapitalistischen Marktwirtschaft geht, habe ich erfahren, als ich das System der allgemeinen Zollpräferenzen der EU für Einfuhren aus Entwicklungsländern verwaltete. Zur Jahrtausendwende stand eine Revision dieser Zollsätze an. Ich machte einen Vorschlag für weitere Zollsenkungen. Kurz nachdem er veröffentlicht war, baten mich die Vertreter von Sony und Philips zu einem Gespräch. Beide erklärten mir, dass der Schwerpunkt ihrer Produktion in Entwicklungsländern liege, dass sie die Produktionsmenge und die Verkaufspreise bereits für die kommenden Jahre entschieden hätten und dass Zollsenkungen ihre gesamte Planung durcheinanderbringen würden. Wenn private Quasimonopole in derart starrer Weise auf Jahre hinaus planen, dann sollten sie in ihre Planung auch die Vorgaben einer Rationierung einbeziehen können.

21.4   Gesamtwirtschaftliche Planung

Ganz ohne Wirtschaftsplanung scheint auch die kapitalistische Marktwirtschaft nicht auskommen zu können. Offenbar ist sie nur solange stabil, wie sie wächst, und zwar um etwa 2 % pro Jahr. Zwar verlangt die reine Lehre, dass sich der Staat aus dem Wirtschaftsgeschehen heraushält, doch sind sich die Gelehrten einig, dass seine Hilfe in Anspruch genommen werden muss, wenn Gefahr droht, dass die 2 % nicht erreicht werden. Diese Marke unterscheidet sich nicht wesentlich von dem, was in einer Planwirtschaft als Soll bezeichnet wird.

Ebenfalls an Planwirtschaft erinnert die von der Europäischen Zentralbank angestrebte Inflationsrate von „unter, aber nahe 2 %". Nach ihrer Meinung ist eine solche Rate notwendig zur Sicherung der Preisstabilität. Zwar ist man sich des Widerspruchs zwischen Preisstabilität und Inflation bewusst. Doch ist man bereit, die Preisstabilität einer Inflation von 2 % zu opfern, angeblich, um eine Deflationsspirale zu vermeiden, die verheerende wirtschaftliche Folgen haben könnte.

Ganz ohne Planung kommt also auch eine freie Marktwirtschaft nicht aus. Es wäre durchaus möglich, Elemente der Rationierung in sie einzubeziehen. Dabei müssten die Freiheit des Einzelnen und die Unternehmerfreiheit nicht angetastet werden. Lediglich die Gesamtmenge der ihnen zur Verfügung stehenden Mittel würde beschränkt. Das würde uns dazu zwingen, wirtschaftlicher mit ihnen umzugehen.

Eine durchaus denkbare Form der Rationierung wäre eine Vorschrift, erworbene Güter erst nach Ablauf eines Mindestzeitraums ersetzen zu dürfen. Ein Beispiel wäre, dass man nach dem Kauf eines Handys oder Autos oder Druckers erst wieder nach mehreren Jahren ein neues Gerät kaufen darf. Das würde Hersteller veranlassen, Geräte und andere Güter herzustellen, die länger leben und die man reparieren kann. Es wäre eine sicherlich recht wirksame Maßnahme gegen Verschwendung. Und jede Verringerung der Verschwendung würde auch die Umweltbelastung reduzieren.

22

Mehr Kritik und mehr Staat

22.1 Die notwendigen Maßnahmen

Um die hier angesprochenen Probleme zu lösen, muss die Freiheit wirtschaftlicher Betätigung durch Gesetze eingeschränkt werden, muss die Gewinnverteilung geändert werden und muss eine Rationierung der Mittel erfolgen. Diese Vorschläge sind zugegebenermaßen ziemlich radikal. Haben sie überhaupt Aussicht auf Erfolg?

Um Erfolg zu haben, dürfen Korrekturmaßnahmen weder zu zaghaft noch zu ehrgeizig sein. Veränderungen, die zu zaghaft sind, bewirken nichts oder zu wenig. Diese Erfahrung hat die Sozialdemokratie gemacht. Inzwischen machen auch die Grünen ähnliche Erfahrungen. Vorschläge für zu radikale Veränderungen haben ebenfalls wenig Aussicht auf Erfolg. Diese Erfahrung hat der Kommunismus gemacht.

Die hier gemachten Vorschläge sind das Mindeste, was erforderlich ist, um den Gefahren sozialer Unruhen, ir-

© Der/die Autor(en), exklusiv lizenziert an Springer Fachmedien Wiesbaden GmbH, ein Teil von Springer Nature 2023
W. Plasa, *Der totalitäre Kapitalismus*,
https://doi.org/10.1007/978-3-658-41761-1_22

reparabler Umweltschäden und einer Klimakatastrophe zu entgehen. Ob sie ausreichen, lässt sich nicht sagen. Dass sie notwendig sind, steht außer Zweifel. Dass sie möglich sind, auch. Um Erfolg zu haben, muss eine Mehrheit von ihrer Notwendigkeit und ihrer Möglichkeit überzeugt sein.

Wir müssen uns darüber im Klaren werden, dass die in einer Marktwirtschaft gewährte Freiheit, nach Gewinn zu streben, missbraucht werden kann. Daher müssen wir dieser Freiheit engere Grenzen setzen. Sie darf nicht dazu missbraucht werden, Menschen oder die Umwelt auszubeuten oder Mittel zu verschwenden.

Wir müssen uns darüber im Klaren werden, dass die Anwendung kapitalistischer Prinzipien grundsätzlich zu Ungleichheiten führt. Daher sind Korrekturmaßnahmen unumgänglich. Wir müssen uns davon befreien, sie als einen Verrat an der kapitalistischen Marktwirtschaft zu begreifen.

Wir müssen uns darüber im Klaren werden, dass es unsinnig ist, marktwirtschaftliche Prinzipien in guten Zeiten anzuwenden, und in schlechten Zeiten den Staat zu Hilfe zu rufen. Wir müssen aufhören, unsere Wirtschaft wie ein goldenes Kalb zu betrachten. Wir müssen darauf verzichten, wirtschaftliche Interessen und Wirtschaftswachstum allen anderen Interessen und Zielen überzuordnen.

22.2   Mehr Staat

Wirtschaftliche Systeme werden allgemein in zwei Kategorien eingeteilt: Marktwirtschaften und Planwirtschaften. Erfahrungen mit beiden Systemen haben gezeigt, dass sie zu unbefriedigenden Ergebnissen führen, wenn versucht wird, sich dem reinen Typus des einen oder anderen Systems zu nähern. Daher hat es immer wieder Versuche gegeben, beide Systeme zu kombinieren.

Das hat auch China getan und damit in den vergangenen 30 Jahren ein Wirtschaftswachstum erreicht, das seinesgleichen sucht. Das Bruttoinlandsprodukt pro Kopf der Bevölkerung beträgt inzwischen mehr als $ 11.000 pro Jahr. China ist zur zweitgrößten Volkswirtschaft avanciert und wird die USA in wenigen Jahren überholen. Gleichzeitig ist es der chinesischen Regierung wie keiner anderen gelungen, den Anteil der unter der Armutsgrenze lebenden Menschen zu senken. Diesen Erfolg verdanken die Chinesen einem Regime, das mitunter recht autoritäre Entscheidungen trifft, ganz einfach, weil sie vernünftig sind.

Das Beispiel China zeigt, dass ein wenig Dirigismus keineswegs dazu führen muss, dass die Wirtschaft zusammenbricht. So könnte man eine volkswirtschaftliche Planung mit dem Ziel schaffen, Mittel zu rationieren, den Konsum auf ein vernünftiges Maß zurückzuführen und die Umweltbelastung zu reduzieren. Das könnte allerdings nur der Staat.

Um die hier gemachten Vorschläge umzusetzen, brauchen wir den Staat. Nur er kann die kapitalistische Marktwirtschaft zähmen. Das ist ihm inzwischen kaum noch möglich. Infolge der Rückbesinnung auf die reine Lehre des Wirtschaftsliberalismus hat sich der Staat in den vergangenen Jahrzehnten immer mehr zurückgezogen und der Wirtschaft untergeordnet. Möglicherweise ist er inzwischen nicht mehr in der Lage, ihre Folgen zu korrigieren. Dann wäre es allerdings wirklich nur mehr eine Frage der Zeit, bis wir an unserer Art des Wirtschaftens ersticken.

Dass es deswegen zu einer Revolution wie der in Frankreich im Jahre 1789 oder in Russland im Jahre 1917 kommt, ist unwahrscheinlich, denn die meisten von uns haben inzwischen zu viel zu verlieren. Das ist in den USA nicht mehr im gleichen Maße der Fall. Dort hat infolge der Zunahme der Ungleichheiten und der Armut inzwischen auch die Kriminalitätsrate deutlich zugenommen.[1] Immer mehr Menschen verlassen die Innenstädte in Ballungsräumen wie New York, San Francisco und Chicago, weil sie ihnen zu unsicher werden. Lässt sich dieser Trend nicht stoppen, könnte es zu Gewalttätigkeiten und Ausschreitungen kommen, wie das Land sie noch nie erlebt hat. Auch in Frankreich besteht diese Gefahr.

Es könnte auch sein, dass eine charismatische Persönlichkeit die Mehrheit davon überzeugen kann, ihr einen Blankoscheck zur Lösung aller Probleme auszustellen. Das könnte angesichts der allgemeinen Schwäche der staatlichen Institutionen allerdings recht gefährlich werden.

Es ist daher unerlässlich, dass wir den Staat stärken. Ohne autoritär zu werden, muss er die Autorität zurückgewinnen, die er braucht, um sich gegen die Privatwirtschaft behaupten und sie in die Schranken weisen zu können. Das klingt wie eine überholte Vorstellung. Denn gleichzeitig mit der Zurückdrängung des Staates hat sich die Idee verbreitet, es gäbe einen Gegensatz zwischen Staat und Gesellschaft. Das ist falsch. Tatsächlich gibt es einen Gegensatz zwischen Staat und Privat. Das ist ein Gegensatz zwischen allen und wenigen. Denn der Staat, das sind wir alle ...

22.3   Mehr Kritik

In den vorangegangenen Kapiteln wurde immer wieder der Frage nachgegangen, wie es zu bestimmten Problemen kommen konnte, und es wurde versucht, Erklärungen zu finden. Damit ist jedoch eine letzte Frage noch nicht beantwortet: Wieso bleiben Lösungen aus?

---

[1] Pickett, Kate und Wilkinson, Richard, *Gleichheit ist Glück, Warum gerechte Gesellschaften für alle besser sind,* S. 161.

Auf diese Frage gibt es keine einfache Antwort. Zum Teil liegt es daran, dass die Probleme von uns gar nicht als solche wahrgenommen werden.[2] Zum Teil liegt es auch daran, dass sie geleugnet werden. Wir sind an eine Darstellung der Realität gewöhnt, die vieles beschönigt und manches verschweigt. Man sagt uns, wir würden in Freiheit leben, denn wir selbst würden alles entscheiden. Der technische Fortschritt mache unser Leben immer komfortabler. Es gäbe immer weniger Armut in der Welt. Wir würden immer mehr Freizeit haben. Und wir könnten durchaus auch zu Vermögen kommen, wenn wir uns nur genügend anstrengen. Schlimmstenfalls würde eben auch etwas durchsickern.

Es ist an der Zeit, diese Lehren zu entlarven als das, was sie sind, nämlich das Produkt unerträglicher Anmaßung und intellektueller Unredlichkeit. Wir müssen daran gehen, den Dogmen- und Phrasenschutt, den die Wirtschaftswissenschaft aufgebaut hat, abzutragen. Nur dann wird es möglich sein, zu korrigieren, was sich längst als unzutreffend erwiesen hat.

Viele Zeitgenossen geben sich immer noch der Illusion hin, dass sich die Dinge von alleine regeln werden. Es gibt Menschen, die allen Ernstes glauben, dass sich mit der kapitalistischen Marktwirtschaft die Probleme lösen lassen, die sie uns beschert. Immer noch meinen sie, dass dieser gehirn- und herzlose Mechanismus zu besseren Ergebnissen führt, als Menschen das mit Überlegung und zielgerichteter Aktion könnten. Es ist in der Tat erstaunlich, wie wenig Bereitschaft wir zeigen, *unser Schicksal in die eigene Hand zu nehmen.*

---

[2] Das gilt insbesondere für die wachsenden Ungleichheiten: https://www.theguardian.com/world/2021/may/26/german-voters-view-of-personal-wealth-causes-problems-for-the-left.

Das Schicksal einer ganzen Gesellschaft einer unsichtbaren Hand zu überantworten, kann auf Fatalismus, Dummheit oder auf einer bestimmten Erwartung beruhen. Der Wirtschaftsliberalismus verspricht Wohlstand für alle. Er hat ihn jedoch recht ungleich verteilt. Eine privilegierte Minderheit hat die Macht, dafür zu sorgen, dass das Schicksal der Gesellschaft weiterhin von einer unsichtbaren Hand – zu ihren Gunsten – gelenkt wird. Doch besteht die Gefahr, dass uns die unsichtbare Hand erwürgt.[3]

Viele, die die Probleme sehen und die Notwendigkeit ihrer Lösung erkennen, stecken lieber den Kopf in den Sand, weil sie die Annehmlichkeiten des Systems nicht missen möchten. Zwar gibt es inzwischen Verweigerungsbewegungen, die dazu auffordern, den Konsum bestimmter Güter wie zum Beispiel von Fleisch zu beschränken. Doch erscheint den meisten von uns dieser Gedanke nach wie vor abwegig. Denn wir haben uns so sehr an die Vorzüge der Konsumgesellschaft gewöhnt, dass wir uns eine Welt ohne sie nicht vorstellen können. Es kann kein Zweifel sein, dass wir in eine Abhängigkeit geraten sind, aus der wir uns nur schwer befreien können.

Andere meinen, dass eine Lösung unmöglich ist. Sie haben den Eindruck, dass sie allein nichts ändern können, und resignieren. Oder sie glauben, dass der internationale Wettbewerb, der mit der Globalisierung entstanden ist, ohnehin keine Lösung zulassen würde. Zudem warnen Wirtschaftswissenschaftler vor den Folgen eines negativen Wirtschaftswachstums. Sie fürchten, dass weniger Produktion zu Unternehmensschließungen und einer Massenarbeitslosigkeit führt, die eine Abwärtsspirale auslösen und

---

[3] Steingart, Gabor, *Unser Wohlstand und seine Feinde*, S. 10.

schließlich zu einem Kollaps der Wirtschaft führen würde. Mit anderen Worten: Das System sei alternativlos.

Das mag sein. Aber es geht nicht darum, das System durch ein anderes zu ersetzen. Es geht darum, es zu korrigieren. Es hat früher andere Formen des gleichen Systems gegeben. Lösungen sind durchaus innerhalb des Systems möglich. Wir müssen sie nur wollen.

Weiterführende Literatur

Akveld, Leo und Jacobs, Els M., *The Colourful World of the VOC, National Anniversary Book VOC 1602 / 2022*, 2022

Binswanger, Mathias, *Der Wachstumszwang: Warum die Volkswirtschaft immer weiterwachsen muss, selbst wenn wir genug haben*, 2019

Butschek, Felix, *Wirtschaftswachstum – eine Bedrohung?*, 2015

Flanagan, Robert J., *Globalization and Labour Conditions: Working Conditions and Worker Rights in a Global Economy*, 2010

Fratzscher, Marcel, *Verteilungskampf: Warum Deutschland immer ungleicher wird*, 2016

Fukuyama, Francis, *The End of History and the Last Man*, 1992

Gocht, Werner, *Wirtschaftsgeologie und Rohstoffpolitik: Untersuchung, Erschließung, Bewertung, Verteilung und Nutzung mineralischer Rohstoffe*, 2013

Häring, Nobert, *Endspiel des Kapitalismus: Wie die Konzerne die Macht übernahmen und wie wir sie zurückholen*, 2021

Heuser, Manfred, *Zeitbombe Welthunger: Massengräber, Exodus oder Marshallplan*, 2017

Kraus, Otto Joseph, *Sozialphilosophie und Wirtschaftspolitik*, 1960

Mausfeld, Rainer, *Warum schweigen die Lämmer?*, 2018

Pickett, Kate und Wilkinson, Richard, *Gleichheit ist Glück: Warum gerechte Gesellschaften für alle besser sind*, 2010

Piketty, Thomas, *Le capital au XXIe siècle*, 2016

Plasa, Wolfgang, *Reconciling International Trade and Labor Protection: Why We Need to Bridge the Gap between ILO Standards and WTO Rules*, 2019

Reich, Robert, *Rettet den Kapitalismus!: Für alle, nicht für 1 %*, 2016

Richter, Horst-Eberhard, *Lernziel Solidarität*, 1974

Richter, Horst-Eberhard, *Flüchten oder Standhalten*, 1976

Stadler, Wilfried, *Der Markt hat nicht immer recht: Warum Wertschöpfung wichtiger ist als Geldschöpfung*, 2015

Steingart, Gabor, *Unser Wohlstand und seine Feinde, Deutschland vor der Wahl: Bastardökonomie oder Wohlstand für alle?*, 2013

Wieczorek, Thomas, *Die verblödete Republik, Wie uns Medien, Wirtschaft und Politik für dumm verkaufen*, 2009

Printed in the United States
by Baker & Taylor Publisher Services